Das Verbot von Börsenkursmanipulationen

Criminalia

Herausgegeben von Klaus Volk

Band 40

Peter Lang

Frankfurt am Main · Berlin · Bern · Bruxelles · New York · Oxford · Wien

Anna Trüstedt

Das Verbot von Börsenkursmanipulationen

Peter Lang
Europäischer Verlag der Wissenschaften

Bibliografische Information Der Deutschen Bibliothek
Die Deutsche Bibliothek verzeichnet diese Publikation in der Deutschen Nationalbibliografie; detaillierte bibliografische Daten sind im Internet über <http://dnb.ddb.de> abrufbar.

Zugl.: München, Univ., Diss., 2004

Umschlaggestaltung:
Pierre Mendell.

D 19
ISSN 0945-1811
ISBN 3-631-53149-4

www.peterlang.de

Criminalia

Abhandlungen aus den gesamten Strafrechtswissenschaften

Der Herausgeber der Reihe ist Vorstand des "Instituts für die gesamten Strafrechtswissenschaften" der Universität München. Das Programm der Reihe ist im Untertitel genannt. In ihr werden veröffentlicht Schriften zum Strafrecht und Strafverfahrensrecht, zu Kriminologie und Kriminalpolitik, zu den rechtstheoretischen und rechtssoziologischen Grundlagen des Strafrechts und zu seiner Geschichte. Die Reihe läßt deutsche und ausländische Wissenschaftler zu Wort kommen und will dazu einladen, an der Fortentwicklung aller Bereiche des Strafrechts über die Grenzen hinaus mitzuwirken.

Meinem Großvater
Wilhelm Lebrecht Trüstedt
(1908 – 1995)

Vorwort

Die vorliegende Arbeit entstand in den Jahren 2000 bis 2003 und wurde im Sommersemester 2004 von der Ludwig-Maximilians-Universität in München als Inaugural-Dissertation angenommen.

Das Thema dieser Arbeit ergab sich aus einem Gespräch mit meinem Doktorvater Prof. Dr. Klaus Volk. Für seine langjährige intensive Unterstützung, seine fachlichen Anregungen und seine unkomplizierte Diskussionsbereitschaft sowie die Vermittlung vieler wertvoller Gesprächspartner möchte ich ihm an dieser Stelle zuallererst danken. Mein Dank gilt auch Herrn Prof. Dr. Ulrich Schroth für die schnelle Erstellung des Zweitberichtes.

Besonders danken möchte ich auch Herrn Klaus-Dieter Benner, der mich in seiner Eigenschaft als Staatskommissar an der Frankfurter Wertpapierbörse in der Einarbeitungsphase mit Informationen über das Börsengeschehen und viel Zeit für wertvolle Gespräche unterstützt hat. Wichtige Unterstützung bekam ich auch von der Kanzlei Wannemacher & Partner in München, insbesondere Herrn Rechtsanwalt Dr. Leonard Walischewski, bei denen ich mich an dieser Stelle ebenfalls herzlich bedanke. Ein besonderes Dankeschön gilt auch Leslie Künne für Ihre Geduld bei der Durchsicht der Arbeit. Bedanken möchte ich mich auch bei allen anderen Praktikern, die mir mit der Beantwortung meiner Fragen und wichtigen Informationen weitergeholfen haben.

Mein größter Dank gilt meinen Eltern und meinem Bruder Matthias, die mir während meines Studiums, der Referendarzeit und der Anfertigung dieser Arbeit stets Rückhalt gegeben haben, mich aufmunterten wenn es nicht voranzugehen schien und mich nicht zuletzt finanziell enorm unterstützt haben.

Ganz speziell danke ich meinem Freund Tom, der mir sehr viel Kraft gegeben hat und immer viel Verständnis für mich und meine Nacht- und Wochenendarbeit hatte.

München, im Juli 2004 Anna Trüstedt

Inhaltsverzeichnis

Abkürzungsverzeichnis

A.	Ausgabe
a.A.	andere Ansicht
Abl.	Amtsblatt
Abs.	Absatz
ADHGB	Allgemeines Deutsches Handelsgesetzbuch v. 1861
a.E.	am Ende
a.F.	alte Fassung
AG	Aktiengesellschaft; Die Aktiengesellschaft
AG	Amtsgericht
AktG	Aktiengesetz
Alt.	Alternative
Anm.	Anmerkung
Art.	Artikel
AT	Allgemeiner Teil
Az.	Aktenzeichen
BaFin	Bundesanstalt für Finanzdienstleistungsaufsicht
BAKred	Bundesaufsichtsamt für das Kreditwesen
BAWe	Bundesaufsichtsamt für den Wertpapierhandel
BayObLG	Bayerisches Oberstes Landesgericht
BayPrG	Bayerisches Pressegesetz
BB	Betriebs-Berater
Bd.	Band
Begr.	Begründung
Begr.	Begründer
BGB	Bürgerliches Gesetzbuch
BGBl	Bundesgesetzblatt
BGH	Bundesgerichtshof
BGHSt	Entscheidungen des Bundesgerichtshofs in Strafsachen
BGHZ	Entscheidungen des Bundesgerichtshofs in Zivilsachen
BKR	Zeitschrift für Bank- und Kapitalmarktrecht
BörsG	Börsengesetz
BörsO	Börsenordnung
BörsZulVO	Börsenzulassungsverordnung
BR	Bundesrat

BR-Drs.	Drucksache des Bundesrates
BT	Besonderer Teil
BT-Drs.	Drucksache des Bundestages
BVerfG	Bundesverfassungsgericht
BVerfGE	Entscheidungen des Bundesverfassungsgerichts
bzgl.	bezüglich
bzw.	beziehungsweise
DB	Der Betrieb
ders.	derselbe
d.h.	das heißt
dies.	dieselbe
DStR	Deutsches Steuerrecht
DTB	Deutsche Terminbörse
EG	Europäische Gemeinschaft
EGBGB	Einführungsgesetz zum Bürgerlichen Gesetzbuch
EGStGB	Einführungsgesetz zum Strafgesetzbuch
Einl.	Einleitung
EU	Europäische Union
EWG	Europäische Wirtschaftsgemeinschaft
EWR	Europäischer Wirtschaftsraum
f.	folgende
FAZ	Frankfurter Allgemeine Zeitung
ff.	fortfolgende
FMFG	Finanzmarktförderungsgesetz
Fn.	Fußnote
FTD	Financial Times Deutschland
FWB	Frankfurter Wertpapierbörse
GG	Grundgesetz
GmbH	Gesellschaft mit beschränkter Haftung
GmbHG	Gesetz betreffend die Gesellschaften mit beschränkter Haftung
GVG	Gerichtsverfassungsgesetz
HessPresseG	Hessisches Pressegesetz
HGB	Handelsgesetzbuch
Hrsg.	Herausgeber
HÜSt	Handelsüberwachungsstelle
insb.	insbesondere
i.S.v.	im Sinne von
i.V.m.	in Verbindung mit
JA	Juristische Arbeitsblätter

JR	Juristische Rundschau
JW	Juristische Wochenschrift
JZ	Juristenzeitung
Kap.	Kapitel
KuMaKV	Verordnung zur Konkretisierung des Verbotes der Kurs- und Marktpreismanipulation
LG	Landgericht
LK	Leipziger Kommentar
LPG	Landespressegesetz
MDR	Monatsschrift für deutsches Recht
Mio.	Millionen
m.w.N.	mit weiteren Nachweisen
n.F.	neue Fassung
NJW	Neue Juristische Wochenschrift
Nr.	Nummer/Nummern
NStZ	Neue Zeitschrift für Strafrecht
NZG	Neue Zeitschrift für Gesellschaftsrecht
OLG	Oberlandesgericht
OWiG	Gesetz über Ordnungswidrigkeiten
R	Seitenbezeichnung im AG-Report (Sonderteil der Zeitschrift „Die Aktiengesellschaft“)
RegE	Regierungsentwurf
RG	Reichsgericht
RGSt	Entscheidungen des Reichsgerichts in Strafsachen
RGZ	Entscheidungen des Reichsgerichts in Zivilsachen
Rz.	Randziffer / Randziffern
S.	Seite / Satz
s.o.	siehe oben
sog.	sogenannte(r)
StGB	Strafgesetzbuch
StPO	Strafprozessordnung
s.u.	siehe unten
u.	und
u.a.	und andere / unter anderem
USA	United States of America
v.	von / vom
vgl.	vergleiche
WiKG	Gesetz zur Bekämpfung der Wirtschaftskriminalität
wistra	Zeitschrift für Wirtschaft, Steuer und Strafrecht
WM	Wertpapier-Mitteilungen

WpHG	Gesetz über den Wertpapierhandel/ Wertpapierhandelsgesetz
WpÜG	Wertpapiererwerbs- und Übernahmegesetz
z.B.	zum Beispiel
ZBB	Zeitschrift für Bankrecht und Bankwirtschaft
ZGR	Zeitschrift für Unternehmens- und Gesellschaftsrecht
ZHR	Zeitschrift für das gesamte Handels- und Wirtschaftsrecht
Ziff.	Ziffer
ZIP	Zeitschrift für Wirtschaftsrecht und Insolvenzpraxis
ZStW	Zeitschrift für die Gesamte Strafrechtswissenschaft

Kapitel 1: Einführung

Ende März 2000 begann das zunächst langsame Sterben des „Neuen Marktes", der am 10. 3. 1997 als hoffnungsträchtiges „Qualitätssegment der Wachstumswerte" an der Frankfurter Wertpapierbörse begonnen hatte[1]. Ein Jahr später, im April 2001, fielen die Kurse am Neuen Markt ins Bodenlose und aus den Aktien ursprünglich hochkarätig eingeschätzter börsennotierter Unternehmen wurden oftmals sogenannte „Penny Stocks" die nur noch zu einem Hundertstel oder weniger ihres ehemaligen Höchstpreises notierten und gegen ein Zwangs-Delisting kämpfen mussten[2]. Für die betroffenen Anleger bedeuteten diese massiven Kurseinbrüche hohe, mitunter existenzbedrohende Verluste. Diese für viele unerwartete Entwicklung legte es nahe, nach Erklärungen und Verantwortlichen zu suchen. Unter dem Schlagwort der „Kursmanipulation" fiel der Blick der Anleger, der Medien und nicht zuletzt der Ermittlungsbehörden besonders auf die Vorstände börsennotierter Unternehmen, die mit falschen Gewinnmeldungen den Höhenflug der Kurse maßgeblich herbeigeführt haben sollen, insbesondere um sich im Anschluss daran durch den Verkauf von ihnen gehaltener Aktien zu bereichern[3]. In den Fokus des öffentlichen Interesses gerieten auch Wertpapier-Analysten, denen vorgehalten wurde, Anlageempfehlungen nur abgegeben zu

1 Einen Überblick zur Entwicklungsgeschichte des Neuen Marktes gibt „Die Chronik einer Kapitalvernichtung", manager-magazin.de, 4.6.2003 (abrufbar unter: www.manager-magazin.de/geld/artikel/0,2828,186368,00.html).

2 Ab 1.10.2001 sah das Regelwerk der Deutschen Börse einen möglichen Zwangsausschluss von Firmen vor, deren Aktienkurs dauerhaft unter einem Euro und deren Marktkapitalisierung dauerhaft unter 20 Millionen Euro lag. Ebenso sollten insolvente Firmen ausgeschlossen werden können. Gegen diese Zwangs-Delisting-Regeln haben über 20 Firmen einstweilige Verfügungen erwirkt, um so ihren Ausschluss vom Handel zu verhindern. („Die Chronik einer Kapitalvernichtung", manager-magazin.de vom 4.6.2003 (vgl. Fn. 1).

3 Vgl. hierzu die in „Die Chronik der Kapitalvernichtung" (Fn.1) genannten Fälle, sowie die Fälle der börsennotierten Unternehmen „Comroad" (Urteil des LG München I v. 21.11.2002, wistra 2003, 277 ff.), „EM.TV" (Urteil des LG München I v. 8.4.2003, BKR 2003, 681 ff.) und „Infomatec" (Urteil des LG Augsburg v. 24.9.2001, ZIP 2001, 1881 ff., aufgehoben durch Urteil des OLG München v. 1.10.2002, ZIP 2002, 1989 ff.; Der Strafprozess gegen die ehemaligen Vorstände der Infomatec AG war zu Redaktionsschluss noch nicht beendet), in denen den (ehemaligen) Vorständen dieser Unternehmen jeweils falsche Ad-hoc-Mitteilungen vorgeworfen wurden.

haben, um von den zu erwartenden, durch die Empfehlung ausgelösten Kursschwankungen bei eigenen Geschäften mit den betreffenden Finanztiteln zu profitieren[4]. In dieser Situation erlangte der auch als „Kursbetrug“ bezeichnete Straftatbestand des § 88 BörsG ein bis dahin nicht gekanntes öffentliches Interesse. Als einzige strafrechtliche Sanktion für unlautere Eingriffe in die Börsenkursbildung wurde diese Vorschrift auch für geschädigte Anleger interessant, die - motiviert durch Rechtsanwälte, die medienträchtige „Sammelklagen“ nach US-amerikanischem Muster anstreben - diese Norm als vermögensschützend interpretiert sehen wollen und auf der Grundlage einer Verurteilung auf Schadensersatzansprüche hoffen. Auch nach der endgültigen Schließung des Neuen Marktes am 5. 6. 2003 ist seine Geschichte somit aufgrund zahlreicher noch laufender Ermittlungs- und Strafverfahren sowie Schadensersatzprozesse geschädigter Anleger längst nicht abgeschlossen.

Angesichts der immer schnelleren Entwicklung des Geschehens an den Finanzmärkten und der erkannten schwerwiegenden Folgen von Kursmanipulationen ist die Legislative nicht untätig geblieben. Der europäische Gesetzgeber hat auf der Grundlage eines Richtlinienentwurfs der Europäischen Kommission vom 30. 5. 2001[5] am 28. 1. 2003 eine Richtlinie über Insider-Geschäfte und Marktmanipulation[6] erlassen, wobei er diese Begriffe unter der Bezeichnung „Marktmissbrauch“ zusammenfasst. In Vorwegnahme der Verabschiedung dieser Richtlinie und auf der Grundlage des Richtlinienvorschlags der Kommission erließ der deutsche Gesetzgeber das „Vierte Finanzmarktförderungsgesetz“[7], das am 1. 7. 2002 in Kraft getreten ist. Mit diesem Gesetz wurden der Tatbestand des § 88 BörsG aufgehoben[8] und das Verbot der Kursmanipulation völlig neu gefasst und in das Wertpapierhandelsgesetz aufgenommen[9].

---

4 Vgl. den Fall des Börsenjournalisten Prior (Beschluss des LG Frankfurt a.M. v. 9.11.1999, NJW 2000, 301 ff.) und des Analysten Opel (Urteil des LG Stuttgart v. 30.8.2002, wistra 2003, 153 ff., aufgehoben durch Urteil des BGH v. 6.11.2003 (1 StR 24/03).

5 KOM (2001) 281 – 2001/0118 (COD), abrufbar unter http://europa.eu.int/eur-lex.

6 Richtlinie 2003/6/EG des Europäischen Parlaments und des Rates vom 28. 1. 2003 über Insider-Geschäfte und Marktmanipulation (Marktmissbrauch).

7 Gesetz zur weiteren Fortentwicklung des Finanzplatzes Deutschland (Viertes Finanzmarktförderungsgesetz) vom 21.6.2002, BGBl I/2002, S.2010; Im folgenden: 4. FMFG.

8 Da bei der Aufhebung des § 88 BörsG keine andere Regelung an seine Stelle getreten ist und damit keine Verwechslungsgefahr besteht, wird der aufgehobene Tatbestand ohne den die Aufhebung kennzeichnenden Zusatz „a.F.“ im folgenden als § 88 BörsG bezeichnet.

9 §§ 38 Abs.1 Nr.4, 39 Abs.1 Nr.1 u.2 WpHG i.V.m. § 20a WpHG ; Vgl. hierzu Kapitel 3 / Abschnitt II.

Der Tatbestand des Kursbetruges bzw. nach neuerer Bezeichnung der Kursmanipulation[10] ist damit endgültig dem „Schattendasein" entrissen, das ihm lange Zeit bescheinigt wurde[11]. Lange Zeit hatte kein deutsches Gericht eine Verurteilung wegen Kursbetruges nach § 88 BörsG ausgesprochen. Die einzige vor dem Zusammenbruch des Neuen Marktes dokumentierte, rechtskräftige Entscheidung ist ein Strafbefehl des Amtsgerichts München vom 23. 8. 1996 wegen eines fiktiven Geschäftes nach § 88 Nr.2 BörsG[12]. Die vermeintlich fehlende Praxisrelevanz des § 88 BörsG hat Stimmen in der Literatur sogar zu der Schlussfolgerung bewogen, § 88 BörsG sei „totes Recht"[13] und „der Gesetzgeber hätte sich ... die Frage stellen sollen, ob angesichts der fehlenden praktischen Bedeutung nicht eine Streichung der Vorschrift insgesamt angezeigt gewesen wäre"[14]. Diese Kritik war allerdings in mehrfacher Hinsicht verfehlt. Allein die fehlende praktische Bedeutung einer Strafvorschrift kann nicht deren Streichung rechtfertigen, wenn das geschützte Rechtsgut so hochrangig ist, dass es eines strafrechtlichen Schutzes bedarf[15]. Das wird für das nach herrschender Auffassung von § 88 BörsG geschützte Rechtsgut der Zuverlässigkeit und Wahrheit der Börsen- und Marktpreisfeststellung ganz überwiegend bejaht[16]. Dem Vorwurf fehlender Praxisrelevanz des § 88 BörsG wurde zudem spätestens durch die medienträchtige Verurteilung des Gründers und ehemaligen Vorstands der Comroad AG am 21. 11. 2002[17] u.a. wegen Kursbetruges zu sieben Jahren Freiheitsstrafe die Grundlage entzogen.

In Deutschland sind Kursmanipulationen allerdings kein Phänomen allein der heutigen Zeit und insbesondere erst des Neuen Marktes. Bereits 1974 wurden von Udo Karl Scheu durch eigene Untersuchungen 19 Fälle von Kursmanipulationen aufgespürt[18]. Diese Untersuchungen basierten zudem auf Pres-

---

10 Zum nicht einheitlich definierten Begriff der Kursmanipulation vgl. Kapitel 7 / Abschnitt I. Die Tatbestände von § 88 BörsG und §§ 38 Abs.1 Nr.4, 39 Abs.1 Nr.1 u.2 WpHG i.V.m. § 20a WpHG werden in dieser Untersuchung auch als „Manipulationsverbote" bezeichnet.

11 Rössner/Worms in Assmann/Schütze, § 9 Rz. 1.

12 Amtsgericht München, 1138 Cs 302 Js 23676/95, zitiert nach: Benner in Wabnitz/Janovsky, Kap. 4 Rz. 28 / S. 308, Fn. 14.

13 Jahn, „Macht und Ohnmacht der Börsenpolizei", FAZ v. 18.1.2001.

14 Rössner / Worms in Assmann/Schütze, § 9 Rz. 4.

15 Anderenfalls müsste auch über eine Streichung von Normen wie § 80 StGB (Vorbereitung eines Angriffskrieges) oder § 307 StGB (Herbeiführung einer Explosion durch Kernenergie) nachgedacht werden, da die Bedeutung dieser Normen bisher auch rein dogmatischer Natur ist.

16 Zum Rechtsgüterschutz durch § 88 BörsG vgl. Kapitel 4 / Abschnitt II.

17 Urteil des LG München I v. 21.11.2002, wistra 2003, 277 ff.

18 Scheu, S. 62 ff.

seberichten, die auf eine wesentlich höhere Dunkelziffer in diesem Bereich schließen ließ[19]. Für die ausbleibende strafrechtliche Verfolgung derartiger Fälle und damit den „Dornröschenschlaf"[20] des § 88 BörsG wurden vielfältige Gründe genannt. So soll eine Verfolgung der von § 88 BörsG sanktionierten Taten bereits durch den Deliktsaufbau dieses Tatbestandes erschwert worden sein[21]. Gerügt wurde insbesondere die generalklauselartige Weite des Tatbestandes in § 88 BörsG Nr.2, der auch nach der Neufassung des Manipulationsverbotes in § 20a Abs.1 S.1 Nr.2 WpHG in ähnlicher Form beibehalten wurde und nach wie vor eine Verfolgung wesentlicher Fälle unredlicher Kursbeeinflussungen erschwert[22] sowie angesichts des Art. 103 Abs.2 GG auf erhebliche verfassungsrechtliche Bedenken stößt[23]. Auch die bis 1995 spurenlose Abwicklung der Börsengeschäfte[24] hat die Ermittlung der Auftraggeber als mögliche Täter von Kursmanipulationen erschwert. Erst mit dem 2. Finanzmarktförderungsgesetz (2. FMFG)[25] ist der Wertpapierhandel und damit zugleich dessen Überwachung an organisierten Märkten elektronisch unterstützt. Über die als Börsenorgan einzurichtende Handelsüberwachungsstelle (HÜSt) werden die Daten über den Börsenhandel und die Börsengeschäftsabwicklung systematisch und lückenlos erfasst und ausgewertet sowie notwendige Ermittlungen durchgeführt[26]. Die Handelsüberwachungsstelle ist dabei in der Lage, den Datenstrom zeitgleich nach Auffälligkeiten zu untersuchen, gezielt Orderlagen zu rekonstruieren und den Weg von Aufträgen teilweise bis zu einer hundertstel Sekunde genau nachzuvollziehen[27]. Daneben wurde mit § 9 WpHG eine Meldepflicht für alle im Wertpapierhandel tätigen Unternehmen bezüglich der von ihnen getätigten Wertpapiergeschäfte eingeführt. Die so ermittelten bzw. gesammelten Daten dienen als wesentliche Grundlage für die Ermittlung möglicher Kursmanipulationen. So berichtete das

19 So Scheu, S. 62ff.; vgl. auch Otto, WM 1988, 729, 736, der aufgrund von Presseberichten jedenfalls Anhaltspunkte für eine gewisse Kriminalität in diesem Bereich erkennt; ebenso Lenzen, Unerlaubte Eingriffe in die Börsenkursbildung, S. 159, die auf die Erfahrungen anderer Länder verweist.

20 Ziouvas, ZGR 2003, 113, 115.

21 Ziouvas, ZGR 2003, 113, 115.

22 Vgl. hierzu die in Kapitel 7 untersuchten Fälle.

23 Zur verfassungsgemäßen Bestimmtheit der Manipulationsverbote vgl. Kapitel 6 / Abschnitt III.

24 Benner in Wabnitz/Janovsky Kap. 4 Rz. 28.

25 Gesetz vom 26.7.1994, BGBl I/1994, 1749, teilweise zum 1.8.1994, teilweise zum 1.1.1995 in Kraft getreten.

26 § 1b BörsG a.F. (vor Inkrafttreten des 4. FMFG) bzw. § 4 BörsG n.F. (nach Inkrafttreten des 4. FMFG).

27 Benner in Wabnitz/Janovsky Kap. 4 Rz. 23 und Wabnitz/Janovsky, 2.A., Kap.9 Rz. 38.

ehemalige Bundesaufsichtsamt für den Wertpapierhandel (BAWe)[28] im Jahr 2001 von vier Fällen, in denen jeweils wegen des Verdachts einer Kursmanipulation - vornehmlich über das Internet – Untersuchungen geführt und zum Teil Anzeige bei den Staatsanwaltschaften erstattet wurde[29]. Im Jahr 2000 waren es sogar 20 Fälle, in denen das BAWe wegen Anhaltspunkten für mögliche Kursmanipulationen seine Erkenntnisse an die Börsenaufsichtsbehörden der Länder übersandte oder Anzeige bei den Staatsanwaltschaften erstattete[30]. Eine weitere Erschwernis der Ermittlung von Kursmanipulationen folgt aus der Tatsache, dass sowohl der Gesetzgeber als auch die herrschende Meinung § 88 BörsG die Eigenschaft als Schutzgesetz im Sinne des § 823 Abs.2 BGB absprechen[31]. Für geschädigte Anleger, die auf Schadensersatz hoffen, war die Vorschrift damit zunächst uninteressant, und es ergingen lange Zeit keine zivilgerichtlichen Entscheidungen hierzu. Damit bestand für die Anleger auch bei vorliegenden Verdachtsmomenten keine Motivation, über eine Anzeige die konkrete Ermittlung von Kursmanipulationen in Gang zu setzen. Ein Teil der Anwaltschaft versuchte zwar mit medienwirksamen Musterprozessen die Gerichte zu einer individualschützenden Interpretation des § 88 BörsG zu bewegen, allerdings mit eher geringem Erfolg[32]. Zudem sind viele Formen von Kursmanipulationen für die geschädigten Anleger oftmals gar nicht erkennbar[33].

Das Anliegen dieser Arbeit ist es, die Sanktionierung von Kursmanipulationen nach alter und neuer Rechtslage darzustellen, dabei Unstimmigkeiten der alten und der neuen Regelung nachzugehen und - soweit möglich - Lösungsmöglichkeiten hierzu aufzuzeigen beziehungsweise dort, wo es notwendig erscheint, Vorschläge für eine weitere Reformierung des derzeit geltenden Rechts zu machen. Hierzu sollen zunächst in einem Überblick die Entwicklung der

---

28 Das BAWe wurde mit dem ehemaligen Bundesaufsichtsamt für Versicherungswesen und dem ehemaligen Bundesaufsichtsamt für das Kreditwesen in der heutigen Bundesanstalt für Finanzdienstleistungsaufsicht (BaFin) zusammengeführt; (Vgl. hierzu Kapitel 3 / Abschnitt II).

29 Jahresbericht 2001 des BAWe, S.27 f., abrufbar unter: www.bawe.de7down/jb01.pdf.

30 Jahresbericht 2000 des BAWe, S. 24, abrufbar unter www.bawe.de7down/jb00.pdf oder unter www.BaFin.de und den entsprechenden Link zur ehemaligen Bundesaufsicht für den Wertpapierhandel.

31 Vgl. hierzu Kapitel 4 / Abschnitt II / 4 und III / 3.

32 Die Entscheidung des LG Augsburg v. 24.9.2001, ZIP 2001, 1881 ff., das als bislang einziges Gericht gemäß § 823 Abs.2 BGB i.V.m. § 88 BörsG einen Schadensersatzanspruch bejaht hat, ist mit Urteil des OLG München v. 1.10.2002, ZIP 2002, 1989 ff., aufgehoben worden.

33 So beispielsweise im Fall der in Kapitel 7 / Abschnitt IV geschilderten „wash sales", bei denen abgesprochene Kauf- und Verkaufsaufträge zu von vornherein festgelegten Preisen unmittelbar zum Abschluss gebracht werden.

Rechtslage sowie die alte und neue Rechtslage mit den wesentlichen Änderungen dargestellt werden (Kapitel 2 und 3). In einem nächsten Abschnitt (Kapitel 4) wird der Frage nachgegangen, welches Rechtsgut bzw. welche Rechtsgüter durch die Manipulationsverbote nach alter und neuer Rechtslage geschützt werden. Hierbei wird insbesondere auf die heftig umstrittene Frage eines möglichen Anleger- bzw. Individualschutzes durch eine Interpretation dieser Normen als Schutzgesetze i.S.v. § 823 Abs.2 BGB eingegangen. Im fünften Kapitel werden die Tatbestände des § 88 BörsG sowie der §§ 38 Abs.1 Nr.4; 39 Abs.1 Nr.1 u. 2 WpHG i.V.m. § 20a WpHG besprochen, wobei insbesondere auf umstrittene Tatbestandsmerkmale eingegangen wird. Nach alter und neuer Rechtslage bestehende Einzelfragen zu einem Verbot der Kursmanipulation werden zusammen in Kapitel 6 erörtert. In Kapitel 7 werden wesentliche Fallgruppen der Kursbeeinflussung und ihre Strafbarkeit nach alter und neuer Rechtslage dargestellt. Kapitel 8 beschäftigt sich mit der vor allem für die Praxis relevanten Frage, welches Recht für Taten gilt, die noch während der Geltung des § 88 BörsG begangen wurden, bei denen die Entscheidung über eine Verurteilung aber erst nach Erlass des 4. FMFG zu fällen ist. Im neunten und letzten Kapitel wird auf die an der geltenden Rechtslage zu äußernde Kritik und entsprechende Reformvorschläge eingegangen.

Die vorliegende Untersuchung befasst sich nur mit der Manipulation von Börsenkursen, die im Aktienhandel an der Frankfurter Wertpapierbörse (FWB) festgestellt werden. Hier fanden am ehemaligen Segment des Neuen Marktes die wohl medienträchtigsten Fälle von Kursmanipulationen in Deutschland statt[34]. Ein Eingehen auf andere Vermögenswerte sowie auf die Manipulation von Marktpreisen erfolgt nur dort, wo es zur Abgrenzung und im Sinne der Übersichtlichkeit geboten erscheint.

34 Vgl. die in Fn. 3 genannten Fälle.

Kapitel 2: Zur Entwicklung der Rechtslage

I) Nationale Gesetzgebung

1) Entwicklung bis zum 4. Finanzmarktförderungsgesetz

Die Manipulation von Börsenkursen wurde bereits im Jahre 1884 unter Strafe gestellt. Art. 249d ADHGB[35] drohte für die Anwendung auf Täuschung berechneter Mittel in betrügerischer Absicht und zur Einwirkung auf den Aktienkurs eine Gefängnisstrafe bis zu einem Jahr und zugleich Geldstrafe bis zu zehntausend Mark an[36]. In verallgemeinerter Form fand diese Vorschrift im Jahr 1896 als § 75 Abs.1 Eingang in das Börsengesetz[37]. Auf dieser Vorschrift beruht der Tatbestand des § 88 BörsG. Dieser enthielt in seiner ursprünglichen Fassung in § 88 Abs.1 Nr.1 BörsG(a.F.) den heutigen § 88 Nr.2 BörsG als alleinigen Tatbestand des Kursbetruges. Der ursprüngliche § 88 Abs.1 Nr.2 BörsG (a.F.) enthielt den Tatbestand des Kapitalanlagebetruges, welcher durch das 2. Gesetz zur Bekämpfung der Wirtschaftskriminalität[38] im Jahre 1986 in der neu geschaffenen Vorschrift des § 264a StGB geregelt wurde. Der ursprüngliche Tatbestand des Kursbetruges wurde um eine neue Ziffer in § 88 Nr.1 BörsG(n.F.) ergänzt. Trotz der Unschärfe des generalklauselartig gefassten § 88 Nr.2 BörsG n.F. beschloss der Gesetzgeber, diesen beizubehalten, um Tatbestandslücken zu vermeiden[39].

2) Das 4. Finanzmarktförderungsgesetz

Der deutsche Gesetzgeber hat bereits in den Jahren 1990, 1994 und 1998 insgesamt drei Finanzmarktförderungsgesetze[40] zur Schaffung eines funktionsfähigen

35 Gesetz vom 18. 7.1884, RGBl. 1884, S. 123 (zitiert nach Ziouvas, ZGR 2003, 113, 114).

36 Merkt in Hopt/Rudolph/Baum, S. 67, Fn. 213.

37 Gesetz vom 22.6.1896; RGBl. 1896, S. 157 (zitiert nach Ziouvas, ZGR 2003, 113, 114).

38 2. Gesetz zur Bekämpfung der Wirtschaftskriminalität (2. WiKG) 15.5.1986, BGBl I/1986, 721.

39 Regierungsentwurf 2. WiKG, BT-Drs. 10/318 , S. 45 f.

40 Erstes Finanzmarktförderungsgesetz von 1990, BGBl I/1990, 266; Zweites Finanzmarktförderungsgesetz von 1994, BGBl I/1994, 1749 und Drittes Finanzmarktförderungsgesetz von 1998, BGBl I/1998, 529.

Kapitalmarktes erlassen. Diese ersten drei Finanzmarktförderungsgesetze hatten auf die Fassung des Verbotes der Kursmanipulation nur geringe bis keine Auswirkung[41].

Erst mit dem am 1. 7. 2002 in Kraft getretenen Vierten Finanzmarktförderungsgesetz (4. FMFG)[42] erfolgte eine umfassende Neuregelung des Verbotes der Kurs- und Marktpreismanipulation in den §§ 20a, 39 Abs.1 Nr.1 und 2 und 38 Abs.1 Nr.4 WpHG. Der ehemalige § 88 BörsG entfiel[43]. Das 4. FMFG ordnet zudem das Börsenrecht völlig neu. Die Börsen erhalten bei der Gestaltung des Handels größere Flexibilität, die Änderungen des Wertpapierhandelsgesetzes (WpHG) sollen einen verbesserten Anlegerschutz durch Erhöhung der Markttransparenz und -integrität schaffen. Dies soll zusammen mit dem erweiterten Handlungsspielraum der Börsen deren internationale Wettbewerbsfähigkeit stärken[44].

II) Europäische Gesetzgebung

Auf EU-Ebene wurde am 11. 5. 1999 ein Aktionsplan für Finanzdienstleistungen beschlossen, mit dem bis zum Jahr 2005 die Vollendung des Binnenmarktes für Finanzdienstleistungen verwirklicht werden soll[45]. Teil dieses Aktionsplanes ist die am 28. 1. 2003 beschlossene Richtlinie des Europäischen Parlamentes und des Rates über Insidergeschäfte und Marktmanipulation (Marktmissbrauch)[46], die auf einem von der Kommission der Europäischen Gemeinschaften vorgelegten Entwurf vom 30. 5. 2001 beruht[47].

Mit der Richtlinie gegen Marktmissbrauch vom 28. 1. 2003 sollen Teile eines Konzeptes umgesetzt werden, das zur Regulierung der Europäischen Wert-

---

41 Lediglich im Rahmen des 2. Finanzmarktförderungsgesetzes wurden die Derivate i.S.v. § 2 Abs.2 WpHG in den Tatbestand des § 88 BörsG einbezogen.

42 Gesetz zur weiteren Fortentwicklung des Finanzplatzes Deutschland, (4. Finanzmarktförderungsgesetz / 4. FMFG) BGBl I/2002, 2010.

43 Auf die Möglichkeit einer weiteren Anwendung des § 88 BörsG gemäß § 2 Abs.3 StGB wird in Kapitel 8 eingegangen.

44 Fenchel, DStR 2002, 1355 ff., 1355.

45 Mitteilung der Kommission „Finanzdienstleistungen, Umsetzung des Finanzmarktrahmens, Aktionsplan", KOM (1999) 232 vom 11. 5. 1999, S. 23 (zitiert nach Ziouvas ZGR 2003, 113, 116, Fn. 13).

46 Richtlinie 2003/6/EG des Europäischen Parlaments und des Rates vom 28. 1. 2003 über Insider-Geschäfte und Marktmanipulation (Marktmissbrauch), im folgenden auch als „Richtlinie gegen Marktmissbrauch" bzw. „Marktmissbrauchsrichtlinie" bezeichnet.

47 KOM (2001) 281 endgültig - 2001/0118 (COD).

papiermärkte von dem so genannten Ausschuss der Weisen unter Vorsitz von Alexandre Lamfalussy erarbeitet worden war. Dieser Ausschuss war von den Wirtschafts- und Finanzministern der Europäischen Union (ECOFIN) am 17. 7. 2000 mit der Erstellung eines Berichts beauftragt worden, der von den Europäischen Gemeinschaften 2001 als sog. „Lamfalussy-Bericht" herausgegeben wurde[48]. Das Konzept des Lamfalussy-Berichts sieht ein vierstufiges Rechtsetzungsverfahren vor, das die Rechtsetzung beschleunigen soll und hierzu zwischen Grundbestimmungen und Vorschriften zu deren Durchführung unterscheidet. Für die Richtlinie gegen Marktmissbrauch bedeutet das, dass auf der ersten Stufe mit der Richtlinie allgemeine Rahmenbedingungen festgesetzt werden. Auf einer zweiten Stufe, im sogenannten „Komitologieverfahren" [49], werden mittels zweier neu eingerichteter Ausschüsse von der Kommission die technischen Umsetzungsmaßnahmen festgelegt. Damit kann die Kommission im Ausschussverfahren die von der Marktmissbrauchsrichtlinie genannten Manipulationsmethoden abändern oder ergänzen, um auf neue Manipulationstechniken zu reagieren[50]. Auf der dritten Stufe steht die Erarbeitung gemeinsamer Empfehlungen, Leitlinien und Standards durch die Wertpapierregulierungsbehörden zur Sicherstellung einer einheitlichen Umsetzung und Anwendung. Auf vierter und letzter Stufe nimmt die Kommission eine Überprüfung vor[51].

---

48 Vgl. Dier/Fürhoff, AG 2002, 604, 604.

49 Die Bezeichnung „Komitologieverfahren" rührt von den der Kommission auf der zweiten Stufe des Rechtsetzungsverfahren zur Seite stehenden Ausschüssen, die auch als Komitees bezeichnet werden.

50 Ziouvas, ZGR 2003, 113, 117.

51 Dier/Fürhoff, AG 2002, 604, 604 f.

Kapitel 3: Die wesentlichen Änderungen zwischen alter und neuer Rechtslage im Vergleich

Die Neufassung des Verbotes der Kursmanipulation durch das 4. FMFG geht über eine wortlautbezogene und damit rein inhaltliche Neufassung des ursprünglichen Tatbestandes hinaus. Die weitreichenden Änderungen betreffen auch die dogmatische Einordnung des als Blankett-Tatbestand neu gefassten Verbotes sowie dessen gesetzessystematische Einordnung und einen damit verbundenen Zuständigkeitswechsel für die Verbotsüberwachung aufgrund der Verlagerung des Tatbestandes vom Börsengesetz (BörsG) in das Wertpapierhandelsgesetz (WpHG). Im folgenden soll deshalb noch vor einer detaillierten Erläuterung des Manipulationsverbotes nach der alten und neuen Rechtslage ein Überblick über die wesentlichen Änderungen des Verbotes gegeben werden. Berücksichtig werden dabei die Struktur des Verbotes, standortbedingte Zuständigkeits- und Verfahrensänderungen, die inhaltliche Reichweite des Verbotes und die neu geschaffene Möglichkeit einer Konkretisierung des Verbotes durch den Erlass von Rechtsverordnungen. Diesem Überblick vorangestellt wird der Gesetzestext des Manipulationsverbotes nach alter und neuer Rechtslage.

I) Gesetzeswortlaut des Manipulationsverbotes nach alter und neuer Rechtslage:

1) Alte Rechtslage: § 88 BörsG

§ 88 [Strafvorschrift].

Wer zur Einwirkung auf den Börsen- oder Marktpreis von Wertpapieren, Bezugsrechten, ausländischen Zahlungsmitteln, Waren, Anteilen, die eine Beteiligung am Ergebnis eines Unternehmens gewähren sollen, oder von Derivaten im Sinne des § 2 Abs.2 des Wertpapierhandelsgesetzes

1. unrichtige Angaben über Umstände macht, die für die Bewertung der Wertpapiere, Bezugsrechte, ausländischen Zahlungsmitteln, Waren, Anteile oder Derivate erheblich sind, oder solche Umstände entgegen bestehenden Rechtsvorschriften verschweigt oder

2. sonstige auf Täuschung berechnete Mittel anwendet,

wird mit Freiheitsstrafe bis zu drei Jahren oder mit Geldstrafe bestraft.

2) Neue Rechtslage: §§ 20a, 39 Abs.1 Nr.1 u. 2, 38 Abs.1 Nr.4 WpHG

§ 20a [WpHG] Verbot der Kurs- und Marktpreismanipulation.

(1) Es ist verboten,

1. unrichtige Angaben über Umstände zu machen, die für die Bewertung eines Vermögenswertes erheblich sind, oder solche Umstände entgegen bestehenden Rechtsvorschriften zu verschweigen, wenn die Angaben oder das Verschweigen geeignet sind, auf den inländischen Börsen- oder Marktpreis eines Vermögenswertes oder auf den Preis eines Vermögenswertes an einem organisierten Markt in einem anderen Mitgliedstaat der Europäischen Union oder in einem anderen Vertragsstaat des Abkommens über den Europäischen Wirtschaftsraum einzuwirken oder

2. sonstige Täuschungshandlungen vorzunehmen, um auf den inländischen Börsen- oder Marktpreis eines Vermögenswertes oder auf den Preis eines Vermögenswertes an einem organisierten Markt in einem anderen Mitgliedsstaat der Europäischen Union oder in einem anderen Vertragsstaat des Abkommens über den Europäischen Wirtschaftsraum einzuwirken.

Vermögenswerte im Sinne des Satzes 1 sind Wertpapiere, Geldmarktinstrumente, Derivate, Rechte auf Zeichnung, ausländische Zahlungsmittel im Sinne des § 63 Abs.2 des Börsengesetzes und Waren, die

1. an einer inländischen Börse zum Handel zugelassen oder in den geregelten Markt oder in den Freiverkehr einbezogen sind, oder

2. in einem anderen Mitgliedsstaat der Europäischen Union oder einem anderen Vertragsstaat des Abkommens über den Europäischen Wirtschaftsraum zum Handel an einem organisierten Markt zugelassen sind.

(2) Das Bundesministerium der Finanzen kann durch Rechtsverordnung, die der Zustimmung des Bundesrates bedarf, nähere Bestimmungen erlassen über

1. Umstände, die für die Bewertung von Vermögenswerten erheblich sind,

2. das Vorliegen einer sonstigen Täuschungshandlung und

3. Handlungen und Unterlassungen, die in keinem Fall einen Verstoß gegen das Verbot des Absatzes 1 Satz 1 darstellen.

Das Bundesministerium der Finanzen kann die Ermächtigung durch Rechtsverordnung, die der Zustimmung des Bundesrates bedarf, auf die Bundesanstalt übertragen. Diese erlässt die Vorschriften im Einvernehmen mit den Börsenaufsichtsbehörden der Länder.

§ 39 [WpHG] Bußgeldvorschriften.

(1) Ordnungswidrig handelt, wer

1. entgegen § 20a Abs.1 Satz 1 Nr.1, auch in Verbindung mit einer Rechtsverordnung nach Abs.2 Satz 1 Nr.1, eine Angabe macht oder einen Umstand verschweigt,

2. entgegen § 20a Abs.1 S.1 Nr.2, auch in Verbindung mit einer Rechtsverordnung nach Abs.2 Satz 1 Nr.2, eine Täuschungshandlung vornimmt,

[...]

(4) Die Ordnungswidrigkeit kann in den Fällen des Absatzes 1 Nr.1 und 2 ... mit einer Geldbuße bis zu eineinhalb Millionen Euro ... geahndet werden.

§ 38 [WpHG] Strafvorschriften.

(1) Mit Freiheitsstrafe bis zu fünf Jahren oder mit Geldstrafe wird bestraft, wer
[...]

4. eine in § 39 Abs.1 Nr.1 oder 2 bezeichnete Handlung begeht und dadurch auf den inländischen Börsen- oder Marktpreis eines Vermögenswertes oder auf den Preis eines Vermögenswertes an einem organisierten Markt in einem anderen Mitgliedsstaat der Europäischen Union oder in einem anderen Ver-

tragsstaat des Abkommens über den Europäischen Wirtschaftsraum einwirkt.

(2) Einem Verbot im Sinne des [...] Absatzes 1 Nr.4 in Verbindung mit § 39 Abs.1 Nr.1 oder 2 steht ein entsprechendes ausländisches Verbot gleich.

II) Standort des Manipulationsverbotes, Aufsicht und Verfahren

Das Verbot der Kursmanipulation wurde von seinem ursprünglichen Standort als Straftat in § 88 des Börsengesetzes in das Wertpapierhandelsgesetz verlegt und dort als verwaltungsrechtsrechtliches Verbot ausgestaltet, das von einem Blankettordnungswidrigkeitstatbestand in § 39 Abs.1 Nr.1 und 2 WpHG und einem Blankettstraftatbestand in § 38 Abs.1 Nr. 3 WpHG flankiert wird. Durch diese Verlegung und Umstrukturierung des Manipulationsverbotes sollten auseinanderfallende Zuständigkeiten bei der Überwachung des Börsenhandels im Hinblick auf Kursmanipulationen und Insidervergehen vereinheitlicht werden.

Zuständig für die Überwachung des Börsenhandels im Hinblick auf dessen ordnungsgemäße Durchführung und insbesondere eine ordnungsgemäße Preisfeststellung ist die jeweilige Börsenaufsichtsbehörde als oberste Landesbehörde[52]. Diese kann bei dem Verdacht eines nicht vorschriftsmäßigen Börsenhandels bzw. Verhaltens eines Handelsteilnehmers die zugrunde liegenden Umstände ermitteln. Dabei kann sie auf umfangreiches Datenmaterial zurückgreifen, das von der Handelsüberwachungsstelle (HÜSt), ein bei den Wertpapierbörsen eingerichtetes Börsenorgan[53], geliefert wird. Diese Daten spielen bei der Aufdeckung von Unregelmäßigkeiten im Börsenhandel und der Börsenpreisfeststellung eine wichtige Rolle. Anhand der von der HÜSt gesammelten und systematisch und lückenlos ausgewerteten Daten über den Börsenhandel und die Börsengeschäftsabwicklung können auffällige Kursbewegungen festgestellt werden. Stellt die HÜSt auf diese Weise Tatsachen fest, die auf eine Verletzung börsenrechtlicher Vorschriften oder Anordnungen oder auf einen in sonstiger Weise nicht ordnungsgemäßen Börsenhandel hinweisen, ist sie zur Unterrichtung der Börsenaufsicht verpflichtet (§ 1b Abs.5, S. 1 a.F. BörsG bzw. § 4 Abs.5, S.1 n.F. BörsG). Die Börsenaufsicht kann dann nähere Untersuchungen einleiten und ist dabei gegenüber der HÜSt weisungsbefugt (§ 1b Abs.1, S.3 a.F. BörsG bzw. § 4 Abs.1 S.3 n.F. BörsG).

52 § 1 Abs.1 und 2 BörsG a.F. bzw. § 1 Abs.1 und 4 BörsG n.F.
53 § 1b Abs.1 BörsG a.F. bzw. § 4 BörsG n.F.

Nach alter Rechtslage konnte die Börsenaufsicht die Staatsanwaltschaft einschalten, wenn der Verdacht einer Tat nach § 88 BörsG bestand. Eine gesetzliche Überwachungspflicht hinsichtlich möglicher Kursmanipulationen oblag jedoch weder der Börsenaufsicht noch dem bisherigen Bundesaufsichtsamt für den Wertpapierhandel (BAWe)[54]. Bei dem Verdacht oder der Entdeckung einer Kursmanipulation traf diese Behörden nur im Rahmen der Ermittlung von Ordnungswidrigkeiten nach § 41 OWiG eine Pflicht zur Abgabe an die Staatsanwaltschaft. Darüber hinaus bestand keine ausdrückliche Pflicht zur Anzeigeerstattung. Zuständig für die Ermittlung von Straftaten nach § 88 BörsG war allein die Staatsanwaltschaft (§ 160 StPO). Dieser fehlte jedoch oftmals die Nähe zu dem Börsenhandelsgeschehen und der HÜSt, sowie die notwendige Sachkenntnis, um über das Vorliegen eines konkreten Tatverdachtes und die Aufnahme von Ermittlungen zu entscheiden.

Während das Manipulationsverbot in § 88 BörsG als reine Strafnorm ausgestaltet war, war das Verbot des Insiderhandels bereits seit seiner Kodifizierung durch das 2. Finanzmarktförderungsgesetz[55] aufgrund der EG-Insiderrichtlinie vom 13. 11. 1989[56] als verwaltungsrechtliches Verbot in § 14 des Wertpapierhandelsgesetzes verankert. Für die laufende Überwachung der Einhaltung dieses verwaltungsrechtlichen Verbotes war nach § 16 Abs.1 a.F. WpHG zunächst das Bundesaufsichtsamt für den Wertpapierhandel (BAWe) zuständig. Ein Verstoß gegen das Insiderhandelsverbot wird durch den Blanketttatbestand des § 38 Abs.1 Nr.1 bis 3 WpHG als Straftat sanktioniert. Stieß das BAWe bei seiner Überwachung daher auf Tatsachen, die den Verdacht einer Insiderstraftat begründen, war es nach § 18 Abs.1 a.F. WpHG ausdrücklich zur Anzeige gegenüber der zuständigen Staatsanwaltschaft verpflichtet.

Die getrennten Zuständigkeiten für die Überwachung des Insiderhandelsverbotes und der ordnungsgemäßen Börsenpreisbildung sowie das Fehlen einer einheitlichen Überwachungs- und Anzeigepflicht standen im Widerspruch zu der Sachnähe der Insiderüberwachung zu der Überwachung der Preisfeststellung[57]. Diesem Zustand sollte die Einrichtung einer zentralen Behörde für eine einheitliche und damit effektivere Marktüberwachung sowohl im Hinblick auf Kursmanipulationen als auch auf Insiderhandel abhelfen. Möglich wurde dies durch die Verlagerung des Manipulationsverbotes in das Wertpapierhandelsgesetz und ei-

---

54 Das BAWe wurde mit anderen Behörden im Jahre 2002 zur Schaffung der neuen Bundesanstalt für Finanzdienstleistungsaufsicht (BaFin) zusammengelegt. (Vgl. hierzu die folgenden Ausführungen).

55 Zweites Finanzmarktförderungsgesetz von 1994, BGBl I/1994.

56 Richtlinie 89/592/EWG zur Koordinierung der Vorschriften betreffend Insidergeschäfte.

57 Schlüter, S. 201.

ne Umstrukturierung des Verbotstatbestandes von einer reinen Strafnorm in § 88 BörsG zu einem verwaltungsrechtlichen Verbot in § 20a WpHG, flankiert von Blankettsanktionsnormen. So wurde das Manipulationsverbot auch in seiner Struktur an das Insiderhandelsverbot angeglichen, wobei die Ausgestaltung als verwaltungsrechtliches Verbot dessen Überwachung durch eine Verwaltungsbehörde ermöglicht. Diese kann als sachnähere Behörde zunächst die näheren Umstände einer Handelsauffälligkeit ermitteln und ihre Ermittlungsergebnisse bei einem Tatverdacht an die zuständige Staatsanwaltschaft weiterleiten.

Mit der Vereinheitlichung der Überwachungszuständigkeit greift der Gesetzgeber auch der EU-Richtlinie gegen Marktmissbrauch vor, deren Artikel 11 vorsieht, dass die Mitgliedstaaten eine bestimmte Behörde zur Überwachung der Richtlinienanwendung zu bestimmen haben. Diese Bündelung der Aufsicht in einer Behörde soll den Austausch von Informationen zwischen den EU-Mitgliedstaaten sowie grenzübergreifende Ermittlungen erleichtern, wie sie in der Praxis aufgrund des stark angestiegenen grenzübergreifenden Handels erforderlich sind. Bei der Behörde soll es sich um eine Verwaltungsbehörde handeln, damit ihre Unabhängigkeit von den überwachten Märkten gewährleistet ist und Interessenkonflikte vermieden werden[58]. Zuständig für die nunmehr einheitliche Marktüberwachung ist nach § 16 Abs.1 WpHG - für das Insiderhandelsverbot - und nach § 20b Abs.1 WpHG - für das Manipulationsverbot - die neu geschaffene Bundesanstalt für Finanzdienstleistungsaufsicht (BaFin). Diese Behörde entstand aus der Zusammenlegung der bisherigen Bundesaufsichtsämter für Wertpapierhandel (BAW), für das Kreditwesen (BAKred) und für das Versicherungswesen (BAV) durch das Gesetz über die integrierte Finanzdienstleistungsaufsicht[59].

Die einheitliche Überwachungszuständigkeit der BaFin beseitigt auch praktische Probleme, die sich für die Verfolgung eines Tatverdachtes nach § 88 BörsG ergaben, wenn Manipulationshandlungen über das Internet vorgenommen wurden. Die für Ermittlungen örtlich zuständige Staatsanwaltschaft wurde nach § 143 Abs.1 GVG wie das im Falle einer Anklageerhebung örtliche zuständige Gericht nach den §§ 7 ff. StPO bestimmt. Demnach war auf den Bezirk, in dem eine Straftat begangen wurde, den Wohnsitz oder Aufenthaltsort des Täters oder den Ergreifungsort abzustellen. Diese Orte können bei dem Verdacht einer über das Internet begangenen Tat schwer bis gar nicht bestimmt werden, so dass sich bei dem Verdacht einer Manipulation über das Internet die praktische Frage

58 Vgl. memo/01/203 der Kommission vom 30.5.2001 zur Richtlinie über den Marktmissbrauch und häufig gestellte Fragen.

59 BGBl I/2002, S. 1310.

stellte, an welche Staatsanwaltschaft die dem Verdacht zugrundeliegenden Informationen zur weiteren Ermittlung weitergeleitet werden sollten.

Für die Verlagerung des Manipulationsverbotes in das Wertpapierhandelsgesetz sprach als weiterer Punkt, dass der ursprüngliche Tatbestand des § 88 BörsG im Börsengesetz teilweise systemwidrig verankert ist. Denn seine Reichweite geht über den Regelungsbereich des Börsengesetzes hinaus[60]: Sanktioniert wird nicht nur die Manipulation von Börsenpreisen, sondern auch die von Marktpreisen, die für die von § 88 BörsG erfassten Vermögenswerte gebildet werden. Im Gegensatz zur Neuregelung des § 20a Abs.1, S.2 WpHG der nur bösennotierte Vermögenswerte schützt, sind die von § 88 BörsG erfassten Vermögenswerte nicht auf bestimmte Märkte beschränkt und damit nicht auf den börslichen Handel, der jedoch allein Regelungsgegenstand des Börsengesetzes ist. § 88 erfasst damit in systemwidriger Weise auch die Manipulation von Marktpreisen die für nicht börsenhandelsfähige Vermögenswerte gebildet werden. Nach der Neuregelung bezieht sich das Verbot der Kursmanipulation in § 20a WpHG dagegen auf den gesamten durch das Wertpapierhandelsgesetz erfassten Wertpapierhandel, der nicht auf den Börsenhandel beschränkt ist. Erfasst werden also sowohl börsliche als auch außerbörsliche Transaktionen[61], allerdings nur noch von börsennotierten Vermögenswerten. Auch vor diesem Hintergrund ist die Verlagerung des Manipulationsverbotes und damit der Überwachungszuständigkeit auf die BaFin als für den gesamten Wertpapierhandel einheitlich zuständige Behörde konsequent.

Den Bedenken der Länder, dass der BaFin als zentral zuständiger Überwachungsbehörde die größere sachliche Nähe der Landes- Börsenaufsichtsbehörden zur Handelsüberwachungsstelle der jeweiligen Börse fehlt, wurde durch eine ausgedehnte Unterrichtungspflicht der HÜSt begegnet: Stellt diese Tatsachen fest, deren Kenntnis für die Aufgabenerfüllung der BaFin erforderlich ist, hat sie diese unverzüglich davon zu unterrichten. Diese Verpflichtung trifft die HÜSt insbesondere, wenn es sich um Tatsachen handelt, deren Kenntnis für die Verfolgung von Verstößen gegen das Verbot von Insidergeschäften oder der Kurs- und Marktpreismanipulation nach §§ 14 und 20a WpHG erforderlich ist (§ 4 Abs.5, S. 4 u. 5 BörsG).

Als gesetzlich bestimmte Verwaltungsbehörde ist die BaFin für die Überwachung des verwaltungsrechtlichen Manipulationsverbotes sowie für Ermittlungen bei dem Verdacht einer Ordnungswidrigkeit nach § 20a WpHG i.V.m. § 39 Abs.1 Nr.1 und 2 WpHG zuständig (§ 20b WpHG, §§ 35 Abs.1, 36 Abs.1

60 Ziouvas ZGR. 1/2003, 113, 125; Schlüter, S. 197; Hopt/Baum in Hopt/Rudolph/Baum, S. 440f.

61 Lenzen, Das neue Recht der Kursmanipulation, S. 6.

Nr.1 OWiG). Ergeben sich Anhaltspunkte für eine Straftat nach § 20a i.V.m. § 38 Abs.1 Nr.4 WpHG, d.h. für eine tatsächlich erfolgte Kurs- oder Marktpreiseinwirkung, so hat die BaFin die Sache an die Staatsanwaltschaft abzugeben (§ 41 Abs.1 OWiG).

Die spezifischen Fragestellungen mit denen sich die Staatsanwaltschaften bei der Ermittlung von Kursmanipulationen konfrontiert sehen, stellen sich damit – wenn auch eingeschränkt – auch noch nach der neuen Rechtslage. Eine effektive Verfolgung von Kursmanipulationen erfordert daher die Einrichtung kapitalmarktrechtlich spezialisierter Schwerpunktstaatsanwaltschaften für die Verfolgung von Wirtschaftsstraftaten (§ 143 Abs.4 GVG)[62].

III) Deliktstruktur

1) § 88 BörsG

§ 88 BörsG stellt unrichtige Angaben über bewertungserhebliche Umstände und die Anwendung auf Täuschung berechneter Mittel bei Vorliegen einer Einwirkungsabsicht unter Strafe und ist damit als Tätigkeitsdelikt einzuordnen. Tatbestandlich erfasst und mit Strafe bedroht werden hier nur bestimmte Handlungsweisen, die für das Schutzgut der Preiswahrheit abstrakt gefährlich sind, d.h. für dieses typischerweise als gefährlich gelten[63]. Auf die Herbeiführung eines Erfolges kommt es nicht an. Zur Verwirklichung des Tatbestandes ist es also nicht erforderlich, dass tatsächlich eine Einwirkung auf den Börsen- oder Marktpreis und damit eine Verletzung des Schutzgutes stattgefunden hat. § 88 BörsG ist damit abstraktes Gefährdungsdelikt[64]. Im Gegensatz zu konkreten Gefährdungsdelikten, bei denen der Eintritt eines konkreten Gefährdungserfolges Tatbestandsvoraussetzung ist, hat der Tatrichter bei einem abstrakten Gefährdungsdelikt in der Regel nicht zu prüfen, ob im konkreten Fall auch wirklich eine Gefährdung des geschützten Rechtsgutes eingetreten ist[65]. Die Sanktionierung abstrakter Gefährdungen beruht allein auf einer gesetzlich vermuteten generellen Gefährlichkeit der tatbestandlich erfassten Verhaltensweisen. Damit wird der strafrechtliche Schutz des Rechtsgutes weit vor die tatsächliche Verletzung oder eine konkrete Gefährdung desselben verlagert. Für einen solchermaßen vorverlagerten strafrechtlichen Schutz bedarf der Gesetzgeber bei der Schaffung ab-

62 Vgl. Möller, WM 2002, 309, 311.

63 Vgl. zum Begriff der abstrakten Gefährdung: Schönke/Schröder/Cramer Vorbemerkung §§ 306 ff Rz. 3.

64 Vgl. zum Begriff des abstrakten Gefährdungsdeliktes: Wessels/Beulke, S.8.

65 Wessels/Beulke, S.8; BGHSt 26, 121, 123.

strakter Gefährdungsdelikte einer besonderen Rechtfertigung, die in der Regel aus der hohen Schutzbedürftigkeit des zugrunde liegenden Rechtsgutes abgeleitet wird. Dieser in das Stadium rein abstrakter Gefährdung vorverlagerte Schutz des Rechtsgutes der Preiswahrheit durch § 88 BörsG ist gerechtfertigt. Das Bedürfnis für einen derart vorverlagerten Schutz ergibt sich hier aus der Eigenart des Schutzgutes. Sowohl die Wahrheit der Preisbildung, als auch der hiervon abhängige, effektive Schutz der Funktionsfähigkeit der Kapitalmärkte können nur durch eine bereits im Vorfeld einer Gefährdung angreifende Sanktion ausreichend gewährleistet werden. Denn die Grenze zwischen einer konkreten Gefährdung und einer tatsächlichen Verletzung dieser Rechtsgüter ist derart fließend, dass das Eingreifen eines Schutzes erst im Bereich einer konkreten Gefährdung nicht ausreichend wäre, um dem Eintritt eines Verletzungserfolges noch effizient entgegenwirken zu können. Eine konkrete Gefährdung der Preisbildung liegt ab dem Zeitpunkt vor, ab dem die Wahrscheinlichkeit einer Einflussnahme auf den Preisbildungsprozess nahe liegt. Der Nachweis einer solchen Wahrscheinlichkeit wird aber auch bei einer vollendeten Kursmanipulation häufig der einzig mögliche Nachweis bleiben. Denn die Schwierigkeit beim Nachweis tatsächlicher Einwirkungen auf die Börsenpreisbildung liegt im Beweis der Kausalität der konkreten Einwirkungshandlung für eine tatsächlich festgestellte Kursschwankung. Hierzu müssen theoretisch alle anderen kursbildenden Faktoren „herausgerechnet" werden, was einer Quadratur des Kreises nahe kommt. Damit kann es in dem Zeitpunkt, zu dem eine konkrete Gefährdung des Schutzgutes der ordnungsgemäßen Preisbildung eintritt und – theoretisch – nachweisbar ist, bereits zu einer Verletzung des Schutzgutes in Form einer vollendeten Kursmanipulation gekommen sein. Lässt man also erst auf der Stufe konkreter Gefährdungen Sanktionen einsetzen, kommt das der Inkaufnahme einer unbekannten Zahl vollendeter Kursmanipulationen gleich, bei denen nur die konkrete Gefährdung nachweisbar ist. Die Aufdeckung, Verfolgung und Sanktion einer konkreten Gefährdung würde also häufig zu spät und damit erst nach einer Verletzung des Schutzgutes eingreifen können. Damit könnten lediglich aufgrund der generalpräventiven Strafwirkung zukünftige Manipulationshandlungen in gewissem, wenn auch eher geringem Maße beeinflusst werden. Dennoch erfolgte Kursmanipulationen könnten aber zu einem Schadensausmaß führen, das das Bedürfnis nach einer verhältnismäßigen, nicht über eine konkrete Gefährdung hinaus vorverlagerten Sanktion nicht rechtfertigen kann:

So kann bereits eine einzelne tatsächliche Kursbeeinflussung aufgrund unüberschaubarer dominoartiger Kettenreaktionen ein immenses Schadensausmaß herbeiführen: Beispielsweise können bei einem Absinken des Börsenkurses unter einen bestimmten Schwellenwert „stopp loss orders“[66] ausgelöst werden, die zu einer regelrechten Schubwirkung für das weitere Abfallen des Kurses führen, da die Signalwirkung solcher Verkaufswellen auf die übrigen Anleger in der Regel nicht ausbleibt. Sinkt der Kurs weiter, können wiederum erneut „stopp loss order“ – Schwellenwerte unterschritten werden. Theoretisch reicht also eine einzige gelungene Kursmanipulation, die den Kurs unter einen bestimmten Schwellenwert senkt, um eine solche Reaktion hervorzurufen. Diese elektronisch ausgelösten, automatisierten Verkaufswellen erreichen eine Geschwindigkeit, aufgrund welcher jede Aufklärung einer zugrundeliegenden Kursmanipulation zu spät kommt, um den eintretenden Schaden vermeiden oder auch nur auf ein geringes Maß begrenzen zu können. Das Geschäft, das zu dem manipulierten Kurs geführt hat, kann zwar zulässigerweise storniert werden; das hat jedoch keine Auswirkung auf den Kurs selbst, der nicht gelöscht wird. Damit bleiben auch solche Geschäfte verbindlich, die aufgrund des manipulierten Kurses zustande gekommen sind[67]. Das hat insbesondere auch Bedeutung für Derivate, bei denen sich eine Kursmanipulation aufgrund der Hebelwirkung besonders drastisch auswirkt. Daneben dient der Börsenpreis auch außerhalb des Börsenhandels vielfach als wichtiger Bezugspunkt in rechtlichen Vorschriften, sowie bei der Bewertung börsengehandelter Vermögenswerte zu Bilanzzwecken oder im Rahmen von Optionsprogrammen und zur Wertbestimmung bei Übernahmeangeboten an die Inhaber börsengehandelter Unternehmensanteile[68]. Eine ‚Wiedergutmachung' des durch einen manipulierten Kurs ausgelösten wirtschaftlichen Schadens ist praktisch unmöglich. Die ins Vorfeld einer konkreten Preisgefährdung verlagerte Sanktion manipulativer Handlungen nach § 88 BörsG ist demnach absolute Notwendigkeit und stand für den Gesetzgeber des 4. Finanzmarktförderungsgesetzes auch nicht zur Diskussion.

2) §§ 38 Abs. 1 Nr. 4, 39 Abs. 1 Nr. 1 u. 2 WpHG i.V.m. § 20a WpHG

Obwohl Kursmanipulationen nach dem Willen des Gesetzgebers schärfer bestraft werden sollten, sollte dies nur tatsächlich erfolgte Manipulationen betref-

---

66 Als „stop loss orders“ werden Verkaufsaufträge bezeichnet, die ausgeführt werden, sobald der aktuelle Aktienkurs bei nachgebender Kursentwicklung einen vom Anleger bestimmten Mindestkurs erreicht oder unterschritten hat. Die stop loss order wird nach Erreichen oder Unterschreiten des fixierten Mindestkurses zum nächsten aktuellen Börsenkurs ausgeführt. (Büschgen, Börsenlexikon, S. 690).

67 Benner in Wabnitz/Janovsky, 2.A., Kap. 9 Rz. 58.

68 Vgl. hierzu die Ausführungen in Kapitel 4 / Abschnitt II/1/c zur Bedeutung des Börsenpreises.

fen und nicht all diejenigen Handlungen, bei denen es nicht zu einer Verletzung des Schutzgutes/der Preiswahrheit kommt. Hier glaubte der Gesetzgeber manipulatives Handeln durch eine verwaltungsrechtliche Ausgestaltung des Manipulationsverbotes und die damit ermöglichte unmittelbare Überwachung und Sanktionierung von Verstößen als Ordnungswidrigkeit durch die BaFin effizienter bekämpfen zu können[69].

Nach den Änderungen durch das 4. Finanzmarktförderungsgesetz wird die bloße Markt- und Börsenpreisgefährdung daher nur noch als Ordnungswidrigkeit nach § 39 Nr.1 u. 2 WpHG i.V.m. § 20a WpHG erfasst und mit Bußgeld sanktioniert. Nur soweit es tatsächlich zu einer Einwirkung auf den Börsenpreis gekommen ist, liegt eine Straftat nach §§ 38 Abs.1 Nr.4, 39 Abs.1 Nr.1 u. 2 WpHG i.V.m. § 20a WpHG vor. Diese ist allerdings mit einer gegenüber § 88 BörsG a.F. um zwei auf fünf Jahre erhöhten Freiheitsstrafe als Höchststrafe bedroht. Da mit der tatsächlichen Einwirkung auf einen Börsen- oder Marktpreis eine eingetretene Verletzung des Rechtsgutes in den Tatbestand aufgenommen wurde, stellt der neugefasste Straftatbestand ein Erfolgsdelikt dar. Somit wurde mit der Neufassung die Sanktionierung als Straftat von dem Bereich der ursprünglich bereits strafbaren, rein abstrakten Gefährdung der Preisfeststellung über den Bereich konkreter Gefährdung hinaus auf den Bereich nur der tatsächlich herbeigeführten Preismanipulationen und damit weit nach hinten verlagert.

Eine strafbare gelungene Kursmanipulation gemäß §§ 38 Abs.1 Nr.4, 39 Abs.1 Nr.1 u. 2 WpHG i.V.m. § 20a WpHG ist gemäß § 12 Abs.2 StGB nur ein Vergehen. Da eine Versuchsstrafbarkeit in § 38 WpHG nicht ausdrücklich angeordnet wird, ist der Versuch einer Kursmanipulation, d.h. alle von § 20a WpHG erfassten Handlungen, bei denen sich zwar der Einwirkungsvorsatz, nicht aber die tatsächlich erfolgte Einwirkung nachweisen lassen, nicht strafbar. Er wird lediglich als Ordnungswidrigkeit von § 39 Nr.1 u. 2 WpHG i.V.m. § 20a WpHG erfasst[70]. Demgegenüber tritt nach § 88 BörsG als Tätigkeitsdelikt eine Strafbarkeit für alle mit Einwirkungsabsicht vorgenommenen tatbestandsmäßigen Manipulationshandlungen unabhängig von einer tatsächlich erzielten oder nachgewiesenen Einwirkung ein. Auch insoweit wurde also durch die Neuregelung der Umfang einer Strafdrohung für kursbezogene Manipulationshandlungen reduziert.

Die Neufassung des Manipulationsverbotes positioniert dieses zwischen Straftat und Ordnungswidrigkeit. Der Gesetzgeber hat hier auf die im Nebenstrafrecht verbreitete Regelungstechnik der Blankettvorschriften zurückgegriffen. Hierbei werden Sanktionsnormen (§ 38 Abs.1 Nr.4 WpHG und § 39

69 Begründung zum Regierungsentwurf des 4. FMFG, BT-Drs.14/8017, S. 64.
70 Pananis, Anwalts-Handbuch Strafrecht, Kap. K Rz. 45.

Nr.1 u. 2 WpHG) und Auffüllungsnorm (§ 20a WpHG) getrennt geregelt. Die Vollvorschrift ergibt sich erst aus Sanktions- und Auffüllungsnorm zusammen, wobei die Auffüllungsnorm durch die entsprechende Bezugnahme in der Sanktionsnorm Bestandteil derselben wird[71]. Blanketttatbestände ermöglichen insbesondere eine Sanktionierung verwaltungsrechtlicher Vorschriften, ohne dass die Vorschrift selbst ihren Charakter als Verwaltungsvorschrift verliert und als solche der Überwachung durch eine Verwaltungsbehörde unterstellt werden kann. Damit wurde das Verbot der Kursmanipulation und dessen Überwachung parallel zum Verbot des Insiderhandels geregelt.

IV) Reichweite der Verbotstatbestände: Erfasste Märkte

Mit der Neufassung des Manipulationsverbotes haben sich der Umfang der von diesem Verbot erfassten Vermögenswerte sowie die Reichweite hinsichtlich der einbezogenen Märkte geändert. Die folgenden Ausführungen berücksichtigen die Begrenzung dieser Untersuchung auf die Manipulation von Kursen, die im börslichen Aktienhandel festgestellt werden[72].

Die Märkte, an denen die Tatbestände von § 88 BörsG und §§ 38 Abs.1 Nr.4; 39 Abs.1 Nr.1 u. 2 WpHG i.V.m. § 20a WpHG verwirklicht werden können, sind diejenigen Märkte, an denen die jeweils erfassten Vermögensgegenstände gehandelt werden und an denen für diese Vermögenswerte Börsen- oder Marktpreise gebildet werden, die Gegenstand von Manipulationen sein können. Während das 4. FMFG bei der Erfassung des börslichen Handels über die unterschiedlich einbezogenen Vermögensgegenstände hinaus keine Änderung gebracht hat, wurde die Reichweite des Manipulationsverbotes beim außerbörslichen Handel eingeschränkt. Diese Einschränkung findet sich auch bei der Erfassung ausländischer Märkte wieder.

1) Börslicher Handel

Für die Manipulation von Preisen im Börsenhandel ergeben sich außer den unterschiedlichen erfassten Vermögenswerten keine weiteren Unterschiede bei den von § 88 BörsG und § 20a WpHG erfassten Börsenmärkten. Manipulationen im Rahmen einer Erstausgabe, d.h. einer Neuplatzierung noch nicht zugelassener

71 Karlsruher Kommentar, Vor § 1 OwiG Rz. 15.

72 Eine Darstellung der Änderungen bei den erfassten Vermögenswerten findet sich bei Ziouvas, ZGR 2003, 113, 119 ff.

Titel, werden weder von § 20a WpHG noch von § 88 BörsG erfasst. Für eine Verwirklichung des § 88 BörsG fehlt es an der möglichen Einwirkung auf einen „Börsen- oder Marktpreis". Denn die für § 88 BörsG heranzuziehende Legaldefinition des Börsenpreises in § 11 BörsG a.F. spricht ausdrücklich nur von den an der Börse, nicht von den an einem Primärmarkt ermittelten Preisen. Letztere können zudem auch nicht unter das Merkmal des „Marktpreises" in § 88 BörsG subsumiert werden[73]. Entsprechendes ergibt sich für § 20a WpHG aus der Vorgabe, dass nur solche Vermögenswerte von dem Manipulationsverbot erfasst werden sollen, die bereits an einer Börse oder einem organisierten Markt zugelassen *sind* (§ 20a Abs.1 S.2 Nr.1 u. 2 WpHG). Reine Neuemissionen erfüllen diese Vorgabe nicht.

2) Außerbörslicher Handel

Hinsichtlich der Manipulation von Marktpreisen im außerbörslichen Handel führt das neugefasste Manipulationsverbot in § 20a WpHG gegenüber § 88 BörsG zu einer Einschränkung der Strafbarkeit: Manipulationen von Marktpreisen werden von § 20a WpHG nur noch erfasst, sofern es sich um Marktpreise handelt, die im außerbörslichen Handel für börsennotierte oder an einem organisierten Markt i.S.v. § 20a Abs.1, S. 2 WpHG zugelassene Vermögenswerte gebildet werden. Das ergibt sich aus der Definition der geschützten Vermögenswerte in § 20a Abs.1 S.2 WpHG. In § 88 BörsG ist dagegen nur von einem Marktpreis der aufgezählten Vermögenswerte die Rede. Da die Vermögenswerte nicht auf bestimmte Märkte beschränkt sind, erfasst § 88 BörsG auch Marktpreise von nicht börsennotierten bzw. sogar nicht börsenhandelsfähigen Vermögenswerten.

Diese Einschränkung im neuen § 20a WpHG entspricht dem Schutzbereich des Manipulationsverbotes nach der Ansicht des Gesetzgeber des 4. Finanzmarktförderungsgesetzes: Geschützt werden soll die Funktionsfähigkeit der überwachten Wertpapiermärkte[74]. Der außerbörsliche Handel nicht börsennotierter Vermögenswerte fällt nicht darunter. Diese Einschränkung ist sachgerecht. Einem außerbörslichen Markt für nicht börsennotierte oder nicht börsenhandelsfähige Vermögenswerte fehlt es an Schutzfähigkeit und Schutzbedürftigkeit[75]. Das ergibt sich daraus, dass dieses Marktsegment keiner staatlichen Überwachung unterliegt, so dass insbesondere die Einhaltung eines Manipula-

73 Vgl. hierzu die Erläuterungen in Kapitel 5 / Abschnitt I/2/a.
74 Begründung zum Regierungsentwurf des 4. FMFG, BT-Drs.14/8017, S. 89.
75 Ziouvas ZGR 2003, 113, 125; Ziouvas/Walter WM 2002, 1483, 1488.

tionsverbotes nicht effizient überwacht werden könnte. Daher kann es für die betreffenden Marktpreise im Gegensatz zu den Börsenpreisen auch keine Garantie eines ordnungsgemäßen und zuverlässigen Zustandekommens geben. Dass die außerbörslich gebildeten Marktpreise börsennotierter Vermögenswerte weiterhin dem Anwendungsbereich und Schutz Manipulationsverbotes in der Neufassung des § 20a WpHG unterfallen, rechtfertigt sich dadurch, dass sich ein außerbörslich für einen bestimmten Vermögenswert gebildeter Marktpreis auch auf den bestehenden Börsenpreis des Vermögenswertes auswirken kann, so dass die Einbeziehung des Marktpreises solcher Vermögenswerte zum Schutz des Börsenpreises dieser Werte erforderlich ist. Daneben sind auch die sich an einem außerbörslichen Markt für nicht börsennotierte oder nicht börsenhandelsfähige Vermögenswerte betätigenden Anleger nicht in vergleichbarer Weise schutzbedürftig[76]. Der Anlegerschutz ist nach h.M. kein durch das Manipulationsverbot geschütztes Rechtsgut, er ergibt sich aber als Schutzreflex der geschützten Wahrheit und Zuverlässigkeit der Börsen- und Marktpreisbildung[77]. Investiert ein Anleger an außerbörslichen Märkten, ist ihm in der Regel das größere Risiko und die fehlende staatliche Überwachung der Preisbildung bewusst. Wollen Anleger, die zugleich Verbraucher sind, entgegen dem faktischen Börsenzwang des § 22 BörsG die Ausführung ihrer Aufträge im außerbörslichen Handel erreichen, so ist dies nur aufgrund einer ausdrücklichen Weisung möglich (§ 22 Abs.1 WpHG). Soweit es sich um außerbörsliche Marktpreise börsennotierter Vermögenswerte handelt und von einer Wechselwirkung mit den börslich gebildeten Preisen des betreffenden Titels auszugehen ist, dient die Erfassung des außerbörslich gebildeten Marktpreises nicht nur dem Schutz des Börsenpreises und der Funktionsfähigkeit der Börse, sondern als Reflex dieses Schutzes auch dem Schutz der Anleger. Gemeint sind damit allerdings die Anleger an der Börse, die von dem Schutz des Börsenpreises auch vor auf diesen einwirkenden, manipulierten Marktpreisen profitieren.

3) Ausländische Märkte und Auslandsbezug

Nach der neuen Rechtslage wird durch § 38 Abs.1 Nr.4 WpHG jeder Verstoß gegen das verwaltungsrechtliche Verbot des § 20a Abs.1, S.1 Nr.1 und Nr.2 WpHG bei Hinzutreten einer (nachweisbaren) Einwirkung auf den inländischen Börsen- oder Marktpreis eines Vermögenswertes oder auf den Preis eines Ver-

---

76 Ziouvas ZGR 2003, 113, 125; Vgl. auch Lenzen, Unerlaubte Eingriffe in die Börsenkursbildung, S. 244f.

77 Der Rechtsgüterschutz durch § 88 BörsG wird in Kapitel 5 / Abschnitt I dargestellt.

mögenswertes an einem organisierten Markt in einem anderen EU-Mitgliedstaat oder EWR-Vertragsstaat bestraft. Der Blankettstraftatbestand nimmt hier mit § 20a WpHG auf eine rein verwaltungsrechtliche Regelung Bezug, die in ihrem Anwendungsbereich notwendigerweise auf das Gebiet der Bundesrepublik Deutschland beschränkt ist[78]. Strafbar sind danach nur solche Handlungen, die im Inland begangen wurden und damit auch einen Verstoß gegen das inländische Verbot in § 20a WpHG darstellen[79]. Auch wenn nach den Grundsätzen des internationalen Strafrechtes in den §§ 3 ff. StGB die Anwendung deutschen Strafrechts auch für Auslandstaten in Betracht kommt, scheitert eine Strafbarkeit nach deutschem Recht also von vornherein an der verwaltungsrechtlichen Bezugsnorm, die eine Tatbegehung im Inland erfordert. Aus diesem Grund wurde in § 38 Abs.2 WpHG eine Erstreckung der Strafbarkeit nach § 38 Abs.1 Nr.4 WpHG auf entsprechende ausländische Verbotstatbestände vorgesehen. Der Gesetzgeber[80] dachte dabei vor allem an den deutschen Staatsangehörigen, der im Inland eine Manipulationshandlung auf einem ausländischen Kapitalmarkt begeht. Das Verbot des § 20a WpHG wird hier nicht verletzt. Eine Auslieferung zwecks Aburteilung im Ausland nach dem verletzten ausländischen Recht ist nach Art. 16 Abs.2, Satz 1 GG grundsätzlich unzulässig. Allerdings können sich auch Ausländer, die im deutschen Inland eine solche Straftat mit Auslandsbezug begehen, nach § 38 Abs.1 Nr.4 i.V.m. Abs.2 WpHG strafbar machen und in Deutschland verurteilt werden. Dies ergibt sich aus der – von der Nationalität des Täters unabhängigen - Geltung des deutschen Strafrechts für alle Taten, die im Inland begangen werden (§ 3 StGB). Das ist gemäß § 9 StGB der Fall, wenn jedenfalls ein Teil der tatbestandsmäßigen Handlung im Inland bzw. vom Inland aus begangen wurde.

Ein „entsprechender ausländischer Verbotstatbestand" i.S.v. § 38 Abs.2 WpHG liegt nur vor, wenn zwei Voraussetzungen erfüllt sind: Zum einen muss es sich auch bei dem ausländischen Verbot um eine Strafnorm handeln, zum anderen ist der sachliche Anwendungsbereich durch die §§ 20a, 38 Abs.1 Nr.4 WpHG vorgegeben. Ein entsprechendes ausländisches Verbot muss also Manipulationen in Form (nachweisbarer) Einwirkungen auf § 20a Abs.1, S. 2 WpHG entsprechende Vermögenswerte sanktionieren. Unklar ist dabei, ob es einer Einwirkung auf den „inländischen Börsen- oder Marktpreis" nach § 38 Abs.1 Nr.4 WpHG sowie der Zulassung eines Vermögenswertes an einer „inländischen Börse" i.S.v. § 20a Abs.1, S.2 Nr.1 WpHG entspricht, wenn allein ein „inländischer"

78 Regierungsentwurf 4. FMFG, BT-Drs. 14/8017, S. 98 f.

79 Gleiches gilt für die Sanktion eines Verstoßes gegen § 20a WpHG als Ordnungswidrigkeit nach § 39 Abs.1 Nr.1 u. 2 WpHG.

80 Vgl. Regierungsentwurf 4. FMFG, BT-Drs. 14/8017, S. 98 f.

Börsen- oder Marktpreis bzw. eine „inländische" Börse aus der Sicht des jeweiligen Auslandes, dessen Regelung zur Geltung kommen soll, betroffen ist, oder ob mit „Inland" stets nur das Gebiet der Bundesrepublik Deutschland gemeint sein kann und ein „entsprechendes (ausländisches) Verbot" nur im Hinblick auf die erfassten EU- und EWR-Märkte besteht. Gegen eine Anwendung auch auf Fälle, die ausschließlich außereuropäische Märkte betreffen, spricht, dass der Gesetzgeber bei der gesetzlichen Neuregelung die Erstreckung auf ausländische Manipulationsverbote nur deshalb für notwendig hielt, weil die Funktionsfähigkeit des europäischen Kapitalmarktes auch von einem Staat des EWR oder dem außereuropäischen Ausland her geschädigt werden kann[81]. Geschützt werden sollen also allein die Funktionsfähigkeit des europäischen Kapitalmarktes und die dort gebildeten Preise. Es ist nicht Zweck des § 38 Abs.2 WpHG, darüber hinaus nach deutschem Strafrecht die Verfolgung von Manipulationen zu ermöglichen, die sich allein auf außereuropäischen Märkten auswirken.

Demgegenüber ist in der rein strafrechtlichen Norm des § 88 BörsG nur allgemein von dem „Börsen- oder Marktpreis" der aufgezählten Vermögenswerte die Rede. Auch bei den Vermögenswerten erfolgt keine Einschränkung dahingehend, dass sie börsennotiert oder an einem organisierten Markt in einem EU- oder EWR-Staat zugelassen sein müssen und dass es sich bei dem betroffenen Börsen- oder Marktpreis um einen inländischen Preis handeln muss. Soweit jedenfalls ein Teil der tatbestandsmäßigen Handlung im Inland bzw. vom Inland aus begangen wurde, ist gemäß § 3 StGB i.V.m. § 9 Abs.1 StGB eine Strafbarkeit nach § 88 BörsG möglich. Wurde die gesamte Tat im Ausland begangen, kommt gemäß §§ 9 Abs.1, 7 Abs.2 StGB eine Strafbarkeit dann in Betracht, wenn die Tat auch im Ausland mit Strafe bedroht ist. Bei einer entsprechenden Strafdrohung des betreffenden Auslandes werden von § 88 BörsG i.V.m. den Grundsätzen des internationalen Strafrechtes auch ausländische Märkte erfasst, die nicht mehr unter die in § 20a Abs.1 S.2 Nr.2 WpHG genannten europäischen Kapitalmärkte fallen[82].

V) Weitere Änderungen

§ 88 BörsG und § 20a WpHG enthalten jeweils zwei Tatbestandsalternativen. In einer ersten konkretisierten Tatalternative werden unrichtige Angaben über bewertungserhebliche Umstände und das pflichtwidrige Verschweigen solcher Umstände erfasst. Die zweite, generalklauselartige Alternative bezieht sich auf

81 Regierungsentwurf 4. FMFG, BT-Drs. 14/8017, S. 99.

82 Das betrifft insbesondere Manipulationen an Märkten der USA.

alle sonstigen Handlungen, die auf eine Preismanipulation mittels Täuschung gerichtet sind. In der jeweiligen Ausgestaltung der Tatalternativen ergeben sich in objektiver und subjektiver Hinsicht einige Unterschiede zwischen alter und neuer Rechtslage.

Unrichtige Angaben über bewertungserhebliche Umstände und das pflichtwidrige Verschweigen solcher Umstände sind nach § 88 Nr.1 BörsG nur dann strafbar, wenn in subjektiver Hinsicht zur Einwirkung auf den Börsen- oder Marktpreis der geschützten Vermögenswerte gehandelt wird. Diese Einwirkungsabsicht, als über den Tatvorsatz hinausgehendes subjektives Erfordernis, ist in der Neuregelung der §§ 38 Abs.1 Nr.4, 39 Abs.1 Nr.1 u.2 i.V.m. § 20a Abs.1, S.1 Nr.1 WpHG entfallen. Nach § 20a Abs.1, S.1 Nr.1 WpHG ist in subjektiver Hinsicht nur noch vorsätzliches Handeln erforderlich[83]. Diesem weiteren subjektiven Tatbestand steht eine Einschränkung des objektiven Tatbestandes gegenüber: Nach der Neuregelung werden nur noch solche unrichtigen oder unterlassenen Angaben erfasst, die auch geeignet sind, auf den Börsen- oder Marktpreis eines geschützten Vermögenswertes einzuwirken.

Diese Reduktion des Manipulationsverbotes auf Handlungen, die tatsächlich zur Preiseinwirkung geeignet sind, wurde bereits für § 88 BörsG gefordert[84]. Eine derartige Einschränkung impliziert, dass die Sanktionierung rein abstrakt gefährlicher Handlungen wie in § 88 BörsG nur in den Fällen zu rechtfertigen ist, in denen auch das Eintreten einer konkreten Gefährdung und schließlich einer Rechtsgutverletzung nicht von vornherein ausgeschlossen werden kann. So werden abstrakte Gefährdungstatbestände zum Teil bereits durch den Gesetzgeber eingeschränkt. Beispiele hierfür sind die §§ 126, 130 Abs.1 und 3 StGB und § 325 StGB, in denen jeweils die Geeignetheit der Tathandlung zur Verletzung des geschützten Rechtsgutes vorausgesetzt wird[85]. § 88 BörsG enthält keine solche Eingrenzung, eine entsprechend einschränkende Auslegung wurde hier nur für § 88 Nr.2 BörsG gefordert[86]. Der Gesetzgeber ist der Forderung nach einer Tatbestandseinschränkung mit der Neufassung des Manipulationsverbotes jedenfalls für die erste Tatbestandsalternative in § 20a Abs.1 Nr.1 WpHG ausdrücklich nachgekommen. Die in dieser ersten Alternative lediglich konkretisierte, gegenüber dieser als Auffangtatbestand fungierende zweite Tatbestandsalternative in § 20a Abs.1 S.1 Nr.2 WpHG kann dieser Einschränkung entsprechend restriktiv ausgelegt werden[87].

83 Gemäß § 10 OwiG i.V.m. § 2 OWiG.

84 Erbs/Kohlhaas – Fuhrmann § 88 BörsG Rz. 16.

85 Diese eingeschränkten abstrakten Gefährdungsdelikte werden auch als „potentielle Gefährdungsdelikte" bezeichnet (Lackner/Kühl - Kühl, Vor § 13 Rz 32).

86 So Erbs/Kohlhaas – Fuhrmann § 88 BörsG Rz. 16.

87 Vgl. Kapitel 5 / Abschnitt II/5.

Für die Verwirklichung der zweiten Tatbestandsalternative in 88 Nr.2 BörsG und § 20a Abs.1, S.1 Nr.2 WpHG wird nach alter und neuer Rechtslage jeweils ein Handeln mit Einwirkungsabsicht vorausgesetzt. Dabei bezieht sich § 88 Nr.2 BörsG jedoch auf die Anwendung „sonstiger auf Täuschung berechneter Mittel", wohingegen § 20a Abs.1, S.1 Nr.2 WpHG die Vornahme „sonstiger Täuschungshandlungen" verbietet. Ob und inwieweit sich für diese Tatbestandsalternativen aufgrund ihres abweichenden Wortlautes unterschiedliche objektive und subjektive Voraussetzungen ergeben, wird in Kapitel 5 / Abschnitt II/5 im Rahmen eines Überblicks über die Tatbestände von § 88 BörsG und § 20a WpHG erörtert.

VI) Gesetzeskonkretisierung

Der generalklauselartige Tatbestand des § 88 Nr.2 BörsG führt aufgrund seiner weiten Fassung zu Anwendungsschwierigkeiten und der Frage nach seiner ausreichenden Bestimmtheit i.S.v. Art. 103 Abs.2 GG. Diesen Bedenken sollte nach Ansicht des Gesetzgebers des 2. WiKG durch eine Auslegung des § 88 Nr.2 BörsG unter Berücksichtigung des gesteigerten Unrechtsgehaltes der Alternative in § 88 Nr.1 BörsG begegnet werden können[88]. Eine derartige Auslegung und damit eine Konkretisierung des Tatbestandes hätte damit letztlich durch die Rechtsprechung erfolgen müssen, was aufgrund der zunächst fehlenden praktischen Relevanz der Vorschrift nicht erfolgte. Lediglich die Literatur versuchte eine Konkretisierung durch die Bildung von Fallgruppen nach dem Vorbild des US-amerikanischen Kapitalmarktrechtes, wobei im einzelnen vieles streitig blieb[89].

Auch nach der Neuregelung wurde die zweite Tatbestandsalternative nicht genauer gefasst. Allerdings nimmt die Neuregelung dem Verbot der Kursmanipulation den rein strafrechtlichen Sanktionscharakter und ordnet den in § 20a WpHG neu geschaffenen Verbotstatbestand dem Bereich des (Börsen-) Verwaltungsrechts zu. Die Reichweite des Verbotes selbst, insbesondere der Verbotsalternative in § 20a Abs.1 Nr.2 WpHG soll nach dem Willen des Gesetzgebers in ihren Einzelheiten durch die Verwaltung festgelegt werden. Damit versuchte der deutsche Gesetzgeber, das im Rahmen der Marktmissbrauchsrichtlinie aufgrund des Lamfalussy-Berichtes eingeführte, vereinfachte EU-Rechtssetzungsverfahren entsprechend auf nationaler Ebene nachzuzeichnen, insbesondere um zukünftige Konkretisierungen der Richtlinie mit geringem

88 Regierungsentwurf 2. WiKG, BT-Drs. 10/318, S. 46.
89 Vgl. hierzu die Nachweise und Ausführungen in Kapitel 7 / Abschnitt I.

Aufwand umsetzen zu können. Zu diesem Zweck ist in § 20a Abs.2 WpHG eine Rechtsverordnungsermächtigung vorgesehen. Zum Erlass verbotskonkretisierender Verordnungen ist das Bundesministerium der Finanzen ermächtigt, es bedarf hierzu jedoch der Zustimmung des Bundesrates. Mittels einer solchen Verordnung kann die Ermächtigung zum Erlass konkretisierender Rechtsverordnungen zudem auch durch das Bundesministerium der Finanzen auf die Bundesanstalt für Finanzdienstleistungsaufsicht (BaFin) übertragen werden. Der BaFin obliegt gemäß § 20b Abs.1 WpHG auch die Überwachung der Einhaltung des Verbotes der Kursmanipulation. Demnach kann letztlich die das Verbot der Kursmanipulation überwachende Behörde in einem vorgegebenen Rahmen zugleich die Reichweite dieses Verbotes bestimmen.

Diese Bestimmung der Reichweite des Verbotes ist vor allem entscheidend bei der Festlegung von Handlungen und Unterlassungen, die in keinem Fall einen Verstoß gegen das Verbot von § 20a Abs.1 Satz 1 WpHG darstellen. Solche auch als „Safe-Harbour-Regelung“ bezeichnete Bestimmungen sollen den Marktteilnehmern als Orientierungshilfe dienen und ihnen insbesondere Kursstabilisierungsmaßnahmen ermöglichen[90], die für den Markt sinnvoll und wichtig sein können und deshalb nicht von dem Verbot des § 20a WpHG erfasst werden sollen. Nur wenn sich die Marktteilnehmer darauf verlassen können, solche kursbeeinflussenden Maßnahmen ohne Gefahr einer Sanktionierung durchführen zu können, werden sie solche Maßnahmen nicht aus Gründen der Unsicherheit über mögliche rechtliche Konsequenzen unterlassen.

Auch die neue Regelung begegnet Kritik. Zum einen ist die Festlegung des Umfangs einer Strafnorm durch die Exekutive rechtsstaatlich bedenklich, da hier der Grundsatz der Gewaltenteilung missachtet sein kann, zum anderen kann auch die neu geschaffene Verordnungsermächtigung in § 20a Abs.2 WpHG die Zweifel an einer ausreichenden Bestimmtheit der zweiten Tatalternative gemäß Art. 103 Abs.2 GG nicht ausräumen. Die Verfassungsmäßigkeit der Generalklauseln in § 88 Nr.2 BörsG und § 20a Abs.1, S.1 Nr.2 WpHG sowie der neu geschaffenen Verordnungsermächtigung werden in Kapitel 6 / Abschnitt III näher untersucht.

90 Lenzen, Das neue Recht der Kursmanipulation, S. 9.

Kapitel 4: Rechtsgüterschutz nach alter und neuer Rechtslage

I) Relevanz und Inhalt der Rechtsgutbestimmung

Eine Definition der Tatbestandsmerkmale von § 88 BörsG und §§ 38 Abs.1 Nr.4, 39 Abs.1 Nr.1 u. 2 WpHG i.V.m. § 20a WpHG wirft eine Vielzahl ungeklärter und umstrittener Fragen auf. Insbesondere die generalklauselartig gefassten Tatbestandsalternativen in § 88 Nr.2 BörsG und § 20a I Nr.2 WpHG erfordern eine nähere Bestimmung der Manipulationshandlungen, auf die sie Anwendung finden sollen. Soweit aufgrund der Unbestimmtheit dieser Tatbestandsalternativen die Ansicht vertreten wird, dass die Normen ganz oder teilweise gegen das Bestimmtheitsgebot des Art. 103 Abs.2 GG verstoßen und damit verfassungswidrig sind, wäre es auch für eine verfassungsgemäße Neufassung des Manipulationsverbotes erforderlich, die einzelnen Gruppen von Manipulationshandlungen näher zu bestimmen, auf die sich das Verbot erstrecken soll. Unabhängig davon, ob eine solche Konkretisierung der zu erfassenden Kursmanipulationen sowie eine Aussonderung der nicht strafwürdigen Verhaltensweisen durch den Gesetzgeber, die Rechtsprechung oder wie bisher überwiegend geschehen durch die Literatur vorgenommen wird, kann sie stets nur anhand des Schutzgutes der untersuchten Normen erfolgen. Alle Handlungen, die das geschützte Rechtsgut beeinträchtigen können, müssen auch tatbestandlich erfasst werden. Dagegen sind diejenigen Handlungen auszunehmen, durch die keine Gefährdung des Schutzgutes droht. Gesetzgeber und Rechtsanwender müssen den Rechtsgutbegriff bei Schaffung und Auslegung jeder Einzelvorschrift zu Rate ziehen[91]. Die Feststellung des zu schützenden Rechtsgutes bzw. der zu schützenden Rechtsgüter ist der anerkannte Zentralbegriff, nach dem alle objektiven und subjektiven Merkmale zu bestimmen sind[92].

Unter einem „Gut" soll vorliegend ein rechtlich geschützter abstrakter Wert der Sozialordnung verstanden werden, an dessen Erhaltung die Gemeinschaft ein Interesse hat und der entweder dem einzelnen oder der Gesamtheit als Träger zugeordnet werden kann[93]. Wenn ein solches Gut rechtlichen Schutz erfährt,

91 Roxin, S. 17.
92 Jescheck/Weigend, S. 259.
93 Jescheck, S. 257 f. m.w.N.

wird es zu einem „Rechtsgut“[94]. Entscheidend ist also zunächst, ob ein von einer Norm zu schützendes Interesse ein „Gut“ darstellt. Dann ist zu untersuchen, inwieweit die betreffende Norm auch tatsächlich geeignet ist, dieses Gut zu schützen. Ob das der Fall ist, kann nicht allein aus dem Willen des Gesetzgebers bei Schaffung der Norm geschlossen werden. Dieser kann vielmehr nur ergänzend herangezogen werden. Ist die betreffende Norm per se nicht in der Lage, das vom Gesetzgeber genannte Gut zu schützen, kann auch der gesetzgeberische Wille aus dem Gut kein Schutzgut der Norm machen[95]. Anderenfalls bestünde die Gefahr, dass der Gesetzgeber einer Norm ein bestimmtes Rechtsgut quasi „unterschiebt“, um die Schaffung der Norm unter Hinweis auf die Bedeutung des angeblich geschützten Rechtsgutes zu legitimieren.

II) Rechtsgüterschutz durch § 88 BörsG

Der Gesetzgeber des 2. WiKG wollte, dass bei § 88 BörsG als geschütztes Rechtsgut „allgemein die Zuverlässigkeit und Wahrheit der Preisbildung an Börsen und Märkten mit ihrer für das gesamte Wirtschaftsleben weitreichenden Bedeutung im Vordergrund“ steht[96]. Auch nach der herrschenden Meinung in der Literatur[97] wird die Zuverlässigkeit und Wahrheit der Börsen- und Marktpreisbildung von § 88 BörsG geschützt. Diese Literaturansicht stützt sich jedoch weitgehend nur auf die Begründung des Gesetzgebers und bleibt damit eine eigenständige Inhaltsbestimmung dieses Rechtsgutes sowie eine Begründung für seinen Schutz durch § 88 BörsG schuldig. Der Gesetzgeber ließ zudem offen, ob neben dem „im Vordergrund“ stehenden, ausdrücklich benannten Schutzgut noch weitere, quasi „im Hintergrund“ stehende Schutzgüter in Betracht kommen.

---

94 Jakobs, S. 39. Eine Darstellung der umstrittenen Diskussion des Rechtsgutsbegriffes – gerade vor dem Hintergrund der Gefährdungsdelikte – würde über den Rahmen dieser Untersuchung hinausgehen und ist zu ihrem Zweck auch nicht erforderlich, da sich der Meinungsstreit in Bezug auf die durch das Kursmanipulationsverbot geschützten Rechtsgüter nicht an dem Begriff des Rechtsgutes selbst entzündet. Daher sei an dieser Stelle auf die ausführliche Darstellung der Diskussion des Rechtsgutsbegriffes bei Roxin (S. 19 ff.) verwiesen.

95 So im Hinblick auf den Tatbestand des § 264a StGB auch Worms, Anlegerschutz durch Strafrecht, S. 312 f.

96 Regierungsentwurf 2. WiKG, BT-Drs. 10/318, S.45.

97 Groß § 88 BörsG Rz. 1; Erbs/Kohlhaas-Fuhrmann § 88 BörsG Rz. 2; Schäfer/Ledermann § 88 BörsG Rz. 1; Schwark § 88 BörsG Rz. 1; Lenzen, Unerlaubte Eingriffe in die Börsenkursbildung, S. 159; Schlüchter, 2. WiKG, S. 136; Park, BB 2001, 2069, 2069; Möller, WM 2002, 309, 313; Schmitz, wistra 2002, 208, 212; a.A.: Altenhain, BB 2002, 1874, 1875, der hier die Rechtsgutqualität verneint.

Diesbezüglich werden in der Literatur der Schutz der allgemeinen Funktionsfähigkeit der Kapitalmärkte[98] und der Schutz der Anleger[99] diskutiert. Es folgt zunächst ein Überblick über die Börsenpreisbildung[100]. Im Anschluss an diesen Überblick werden die für § 88 BörsG in Betracht kommenden Schutzgüter inhaltlich näher bestimmt. Dabei ist jeweils auf die Bedeutung der Rechtsgüter einzugehen und zu untersuchen, inwieweit ein Schutz dieser Güter durch § 88 BörsG auch tatsächlich erfolgt.

1) Überblick zur Börsenpreisbildung

a) Der „Börsenpreis" im Sinne des Börsengesetzes und der Börsenordnung der Frankfurter Wertpapierbörse (BörsO/FWB)

Der Gesetzgeber des zweiten Finanzmarktförderungsgesetzes hat erstmals in § 11 Abs.1 BörsG[101] näher bestimmt, was unter dem Begriff des „Börsenpreises"[102] im Sinne des Börsengesetzes zu verstehen ist. Danach sind „Börsenpreise" diejenigen Preise für Wertpapiere, die während der Börsenzeit an einer Wertpapierbörse im amtlichen Handel oder im geregelten Markt festgestellt werden, sowie Preise, die an einer Warenbörse festgestellt werden. Nach § 11 Abs.1, S. 2 BörsG ebenfalls unter den Begriff des „Börsenpreises" fallen solche Preise, die für Derivate[103] an einer Börse festgestellt oder ermittelt werden, sowie Preise, die an einer Börse in einem durch die Börsenordnung geregelten

---

98 Vgl. Groß § 88 BörsG Rz. 1; Schäfer/Ledermann § 88 BörsG Rz. 1; Fichtner, S. 79.

99 Altenhain, BB 2002, 1874, 1875; Bröker, wistra 1995, 130, 133; Rodewald/Siems, BB 2001, 2437, 2439; Tripmaker, wistra 2002, 288, 290; Ziouvas/Walter, WM 2002, 1483, 1488 zu Fn. 38.

100 Soweit dabei auf Normen des Börsengesetzes Bezug genommen wird, handelt es sich jeweils um die alte Fassung des Börsengesetzes vor seiner Änderung durch das 4. FMFG. Die neue Fassung bzw. die nach den Änderungen des 4. FMFG entsprechenden Normen werden in den Fußnoten angegeben. Gleiches gilt für die Börsenordnung der Frankfurter Wertpapierbörse.

101 Die Neufassung in § 24 BörsG n.F. berücksichtigt insbesondere die Abschaffung des amtlichen Handels und die geänderte Aufteilung der Börsensegmente in amtlichen Markt und geregelten Markt.

102 Der üblicherweise auch verwendete Begriff des „Börsenkurses" ist dagegen unklar (Benner in Wabnitz/Janovsky, 2.A., Kap. 9 Rz. 59). Er wird in dieser Untersuchung als Synonym für den Begriff des Börsenpreises verwendet.

103 Zum Begriff vgl. § 2 Abs.2 WpHG.

elektronischen Handelssystem[104] oder an rein elektronischen Börsen[105] festgestellt werden.

Unter den Begriff des „Börsenpreises“ fallen gemäß § 78 Abs.2, S.1 BörsG; § 66 Abs.3, S.1 BörsO/FWB[106] auch diejenigen Preise, die für Wertpapiere während der Börsenzeit an einer Wertpapierbörse im Freiverkehr ermittelt werden. Gemäß § 66a Abs.2, S. 2, 2.HS i.V.m. § 66 Abs.3, S. 1 BörsO/FWB sind auch diejenigen Preise “Börsenpreise” i.S.v. § 11 BörsG, die am Neuen Markt gebildet werden. Das betrifft Wertpapiere, die an der Frankfurter Wertpapierbörse zum geregelten Markt zugelassen, aber dort nicht eingeführt sind und durch die Frankfurter Wertpapierbörse zum Handel im Neuen Markt zugelassen wurden, § 66a Abs.1 BörsO/FWB. Damit werden „Börsenpreise“ an allen Marktsegmenten des Wertpapierbörsenhandels in Frankfurt gebildet[107]

Mit der Bestimmung des „Börsenpreises“ wollte der Gesetzgeber einen einheitlichen „Anknüpfungspunkt“ für die inhaltliche Festlegung der an ein ordnungsgemäßes Zustandekommen der „Börsenpreise“ zu stellenden Anforderungen schaffen[108]. Zugleich sollte eine effiziente und umfassende Überwachung der so für „Börsenpreise“ festgelegten Qualitätsstandards durch die Börsenaufsichtsbehörde und die Handelsüberwachungsstelle ermöglicht werden[109]. Börsenpreise zeichnen sich also durch ihr staatlich überwachtes Zustandekommen aus, weil die Börsenaufsicht die Gewähr für die Einhaltung der für die Börsenpreise aufgestellten Qualitätsanforderungen übernimmt[110].

Keine „Börsenpreise“ sind diejenigen Preise, die nicht aufgrund der Marktlage ermittelt wurden, d.h. die nicht das Ergebnis der Beteiligung einer Mehr- oder Vielzahl von Handelsteilnehmern und damit von Angebot und Nachfrage am Markt sind. Das ist der Fall, wenn Preise ohne Vermittlung eines Skontroführers[111] zustande kommen und damit ausschließlich von der bilateralen Disposition der Parteien abhängen[112]. Diese Preise können Geschäften ent-

---

104 z.B. die elektronische Handelsplattform XETRA an der FWB.

105 wie z.B. der Deutschen Terminbörse.

106 Die Einbeziehung der während der Börsenzeit an einer Wertpapierbörse im Freiverkehr ermittelten Wertpapierpreise unter den Begriff des „Börsenpreises“ ergibt sich nunmehr aus § 57 Abs.2 BörsGn.F.

107 Eine ausführliche Darstellung der Voraussetzungen einer Zulassung zum Börsenhandel und der Marktsegmente mit jeweiligen Zulassungsvoraussetzungen findet sich bei: Schlüter, S. 430 ff. und S. 441 ff.

108 Regierungsentwurf 2. FMFG, BT-Drs. 12/6679, 36.

109 Regierungsentwurf 2. FMFG, BT-Drs. 12/6679, 36, 69f.; Groß, § 11 BörsG Rz 1.

110 Groß, § 11 BörsG Rz 1.

111 Skontroführer sind zur Preisfeststellung zugelassene Makler (vgl. §§ 26, 27 BörsG n.F.)

112 Schäfer/Ledermann § 11 BörsG Rz 5.

stammen, die entweder im Direkthandel an der Präsenzbörse oder im außerbörslichen Handel geschlossen werden[113]. An dieser Stelle sei darauf hingewiesen, dass die Teilnahme am Börsenhandel selbst einer Zulassung bedarf (§ 7 BörsG[114]), deren Erteilung an gesetzlich bestimmte Voraussetzungen geknüpft ist. Einzelne Anleger können ihre Order nur durch zum Börsenhandel zugelassene Marktintermediäre an die jeweils zuständigen Makler weiterleiten lassen.

Ebenfalls nicht unter den Begriff des „Börsenpreises" fallen Preise, die am sogenannten „Primärmarkt" ermittelt werden. Als „Primärmarkt" bezeichnet die Praxis den Emissionsmarkt, d.h. die erstmalige Ausgabe von Wertpapieren (Emission) und deren Verkauf (Platzierung) an die Anleger[115]. Die Platzierung von Aktien erfolgt dabei in der Regel unter Mitwirkung von Kreditinstituten (Emissionskonsortium), entweder im Rahmen einer Kapitalerhöhung zur Begebung neuer Aktien oder im Wege eines erstmaligen Verkaufs bereits ausgegebener Aktien an hieran interessierte Anleger, was als „Initial Public Offering" oder auch kurz als „IPO" bezeichnet wird[116]. Die Preisfindung bei der Neuplatzierung von Aktien unterliegt einem eigenen Feststellungsverfahren, auf welches § 11 BörsG keine Anwendung findet. § 11 Abs.1 BörsG bezieht sich somit nur auf Preise, die am sogenannten „Sekundärmarkt" gebildet werden. Darunter ist der Umlaufmarkt für bereits ausgegebene Wertpapiere zu verstehen. Der Begriff „Sekundärmarkt" bezeichnet speziell den Wertpapierhandel an der Börse, erfasst aber darüber hinaus auch den außerbörslichen Handel, wie z.B. den Telefonverkehr[117].

b) Die Ermittlung von Börsenpreisen

Im Wertpapierhandel an den Präsenzbörsen in Deutschland gibt es zwei wesentliche Verfahren zur Feststellung von Börsenkursen, den Handel zu gerechneten Kursen, der auch als Einheitsmarkt bezeichnet wird, und den Handel zu fortlaufenden Kursen als sogenannter variabler Handel[118]. Der Handel nach diesen Preisfeststellungsverfahren differenziert dabei nicht nach den einzelnen Marktsegmenten[119].

---

113 Regierungsentwurf 2. FMFG, BT-Drs. 12/6679, 70; Schäfer/Ledermann § 11 BörsG Rz 5; Schlüter, S. 404 f.
114 § 7 BörsGa.F. entspricht § 16 BörsG n.F.
115 Büschgen, Börsenlexikon.
116 Vgl. Kümpel, Bank- und Kapitalmarktrecht, S. 1305.
117 Kümpel, Bank- und Kapitalmarktrecht, S. 1157.
118 Schlüter, S. 407; Schäfer/Ledermann § 11 BörsG Rz. 10.
119 Schäfer/Ledermann § 11 BörsG Rz. 10.

Am Einheitsmarkt werden Kurse nur einmal pro Börsensitzung festgestellt[120]. Dies beruht darauf, dass hier Werte mit vergleichsweise geringem Kapital und damit geringem Umsatzvolumen gehandelt werden[121]. Das betrifft Order für Titel, die eine für den variablen Handel erforderliche Mindeststückzahl an Aktien nicht erreichen, also Kleinorder und Spitzen von großen Aufträgen, die über die vorgeschriebene Stückelung der im variablen Handel zu vermittelnden Aufträgen hinausgehen und damit nicht zu einem fortlaufenden Kurs vermittelt werden können. Die Preisfeststellung erfolgt durch spezialisierte Makler, auch Skontroführer genannt, die in einem Orderbuch alle eingehenden Kauf- und Verkaufaufträge zu bestimmten Wertpapieren sammeln. Durch den Ausruf einer sich aus der Orderlage ergebenden Taxe oder Preisspanne unterrichtet der Skontroführer die Marktteilnehmer von der Marktlage, so dass die Marktaktionäre ihre Order entsprechend ändern, stornieren oder erweitern können. Kann eine Kursfestsetzung im Rahmen der Taxe oder Spanne erfolgen, errechnet der Skontroführer denjenigen Kurs, zu dem die meisten der eingegangenen Aufträge ausgeführt werden können[122]. Dieses vom Skontroführer zu beachtende, sogenannte Meistausführungsprinzip[123] soll gewährleisten, dass durch den festzustellenden, sogenannten Einheitskurs der größtmögliche Umsatz ermöglicht wird.

Zur Kursfeststellung im variablen Handel können Wertpapiere mit starkem Umsatz[124], der jeweils eine bestimmte Mindeststückzahl erreicht, zugelassen werden. Auch hier wird zu Beginn der Börsensitzung wie am Einheitsmarkt nach dem Meistausführungsprinzip ein gerechneter Kurs als Eröffnungskurs festgestellt. Diesem werden usancegemäß alle zu Beginn der Börsensitzung bereits eingegangenen Aufträge zugrunde gelegt. Nachfolgend eintreffende Aufträge, die die vorgeschriebene Mindeststückzahl bzw. ein Vielfaches davon erreichen, werden durch den Skontroführer fortlaufend vermittelt[125]. Hieraus ergibt sich im Laufe der Börsensitzung eine Reihe notierter Kurse. Charakteristisch für den variablen Handel ist daher, dass jeder Geschäftsabschluss einen individuellen Börsenpreis erzeugt, der als solcher festgestellt und veröffentlicht wird[126]. Diejenigen Aufträge, die die Mindeststückzahl nicht erreichen, oder deren Spitzen über diese Mindeststückzahl oder deren Vielfaches hinausgehen, werden zu einem

120 Schlüter, S. 407.
121 Schäfer/Ledermann § 11 BörsG Rz. 11.
122 Schäfer/Ledermann § 11 BörsG Rz. 11; Schlüter, S. 407.
123 Kümpel, Bank- und Kapitalmarktrecht, S. 1356; Lenzen, Unerlaubte Eingriffe in die Börsenkursbildung, S.5.
124 Schäfer/Ledermann § 11 BörsG Rz. 13.
125 Schäfer/Ledermann § 11 BörsG Rz. 13.
126 Schlüter, S. 408.

bestimmten Zeitpunkt zu einem weiteren gerechneten Einheitskurs, dem sogenannten „Kassakurs“ zum Ausgleich gebracht[127]. Aufgrund seiner breiten Basis ist dieser Kurs besonders repräsentativ[128]. Am Ende der Börsensitzung wird ein Schlusskurs festgestellt. Abhängig von der jeweiligen Börse ist der Schlusskurs entweder der letzte fortlaufend notierte Kurs, oder ein erneuter nach dem Meistausführungsprinzip ermittelter Einheitskurs, der diejenigen Aufträge berücksichtigt, die bis zum Ende der Börsensitzung noch eingegangen sind[129].

c) Die wirtschaftliche Bedeutung des Börsenpreises

Vor der zunehmenden Relevanz einer Strafbarkeit von Kursmanipulationen mit dem Zusammenbruch des Neuen Marktes wurde § 88 BörsG mitunter von kritischen Stimmen als „überflüssiger Tatbestand“[130] bezeichnet. Darüber hinaus wurde bezweifelt, „ob die Zuverlässigkeit und Wahrheit der Preisbildung an Börsen und Märkten tatsächlich ein derartig wichtiges Rechtsgut ist, dass es insoweit auch eines strafrechtlichen Tatbestandes bedarf“[131]. Diese Kritik kann nicht erst seit dem gesteigerten öffentlichen Interesse an einer Strafbarkeit von Kursmanipulationen als verfehlt angesehen werden, da sie die enorme Bedeutung ordnungsgemäß gebildeter Börsenpreise verkennt.

Diese Bedeutung zeigt sich anhand der Konsequenzen, die manipulierte Börsenpreise nach sich ziehen können. Solche Preise können die Bewertung der Anlage durch den Markt, welche in der Regel einer Bewertung von Ertrag und Risiko der Anlage entspricht, nicht mehr ordnungsgemäß widerspiegeln. Damit ist die Funktion solcher Kurse, über die Bewertung einer Anlage durch den Markt zu informieren, beeinträchtigt. Diese Information ist allerdings erforderlich, um das Kapital der Anleger dahin zu lenken, wo es am rentabelsten angelegt werden kann[132]. Nur wenn das Kapital dorthin fließt, wo es am erfolgsversprechendsten gebraucht wird, findet eine effiziente Umwandlung des Kapitals der Anleger in das von Unternehmen und Staat benötigte Kapital und damit in produktive Investitionen statt. Diese Umwandlung ist Aufgabe der Kapitalmärkte, sie wird auch als Allokationsfunktion bezeichnet[133]. Können manipu-

---

127 Schäfer/Ledermann § 11 BörsG Rz. 13.
128 Lenzen, Unerlaubte Eingriffe in die Börsenkursbildung, S. 7.
129 Schäfer/Ledermann, § 11 BörsG Rz. 13.
130 Rössner/Worms in Assmann/Schütze, Handbuch des Kapitalanlagerechts, § 9 Rz. 4.
131 Rössner/Worms in Assmann/Schütze, Handbuch des Kapitalanlagerechts, § 9 Rz. 10.
132 Vgl. Lenzen, Unerlaubte Eingriffe in die Börsenkursbildung, S. 53 m.w.N.
133 Lenzen, Unerlaubte Eingriffe in die Börsenkursbildung, S. 53; vgl. hierzu auch die Ausführungen in Kapitel 4 / Abschnitt II/3.

lierte Preise diese Kapitallenkungsfunktion nicht mehr wahrnehmen, kommt es zu einer Fehlallokation von Kapital[134]. Zudem erleiden Anleger aufgrund von Marktmanipulationen oft hohe Verluste. Dadurch können sie ihr Vertrauen in die Preisbildung des betroffenen Marktes verlieren, so dass sie ihr restliches Kapital von diesem Markt abziehen. Dies führt zu einer verringerten Marktliquidität und damit zu höheren Risikoprämien der Aktien, einem insgesamt niedrigeren Kursniveau und damit höheren Eigenkapitalkosten der Unternehmen[135]. Ein extremer Liquiditätsverlust kann einen Gesamtausfall eines Kapitalmarktes mit schwerwiegenden gesamtwirtschaftlichen Konsequenzen nach sich ziehen[136].

Kommen Börsenkurse nicht ordnungsgemäß zustande und können sie damit nicht die Bewertung durch den Markt wiedergeben, kann zudem die Kapitalbewertungsfunktion von Börsen beeinträchtigt werden[137]. Die an Kapitalmärkten börsentäglich erfolgende Bewertung von Unternehmen bzw. dem Wert einer Beteiligung an diesen hat in Form des festgestellten Börsenkurses eine weitreichende, über den Börsenhandel hinausgehende Bedeutung: Aufgrund der mit einem Börsenpreis verbundenen Gewähr der Zuverlässigkeit und Richtigkeit, bezieht sich eine Vielzahl gesetzlicher Regelungen auf den Börsenpreis als Berechnungs- Abrechnungs- und Bewertungsgrundlage[138]. Der Börsenpreis spielt beispielsweise beim Fixhandelskauf eine Rolle. Hat der geschuldete Gegenstand einen Börsenpreis, so errechnet sich ein Schadensersatzanspruch wegen Nichterfüllung aus der Differenz zwischen Börsenpreis und Kaufpreis, § 376 Abs.2 u. 3 HGB. Daneben kann der Annahmeverzug eines Handelskäufers durch einen freihändigen Verkauf der Ware zu ihrem Börsenpreis beendet werden, § 373 Abs.2, S. 1 HGB. Ein freihändiger Verkauf zum laufenden Börsenpreis anstelle einer öffentlichen Versteigerung kommt auch für die Verwertung eines Pfandes in Betracht (§§ 1221, 1235 Abs.2, 1295 BGB) sowie bei nicht hinterlegungsfähigen Sachen im Falle eines Gläubigerverzuges (§ 385 BGB), soweit das Pfand oder die nicht hinterlegungsfähige Sache einen Börsenpreis haben. Wird in gesetzlichen Bestimmungen - wie den eben genannten - auf das Vorhandensein eines Börsenpreises für Wertpapiere abgestellt, so ist im Zweifel derjenige Preis gemeint, der in dem liquidesten Markt im Inland für das betreffende Wertpapier an dem betreffenden Stichtat zustande kommt[139]. Bei einer Notierung im amtlichen Handel einer Börse war der jeweils festgestellte amtliche Kurs entscheidend. Mit dem Wegfall der amtlichen Preisfeststellung durch Kursmakler durch

134 Lenzen, Unerlaubte Eingriffe in die Börsenkursbildung, S. 53 m.w.N.
135 Lenzen, Unerlaubte Eingriffe in die Börsenkursbildung, S. 54.
136 Lenzen, Unerlaubte Eingriffe in die Börsenkursbildung, S. 54 f.
137 Lenzen, Unerlaubte Eingriffe in die Börsenkursbildung, S. 55.
138 Schlüter, S. 353 und 403.
139 Schlüter, S. 404.

das 4. Finanzmarktförderungsgesetz ist auf den im amtlichen Handel durch Skontroführer in nicht-amtlicher Funktion ermittelten Börsenpreis abzustellen[140]. Über den Börsenverkehr hinausgehende Bedeutung entfaltet ein Börsenpreis aufgrund seiner besonderen Qualität auch bei der Unterstützung wichtiger Kalkulations- und Investitionsentscheidungen in der Wirtschaft. Auch im Rahmen der Bewertung von Unternehmen wird der Börsenpreis der Auseinandersetzung, Bilanzierung oder Besteuerung von Vermögen zugrunde gelegt, wie beispielsweise in § 253 Abs.8 HGB. Auch bei Unternehmensbewertungen im Rahmen von Übernahmen, Fusionen oder Abfindungen erlangt der festgestellte Börsenkurs Bedeutung.

Eine ordnungsgemäße Preisbildung ist zudem herausragendes Qualitätsmerkmal eines Wertpapiermarktes, der sich auch im internationalen Wettbewerb behaupten will[141]. Eine nachhaltige Bekämpfung von Kursmanipulationen gilt deshalb als unabdingbare Voraussetzung für internationale Beziehungen auch über das Gebiet der Europäischen Union und des Europäischen Wirtschaftsraumes hinaus[142].

2) *Die Zuverlässigkeit und Wahrheit der Börsenpreisbildung als Schutzgut von § 88 BörsG*

a) *Die Zuverlässigkeit der Börsenpreisbildung*

Gemäß § 11 Abs.2, S.1 BörsG müssen Börsenpreise ordnungsgemäß zustande kommen. Diese Anforderung betrifft die Börsenpreise des amtlichen Handels und des geregelten Marktes[143] sowie Börsenpreise, die im Freiverkehr[144] oder im Handel am Neuen Markt festgestellt wurden[145]. Das ordnungsgemäße Zustandekommen dieser Börsenpreise soll durch eine staatliche Überwachung der Börsenpreisfeststellung gewährleistet werden. Gemäß § 1 Abs.1 und 2 BörsG[146] ist die Aufsicht über die Börsen und damit über die Einhaltung der börsenrechtlichen Vorschriften sowie über die ordnungsmäßige Durchführung des Börsen-

---

140 Schlüter, S. 404.
141 Regierungsentwurf 2. FMFG, BT-Drs. 12/6679, 69; Vgl. auch Kümpel, Bank- und Kapitalmarktrecht, S. 1194.
142 Vgl. Benner in Wabnitz/Janovsky, Kap. 4, Rz. 28.
143 Diese werden bereits von § 11 Abs.1 BörsG erfasst.
144 Gemäß § 78 Abs.2, S. 3 BörsG bzw. § 66 Abs.3, S.1 BörsO/FWB.
145 Gemäß § 66a Abs.2, S. 3, 2.HS BörsO/FWB, der auf § 66 Abs.3 BörsO/FWB und damit auf § 11 BörsG verweist.
146 § 1 Abs.1 und 2 BörsG n.F.

handels und der Börsengeschäftsabwicklung der Börsenaufsichtsbehörde als oberster Landesbehörde zugewiesen. Börsenpreise zeichnen sich daher insbesondere dadurch aus, dass die Börsenaufsicht die Gewähr für die Einhaltung bestimmter Regeln bei der Preisfeststellung übernimmt[147]. Der Begriff der „Zuverlässigkeit" der Börsenpreisbildung bezieht sich auf diese Gewährleistung eines entsprechenden vorschrifts- und damit ordnungsgemäßen Preisfindungsprozesses. Auf diesen muss „Verlass" sein können. Denn letztlich wollte der Gesetzgeber dafür sorgen, dass aufgrund einer wirksamen Aufsicht das Vertrauen der Anleger in die Ordnungsmäßigkeit des Handels und der Preisbildung an der Börse nicht enttäuscht wird[148]. Die Anforderungen an eine ordnungsgemäße Preisbildung werden dabei vor allem durch die §§ 11 Abs.2 und 29 Abs.3[149] BörsG festgelegt: § 11 Abs.2 BörsG gebietet eine transparente Preisbildung sowie die Chancengleichheit aller Marktteilnehmer[150]. In § 29 Abs.3 BörsG ist das Gebot der Kurswahrheit verankert, auf welches nachfolgend im Zusammenhang mit der „Wahrheit der Börsenpreisbildung" eingegangen werden soll

Die Transparenz der Börsenpreisbildung soll insbesondere dadurch gewährleistet werden, dass bei der Preisfeststellung durch skontroführende Makler, diese gemäß § 11 Abs.2, S. 3 BörsG den Handelsteilnehmern die aus Angebot und Nachfrage ermittelte Preisspanne zur Kenntnis zu geben haben. Dadurch sind den Handelsteilnehmern die vorliegenden Gebote in gleicher Weise zugänglich, so dass auch die tatsächliche Möglichkeit besteht, diese Gebote anzunehmen[151]. Damit wird das Gebot der Chancengleichheit der Marktteilnehmer umgesetzt. Zur Wahrung der Chancengleichheit dient auch § 29 Abs.3 S. 2 BörsG[152], wonach die amtlichen Kursmakler alle zum Zeitpunkt der Feststellung vorliegenden Aufträge bei Vornahme der Preisfeststellung grundsätzlich gleich zu behandeln haben. Nach der Ermittlung von Börsenpreisen sind diese einschließlich der jeweiligen Umsatzangaben den Handelsteilnehmern unverzüglich bekannt zu machen, § 11 Abs.2 S. 5 BörsG. Daneben verweist § 11 Abs.2 S.6 BörsG auf weite-

---

147 Vgl. Schäfer/Ledermann, § 11 BörsG Rz.1.

148 Regierungsentwurf 2. FMFG, BT-Drs. 12/6679, S. 70.

149 Eine unmittelbar § 29 BörsGa.F. entsprechende Neuregelung erfolgte nicht, da § 29 BörsG a.F. die Preisfeststellung durch amtliche Kursmakler regelte und das amtliche Kursmaklerwesen mit dem 4. FMFG abgeschafft wurde. Allerdings bestimmt § 24 Abs.2 S.1 BörsGn.F. nunmehr, dass definitionsgemäß erfasste Börsenpreise nicht nur ordnungsgemäß zustande kommen, sondern auch der wirklichen Marktlage des Börsenhandels entsprechen müssen. § 27 BörsGn.F. regelt zudem die Pflichten der Skontroführer, wozu insbesondere das Gebot der Gleichbehandlung aller vorliegenden Aufträge in § 27 Abs.2 S.1 BörsGn.F. zählt.

150 Vgl. Regierungsentwurf 2.FMFG, BT-Drs. 12/6679, S. 70.

151 Vgl. Schäfer/Ledermann § 11 BörsG Rz. 7.

152 § 27 Abs.2 S.1 BörsG n.F. regelt dies entsprechend für Skontroführer.

re Regelungen durch die jeweilige Börsenordnung. Im Interesse des Börsenpublikums und damit zur Erhöhung der Transparenz der Börse[153] muss die Börsenordnung gemäß § 4 Abs.2, S.2, Nr.3 BörsG[154] nähere Bestimmungen enthalten über Veröffentlichung der Preise und Kurse sowie der ihnen zugrundeliegenden Umsätze.

b) Die „Wahrheit" der Börsenpreisbildung

Der Begriff „Wahrheit der Preisbildung" ist irreführend, da es keine „wahre" Preisbildung gibt. Die „Wahrheit" bezieht sich nicht auf die Börsenpreis*bildung*, sondern bereits auf das „Endprodukt", den ordnungsgemäß zustande gekommenen Börsenpreis selbst: Dieser soll möglichst wahrheitsgetreu den Stand von Angebot und Nachfrage in Bezug auf den durch ihn ausgewiesenen Finanztitel widerspiegeln können. Um die Feststellung solcher „wahrer" Preise zu gewährleisten, muss die „Wahrheit" über die einem Finanztitel zugrundeliegende Orderlage bereits im Preisbildungsstadium berücksichtigt werden. Das in § 29 Abs.3, S.1 BörsG für die amtliche Kursfeststellung verankerte Gebot der „Kurswahrheit"[155] sieht vor, dass als Börsenpreis derjenige Preis festzustellen ist, welcher der wirklichen Geschäftslage des Handels an der Börse entspricht. Nach § 75 Abs.1, S. 2 BörsG gilt das Gebot der Kurswahrheit nach § 29 Abs.3 BörsG auch für die Preisfeststellung im geregelten Markt. Gleiches ergibt sich nach § 66 Abs.3, S.3 BörsO/FWB i.V.m. § 27 Abs.2, S.1 BörsO/FWB für den Freiverkehr und gemäß § 66a Abs.2, S. 2, 2. HS BörsO/FWB, der wiederum auf § 66 Abs.3 BörsO/FWB und damit auf § 27 Abs.2 BörsO/FWB verweist, für den Handel im Neuen Markt.

Demnach ist mit „Wahrheit der Preisbildung" letztlich die Berücksichtigung der „wahren" Orderlage bei der Preisbildung gemeint. Hier spielen die Transparenz der Preisbildung und die Chancengleichheit der Marktteilnehmer eine wichtige Rolle. Nur wenn Angebote allen Marktteilnehmern gleichermaßen zugänglich sind und von diesen angenommen werden können, können die tatsächlich vorliegenden Order wahrheitsgemäß in größtmöglichem Umfang Berücksichtigung bei der Preisbildung finden. Daher ist die Zuverlässigkeit der ordnungsgemäßen Börsenpreisbildung auch Voraussetzung für das Zustandekommen von „wahren" Preisen. Das vom Gesetzgeber verfolgte Konzept kann auch als „Kurswahrheit durch das Meistausführungsprinzip" beschrieben werden[156].

153 Groß, § 4 BörsG Rz 3.
154 § 13 Abs.2 Nr. 4 BörsG n.F.
155 Vgl. Claussen, S. 580 und S. 587.
156 Claussen, S. 580.

Damit ist ein „wahrer Preis" letztlich das Produkt einer zuverlässigen Preisbildung.

Nach einer Ansicht in der Literatur[157] kann jedoch noch weiter differenziert werden, was unter einem „wahren" Preis zu verstehen ist. Demnach kann zwischen einer formalen und einer materiellen Kurswahrheit unterschieden werden. Die formale Kurswahrheit bezeichnet die Aussagekraft eines Kurses, der regelgerecht zustande gekommen ist. Ein materiell „wahrer" Kurs würde dagegen qualitativ, d.h. auf seinen Informationsgehalt bezogen, den wahren Wert der Aktie wiedergeben. Dieser ist der Wert aller mit der Unternehmensbeteiligung verbundenen Gewinnaussichten. Ein Kurs kann diesen Wert allerdings nur im Idealfall verkörpern, da bereits die stets anfallenden Transaktionskosten für den Erwerb der Beteiligung in den Kurs einfließen. Ein materiell wahrer Kurs bleibt daher in der Realität der Ausnahmefall und kann folglich nicht Schutzgut einer Strafvorschrift sein. Der Ansicht, dass das vom Börsenrecht verfolgte Ziel grundsätzlich nur auf Herstellung einer formalen Kurswahrheit gerichtet sein kann[158], ist daher zuzustimmen. Preisfeststellungen nach § 11 BörsG und § 29 Abs.3 BörsG beinhalten keine Bonitätsgarantie für eine Aktie, sondern besagen nur, dass der festgestellte Kurs durch einen ordnungsgemäßen Börsenhandel unter staatlicher Überwachung zustande gekommen ist[159]. Allerdings stellt § 88 Nr.1 BörsG unrichtige Angaben über bewertungserhebliche Umstände im Hinblick auf einen in den Schutzbereich der Norm fallenden Vermögenswert unter Strafe. Dieses Verbot ist letztlich darauf gerichtet, zu verhindern, dass durch eine Beeinflussung der Bewertung der Beteiligung durch Anleger und damit der darauf beruhenden Anlageentscheidungen ein manipulierter Kurs entsteht, der sich von dem wahren Wert der Beteiligung entfernt. Aber auch im Falle einer unbeeinflussten Bewertung eines Finanztitels durch die Anleger muss deren Bewertung nicht notwendigerweise dem wahren Wert der Beteiligung entsprechen. Anleger können sich auch – frei von fehlerhaften Informationen – allein an den anderen Anlegern und damit einer Kauf- oder Verkaufsstimmung orientieren, die ebenfalls zu Kursen weitab vom wahren Wert der Beteiligung führen kann.

c) Schutz durch § 88 BörsG

§ 88 Nr.1 BörsG sanktioniert unrichtige Angaben über bewertungserhebliche Umstände oder das Verschweigen derartiger Umstände entgegen bestehender

157 Claussen, S. 583, spricht nur von der formalen Kurswahrheit im Gegensatz zu der Wahrheit über den inneren Wert der Aktie, die hier – als Gegenstück – als inhaltliche oder materielle Kurswahrheit bezeichnet werden soll.

158 Claussen, S. 583.

159 Vgl. Claussen, S. 583 f.

Rechtsvorschriften, wenn der Täter „zur Einwirkung auf den Börsen- oder Marktpreis" handelt. Durch § 88 Nr.2 BörsG wird die Anwendung auf Täuschung berechneter Mittel zur Einwirkung auf den Börsen- oder Marktpreis unter Strafe gestellt.

Ein typischer Anwendungsfall von § 88 Nr.1 BörsG ist die Beeinflussung von Aktienkursen durch den Emittenten selbst mittels der Herausgabe unrichtiger Ad-hoc-Mitteilungen. Diese führen zu einer Fehlinformation des Marktes und beeinflussen damit die Orderlage, die dem festgestellten Preis zugrunde gelegt wird. In der Literatur wird hier die aus dem US-amerikanischen Recht stammende Definition von Marktmanipulationen verwendet: Manipulationen sind danach alle Praktiken, die einen Preis herbeiführen, der nicht aus dem unbeeinflussten Spiel der Marktkräfte, d.h. der freien Kräfte von Angebot und Nachfrage resultiert[160]. Ein derart manipulierter Preis wird auch als „künstlicher Preis" (artificial price) bezeichnet[161]. Ein künstlicher Preis stellt zugleich einen „falschen Preis" dar, der nicht die wahre Geschäftslage im Börsenhandel wiedergibt. Denn für die Ermittlung der wahren Geschäftslage ist auf die unbeeinflusste Geschäftslage abzustellen, die sich aus dem freien Spiel der Marktkräfte ergibt. Wird diese Marktlage durch eine gezielte Fehlinformation des Marktes verfälscht, so kann auch ein im übrigen ordnungsgemäß festgestellter Börsenpreis nur die verfälschte Marktlage widerspiegeln und damit seine eigentliche Informations- und Lenkungsfunktion nicht erfüllen. Der festgestellte Preis ist deshalb nicht nur inhaltlich oder materiell unrichtig, sondern auch formal, weil er nicht die wahre, unbeeinflusste Geschäftslage wiedergibt. Eine solche unredliche Beeinflussung der Marktlage setzt also bereits bei dem Entstehen der Marktlage selbst an und kann durch deren unredliche Beeinflussung die Bildung eines „wahren" Preises beeinträchtigen.

Unter § 88 Nr.1 BörsG fallende Handlungen verletzen also die Wahrheit der Preisfeststellung, so dass diese durch die Sanktion dieser Handlungen geschützt wird. § 88 Nr.2 BörsG erfasst dagegen beispielsweise Scheingeschäfte, die eine in Wahrheit nicht vorliegende Handelsaktivität vorspiegeln und damit nicht Teil der wahren Marktlage sind[162]. Fließen Scheingeschäfte in einen Börsenkurs ein, so entspricht dieser nicht der tatsächlichen Marktlage. Scheingeschäfte verletzten daher ebenfalls die Wahrheit der Preisbildung und ihre Sanktion durch § 88 Nr.2 BörsG dient deren Schutz. Einen falschen Eindruck von der tatsächlichen Marktsituation erwecken auch sogenannte „matched orders", bei denen auf Käufer-

---

160 Vgl. Lenzen, Unerlaubte Eingriffe in die Börsenkursbildung, S.3; Benner in Wabnitz/Janovsky, Kap. 4, Rz. 29.

161 Benner in Wabnitz/Janovsky, Kap. 4, Rz. 29.

162 Vgl. Lenzen, Unerlaubte Eingriffe in die Börsenkursbildung, S. 189.

und Verkäuferseite sich entsprechende Order abgegeben werden, die zu einem unmittelbaren Geschäftsabschluss mit einem abgesprochenen Preis führen[163]. Hier werden An- und Verkaufsangebot den übrigen Marktteilnehmern nicht zugänglich gemacht, so dass ein Verstoß gegen die Chancengleichheit aller Order und damit eine nicht ordnungsgemäße Börsenpreisbildung vorliegt. Die Sanktion solcher Handelspraktiken durch § 88 Nr.2 BörsG dient daher dem Schutz der Zuverlässigkeit der Börsenpreisbildung. Nach alledem ist also festzustellen, dass § 88 BörsG tatsächlich geeignet ist, die Zuverlässigkeit und Wahrheit der Preisbildung zu schützen. Dies setzt allerdings nicht voraus, dass alle Handlungen, die dieses Rechtgut beeinträchtigen können, auch von § 88 BörsG verboten werden. Welche Handelspraktiken für die redliche Preisbildung schädlich sein können und inwieweit diese unter § 88 BörsG fallen, wird Kapitel 7 näher untersucht.

In der Literatur[164] wurde bezweifelt, dass die Zuverlässigkeit und Wahrheit der Preisbildung überhaupt Schutzgut von § 88 BörsG sein könne. Denn das Schutzgut eines Tatbestandes könne nicht einfach in dem Unterbleiben der verbotenen Handlung bestehen. Die Zuverlässigkeit und Wahrheit der Preisbildung sei aber nichts anderes, als der Zustand, der bei Unterbleiben der verbotenen Tathandlung der Manipulation bestehe und darin liege keine Rechtsgutbestimmung. Zudem ziele das Argument, dass nur ein unmanipulierter Kapitalmarkt seiner Funktion gerecht werde, das von den Unternehmen benötigte private Kapital aufzubringen und an die Unternehmen zu leiten, bei denen es wirtschaftlich am dringendsten benötigt und am erfolgsversprechendsten eingesetzt werden könne, letztlich nur auf einen Schutz der Funktionsfähigkeit des Kapitalmarktes ab[165]. Diese Feststellung ist zwar richtig, nicht aber die daraus gezogene Konsequenz, dass ein Schutzgut „Zuverlässigkeit und Wahrheit der Preisbildung" nicht existieren könne. Dagegen spricht zunächst ein Vergleich mit dem Tatbestand der Urkundenfälschung gemäß § 267 StGB: Dort wird die Herstellung einer unechten Urkunde zur Täuschung im Rechtsverkehr unter Strafe gestellt. Dieser Tatbestand ist strukturell mit der Herstellung einer manipulierten Orderlage bzw. der Anwendung sonstiger Täuschungsmittel zur Einwirkung auf den Börsenpreis vergleichbar. In ersteren Falle wird die Zuverlässigkeit des Rechtsverkehrs mit Urkunden beeinträchtigt, in letzterem Fall die Zuverlässigkeit der Feststellung des Börsenpreises. Das durch den BGH[166] und die Literatur[167] anerkannte Rechtsgut von § 267 StGB ist die Sicherheit und Zuverlässigkeit des Rechtsver-

163 Vgl. Lenzen, Unerlaubte Eingriffe in die Börsenkursbildung, S. 189.
164 Altenhain, BB 2002, 1874, 1875.
165 Altenhain, BB 2002, 1874, 1875.
166 BGHSt 2, 50, 52; Vgl. auch BGHSt 9, 44, 45.
167 Statt aller: Tröndle/Fischer § 267 StGB Rz. 1 m.w.N.

kehrs (mit Urkunden). Wie bei § 88 BörsG entspricht also auch hier das Rechtsgut demjenigen Zustand, der besteht, solange und soweit die verbotene Handlung unterbleibt. Gleiches gilt auch für das Schutzgut des Vermögens bei einem Betrug nach § 263 StGB[168]. Von § 263 StGB sanktioniert wird jede Täuschungshandlung, die über die Erregung eines Irrtums zu einer Vermögensverfügung und damit zu einer Vermögensschädigung bei dem Opfer führt. Das geschützte Rechtsgut „Vermögen" des Opfers besteht also nur solange und soweit es nicht durch den sanktionierten Erfolg einer Vermögensschädigung i.S.v. § 263 StGB beeinträchtigt wird. Auch hier ist das geschützte Rechtsgut also letztlich nichts anderes, als der Zustand, der besteht, solange und soweit der sanktionierte Erfolg unterbleibt.

Wie im vorangehenden Abschnitt dargestellt, setzt der Schutz des Kapitalmarktes durch den Tatbestand des § 88 BörsG bereits im Stadium der ordnungs- und wahrheitsgemäßen Preisbildung an. Aufgrund ihrer enormen wirtschaftlichen Bedeutung hat die Gemeinschaft an der Erhaltung der Zuverlässigkeit und Wahrheit einer Börsenpreisbildung, die einen abstrakten Wert der Sozialordnung darstellt, ein erhebliches Interesse. Der durch staatliche Überwachung gewährleistete Preisbildungsprozess und der daraus resultierende Börsenpreis können der Gemeinschaft als Träger zugeordnet werden. Denn zum einen steht der Abschluss von Geschäften an der Börse und damit der Nutzen des staatlich überwachten Preisbildungsprozesses grundsätzlich jedermann in gleicher Weise offen. Zum anderen erfahren die gebildeten Börsenpreise aufgrund ihrer gesetzlich vorgeschriebenen Veröffentlichung eine weite Verbreitung und können dadurch gleichermaßen von jedermann als Bezugsgröße genutzt werden. Hiervon geht auch das Gesetz aus, wenn es die Möglichkeit eines freihändigen Verkaufs eines Pfandes oder des Kaufgegenstandes eines Handelskaufs zum laufenden Börsenpreis vorsieht[169]. Damit ist der Zuverlässigkeit und Wahrheit der Preisbildung und den entsprechend festgestellten Börsenpreisen Rechtsgutqualität zuzuerkennen[170]. Allein die Möglichkeit, dass auch die Funktionsfähigkeit des Kapitalmarktes durch das Manipulationsverbot geschützt werden soll, schließt die Stellung der Zuverlässigkeit und Wahrheit der Börsenpreisbildung als Schutzgut von § 88 BörsG dabei nicht aus[171].

---

168 Tröndle/Fischer § 263 StGB Rz. 3.

169 Vgl. §§ 1221, 1235 Abs.2, 1295 BGB und § 373 Abs.2 S.1 HGB.

170 Vgl. auch Rudolph/Röhrl in Hopt/Rudolph/Baum, S. 259 f., nach deren Ansicht Börsenpreise jedenfalls „in den Bereich eines öffentlichen Gutes" rücken.

171 A.A. Altenhain, BB 2002, 1874, 1875, der der Zuverlässigkeit und Wahrheit die Rechtsgutqualität abspricht und nach dessen Ansicht es bei dem Manipulationsverbot statt dessen um die Funktionsfähigkeit des Kapitalmarktes geht; im Ergebnis ähnlich: Pananis, Anwalts-Handbuch Strafrecht, Kap. K Rz. 38.

3) Die Funktionsfähigkeit des Kapitalmarktes als Schutzgut von § 88 BörsG

a) Die Funktionsfähigkeit des Kapitalmarktes als überindividuelles Rechtsgut

Im Hinblick auf den Schutz der Funktionsfähigkeit des Kapitalmarktes lassen sich drei Teilaspekte unterscheiden[172]: Die institutionelle und die operationale Funktionsfähigkeit sowie die Sicherung der allokativen Funktionsfähigkeit. Unter der institutionellen Funktionsfähigkeit sind die Grundvoraussetzungen eines wirksamen Marktmechanismus zu verstehen. Eine solche Grundvoraussetzung ist der ungehinderte Zugang von Anlegern und Emittenten zum Kapitalmarkt, da diese die Grundlage für das Angebots- und Nachfragepotential des Marktes und damit für die Liquidität des Marktes[173] und das Volumen des zur Verfügung gestellten Anlagekapitals bilden[174]. Damit Anleger ihr Kapital zur Verfügung stellen, muss gewährleistet werden, dass ihr Vertrauen in den Kapitalmarkt nicht enttäuscht wird. Durch entsprechende rechtliche Rahmenbedingungen müssen die Stabilität, Fairness und Integrität des Kapitalmarktes sichergestellt werden. Zu diesen rechtlichen Regelungen zählt insbesondere die staatliche Marktaufsicht[175] und das durch diese gewährleistete ordnungsgemäße Zustandekommen der Börsenpreise. Daneben spielen das insiderrechtliche Gleichbehandlungsgebot, die Transparenz der Aktionärsstruktur und konkrete Verhaltensregeln für die Marktintermediäre eine wichtige Rolle[176].

Als operationale Funktionsfähigkeit wird die Eigenschaft eines Kapitalmarktes bezeichnet, durch die Konzentration von Angebot und Nachfrage die Transaktionskosten zu reduzieren und dadurch eine hohe Rendite der Kapitalanlagen zu ermöglichen. Entscheidend für die operationale Funktionsfähigkeit ist daher, dass der Aufwand der Emittenten bei der Börseneinführung und die kostenmäßige Belastung der Anleger möglichst niedrig gehalten werden[177]. Der dritte Teilaspekt der Funktionsfähigkeit des Kapitalmarktes ist die Sicherung der Allokationsfähigkeit des Marktes. Wie bereits im Zusammenhang mit der wirtschaftlichen Bedeutung des Börsenpreises erläutert, ist darunter der Zweck der Kapitalmärkte zu verstehen, für eine Umschichtung der Ersparnisse der privaten Haus-

172 Kümpel, Bank- und Kapitalmarktrecht, S. 1195.

173 Das ist die Aufnahmefähigkeit des Marktes, die sich insbesondere darin äußert, dass für einen Anleger jederzeit auch die Möglichkeit einer Weiterveräußerung der erworbenen Anteile besteht. (Kümpel, Bank und Kapitalmarktrecht, S. 1195).

174 Kümpel, Bank- und Kapitalmarktrecht, S. 1195.

175 Kümpel, Bank- und Kapitalmarktrecht, S. 1196.

176 Vgl. Kümpel, Bank- und Kapitalmarktrecht, S. 1196 ff.

177 Vgl. Kümpel, Bank- und Kapitalmarktrecht, S. 1199 f.

halte in das für unternehmerische Investitionen benötigte Kapital zu sorgen[178]. Voraussetzung einer wirksamen Allokation ist insbesondere das Bestehen und der Erhalt des Vertrauens der Anlegerschaft, die für den Kapitalzufluss verantwortlich ist[179].

Eine Ansicht in der Literatur sieht in dem Funktionsschutz der Kapitalmärkte das vorrangige Regelungsziel des Kapitalmarktrechtes[180]. Nach den Gesetzesmaterialien zum 2. Finanzmarktförderungsgesetzes ist die Funktionsfähigkeit des Kapitalmarktes zudem ein Schutzgut, das ausschließlich dem öffentlichen Interesse dient[181]. Vorrangiges Ziel des öffentlichen Interesses wiederum ist das Wohl der Allgemeinheit, welches als Gemeininteresse insbesondere dem Staat als Träger zuzuordnen ist. Ein öffentliches Interesse des Staates besteht an effizienten Kapitalmärkten, die für die Volkswirtschaft von großer Bedeutung sind. Denn der Kapitalmarkt ermöglicht Unternehmen eine erleichterte Aufnahme von Anlagekapital zur Deckung ihres Finanzierungsbedarfes. Gleichzeitig soll diese Anlageform für viele Anleger als private Altersversorgung dienen. Der Staat hat auch selbst als Kapitalnehmer ein Interesse an einem effizienten Kapitalmarkt, da er dort seine Finanzierungsbedürfnisse durch breitgestreute Emissionen von Anleihen befriedigen kann[182]. Aufgrund dieser Bedeutung kann die Funktionsfähigkeit des Kapitalmarktes als Rechtsgut angesehen werden, das der Gemeinschaft als Träger zuzuordnen ist.

b) Schutz der Funktionsfähigkeit des Kapitalmarktes durch § 88 BörsG?

Wie erläutert, dient die staatliche Überwachung der Börsenpreisbildung der Gewährleistung von Stabilität, Fairness und Integrität des Marktes und damit der Sicherstellung der Nachfrageseite durch Förderung und Erhalt des Vertrauens der Anlegerseite. Die Zuverlässigkeit und Wahrheit der Börsenpreisbildung ist somit ein Teilaspekt des Schutzes der institutionellen Funktionsfähigkeit des Kapitalmarktes und dieser wiederum ein Teilaspekt der gesamten Funktionsfähigkeit des Kapitalmarktes. Wie im Zusammenhang mit der Zuverlässigkeit und Wahrheit der Börsenpreisbildung als Schutzgut von § 88 BörsG bereits dargestellt, können manipulierte Börsenpreise ihre Informations- und Lenkungsfunktion nicht mehr wahrnehmen und führen damit zu einer möglichen Beeinträchtigung der Allokationsfunktion des Marktes. Verlieren die Anleger ihr Vertrauen

---

178 Kümpel, Bank- und Kapitalmarktrecht, S. 1200 f.
179 Vgl. Kümpel, Bank- und Kapitalmarktrecht, S. 1201.
180 Kümpel, Bank- und Kapitalmarktrecht, S. 1201.
181 Beschlussempfehlung und Bericht des Finanzausschusses des Deutschen Bundestages, BT-Drs. 12/7918, S. 102.
182 Kümpel, Bank- und Kapitalmarktrecht, S. 1194 f.

in eine ordnungsgemäße Preisbildung, kann es zu einem Abzug ihres Kapitals vom Markt kommen, wodurch das zur Verfügung stehende Kapital geschmälert wird, so dass eine schwierigere Platzierung von Neuemissionen zu steigenden Kosten für die Emittenten führen kann. Es besteht auch die Möglichkeit, dass Anleger einen Risikoaufschlag verlangen, der ebenfalls zu einer Erhöhung der Transaktionskosten führt und damit letztlich die operationale Funktionsfähigkeit des Marktes beeinträchtigt. Die Gefährdung des Schutzgutes der Zuverlässigkeit und Wahrheit der Preisbildung kann also für alle Aspekte der Funktionsfähigkeit des Kapitalmarktes von Bedeutung sein. Damit dient auch der Schutz der Zuverlässigkeit und Wahrheit der Preisbildung letztlich dem kapitalmarktrechtlichen Funktionsschutz. Allerdings beruht dieser Funktionsschutz ausschließlich auf der Sicherstellung der zuverlässigen und wahren Preisbildung. Ein darüber hinausgehender Schutz der Kapitalmärkte – beispielsweise im Hinblick auf die Anlegerschaft[183] – durch § 88 BörsG findet nicht statt. Damit wird nur ein Teilausschnitt der unter den Oberbegriff „Funktionsschutz" fallenden Aspekte erfasst. Da die Zuverlässigkeit und Wahrheit der Preisbildung selbst als Schutzgut anzuerkennen ist, ergibt sich ein (Teil-)Schutz der Funktionsfähigkeit des Kapitalmarktes nur als Reflex des Schutzes der Preisbildung. Die Zuverlässigkeit und Wahrheit der Preisbildung vermag als eigenständiges, überindividuelles Rechtsgut ebenso wie die Funktionsfähigkeit des Kapitalmarktes aufgrund seiner Bedeutung und Schutzbedürftigkeit die durch das abstrakte Gefährdungsdelikt des § 88 BörsG ins Versuchstadium vorverlagerte Strafbarkeit ausreichend zu rechtfertigen.

4) Anlegerschutz durch § 88 BörsG – § 88 BörsG als Schutzgesetz im Sinne von § 823 Abs.2 BGB?

Von großer praktischer Bedeutung ist die Frage, ob auch die Anleger unter den Schutz von § 88 BörsG fallen. Viele Klagen von Anlegern, die am Neuen Markt hohe Verluste erlitten hatten, zielten und zielen darauf ab, diesen Schaden aufgrund des Vorwurfes fehlerhafter Ad-hoc-Mitteilungen zumindest teilweise ersetzt zu bekommen[184]. Für § 88 BörsG setzt dies eine Interpretation als indivi-

183 Hierzu sogleich im folgenden Abschnitt.

184 Vgl. hierzu die Urteile im Fall „Infomatec AG": Mit Teilurteil des LG Augsburg vom 24.9.2001, (ZIP 2001, 1881 ff.), wurde einer Schadensersatzklage gegen die ehemaligen Vorstände der börsennotierten Infomatec AG (über welche das Insolvenzverfahren eröffnet wurde) stattgegeben. Dieses Urteil wurde allerdings durch das OLG München mit Urteil v. 1. 10.2002 (ZIP 2002, 1989 ff.) aufgehoben. Das LG München I hat mit Urteil vom 28.6.2001 (ZIP 2001, 1814 ff.) zudem einen An-

dualschützende Norm und damit potentielles Schutzgesetz i.S.v. § 823 Abs.2 BGB voraus. Zudem wird ein fehlender Anlegerschutz durch § 88 BörsG als Mitursache für die zunächst lange fehlende praktische Relevanz dieser Norm angesehen[185]. Nur wenn Anleger geschützt würden, sähen diese auch einen Anreiz bei einem Verdacht auf Kursmanipulationen auch Anzeige zu erstatten und so die Ermittlungsbehörden überhaupt erst in die Lage zu versetzen, einer potentiellen Tat nach § 88 BörsG nachzugehen[186]. Im folgenden soll zunächst der Begriff des „Anlegerschutzes" näher untersucht werden, um anschließend zu klären, ob und inwieweit ein Schutz von Anlegerinteressen durch § 88 BörsG erfolgt.

a) Anlegerschutz als Rechtsgut?

Neben der Funktionsfähigkeit des Kapitalmarktes, die unter anderem auf der Zuverlässigkeit und Wahrheit der Börsenpreisbildung beruht, wird auch der Anlegerschutz als typisches Regelungsziel des Kapitalmarktrechtes genannt[187]. Der Begriff des „Anlegerschutzes" an sich ist allerdings mehr als politisches Schlagwort geeignet, denn als Oberbegriff für ein oder mehrere geschützte Rechtsgüter[188]. Es bedarf daher zunächst einer genaueren Bestimmung, was unter „Anlegerschutz" im Sinne eines kapitalmarktrelevanten Rechtsgutschutzes zu verstehen ist. Unmittelbar geschützt werden nicht ein oder mehrere Anleger, sondern diese kommen nur als Rechtsgutträger in Betracht, wobei die gesamte Anlegerschaft oder jeder einzelne Anleger Rechtsgutträger sein kann.

Die Gesamtheit der Anleger ist für den Kapitalmarkt als Träger des Angebots- und Nachfragepotentials von Bedeutung[189] und wird im Börsengesetz auch

---

trag auf Anordnung des dinglichen Arrestes in das Vermögen der ehemaligen Vorstände der Infomatec AG abgelehnt, da es an einem Schadensersatz- und damit Arrestanspruch fehle. Auch im Fall der „EM.TV Merchandising AG" wurde eine Schadensersatzklage gegen die Aktiengesellschaft sowie die Brüder Haffa als ehemalige Vorstandsmitglieder abgelehnt (Urteil des OLG München v. 18.7.2002, AG 2003, 105 ff.). Die „Comroad AG" wurde dagegen mit Urteil des LG Frankfurt a.M. v. 28.4.2003 (AG 2003, 461 ff.) zur Leistung von Schadensersatz an einen geschädigten Anleger verurteilt, allerdings gemäß § 826 BGB.

185 Lenzen, Das neue Recht der Kursmanipulation, S. 4.

186 Vgl. Lenzen, Das neue Recht der Kursmanipulation, S.4.

187 Vgl. Kümpel, Bank- und Kapitalmarktrecht, S. 1201.

188 Vgl. auch Kümpel, Bank- und Kapitalmarktrecht, S. 1201, der den Begriff des Anlegerschutzes als „schillernden Ausdruck" bezeichnet, der aufgrund seiner unterschiedlichen Bedeutung leicht zu Mißverständnissen führen könne.

189 Vgl. Kümpel, Bank- und Kapitalmarktrecht, S. 1201.

als „Publikum“ bezeichnet[190]. Die Bezeichnung als „Anlegerschaft“ ermöglicht auch die notwendige, strenge Unterscheidung der Gesamtheit der Anleger von dem einzelnen Anleger und seinen Individualinteressen. Dieser Unterscheidung bedarf es, da erst bei einem Schutz des einzelnen Anlegers in seinen Interessen durch eine Norm diese auch Schutzgesetz im Sinne von § 823 Abs.2 BGB und damit Grundlage für einen Schadensersatzanspruch sein kann[191].

Das von der Gesamtheit der Anleger aufgebrachte Angebots- und Nachfragepotential und die investierten Mittel sind für die Liquidität eines Kapitalmarktes und damit für dessen institutionelle Funktionsfähigkeit von Bedeutung[192]. Der Schutz der Anlegerschaft ist ein Teil des (institutionellen) Funktionsschutzes des Marktes[193]. Als Schutzgut kommt das Vertrauen der Anlegerschaft in die redliche Preisbildung als Grundlage der Investitionsentscheidungen und des Angebots- und Nachfragepotentials in Betracht. Dieses von der Anlegerschaft in den Kapitalmarkt gesetzte Vertrauen ist allerdings als subjektives Empfinden des Einzelnen nicht näher bestimmbar und kann daher keinen abstrakten Wert und damit auch kein eigenständiges Schutzgut von § 88 BörsG darstellen[194]. Zudem dient zur Sicherstellung des Anlegervertrauens in einen Markt wiederum die staatliche Marktaufsicht und das durch diese gewährleistete, ordnungsgemäße Zustandekommen der Börsenpreise. § 88 BörsG schützt die Funktionsfähigkeit des Kapitalmarktes nur durch den Schutz der Zuverlässigkeit und Wahrheit der Börsenpreisbildung. Infolgedessen wird auch das Anlegervertrauen als Teilaspekt des Funktionsschutzes nur mittelbar von § 88 BörsG geschützt. Auch insoweit ist ausschließlich die Zuverlässigkeit und Wahrheit der Börsenpreisbildung als überindividuelles Rechtsgut unmittelbar durch § 88 BörsG geschützt.

Anders kann es sich für den Schutz individueller Anlegerinteressen verhalten. Diese können als Individualrechtsgut nicht Teil des geschützten überindividuellen Rechtsgutes der Zuverlässigkeit und Wahrheit der Börsenpreisbildung sein. Da es bei einer möglichen Interpretation des § 88 BörsG als individualschützende Norm i.S.v. § 823 Abs.2 BGB um die Geltendmachung von Vermögensschäden und die Erzielung von Schadensersatz geht, kommt hier als individuelles Schutzgut das Vermögen der Anleger in Betracht.

---

190 Vgl. §§ 36 Abs.3 Nr.1 u. 3; 42 Abs.3; 43 Abs.1 Nr.1 und § 44 Abs.1 Nr.3 BörsG a.F. bzw. §§ 30 Abs.3 Nr.1 u. 3, 37 Abs.3, 38 Abs.1 Nr.1 und § 39 Abs.1 Nr.3 BörsG n.F.

191 Vgl. Kümpel, Bank- und Kapitalmarktrecht, S. 1202.

192 Kümpel, Bank- und Kapitalmarktrecht, S. 1195 u. 1201 f.

193 Kümpel, Bank- und Kapitalmarktrecht, S. 1201.

194 a.A. für die Qualifikation des Anlegervertrauens als Schutzgut im Hinblick auf § 264a StGB: Tröndle/Fischer, § 264a StGB Rz. 4.

b) Vermögensschutz durch § 88 BörsG ?

Ob und inwieweit § 88 BörsG dem Schutz individueller Anlegerinteressen dient, ist umstritten. Dem Gesetzgeber zufolge geht es bei § 88 BörsG „erst mittelbar auch um den Schutz des Kapitalanlegers“[195]. Die herrschende Meinung der Literatur[196] beruft sich weitgehend auf diese Aussage des Gesetzgebers und schließt aus dem nur mittelbar von § 88 BörsG bezweckten Schutz der Anleger, dass § 88 BörsG auch kein Schutzgesetz im Sinne von § 823 Abs.2 BGB darstellt. Zusammen mit der Praxisrelevanz von § 88 BörsG nahmen allerdings auch in der Literatur diejenigen Stimmen zu, die einen individuellen Anlegerschutz durch § 88 BörsG anerkennen wollen[197]. Mit Urteil vom 24.9.2001 nahm zudem das Landgericht Augsburg[198] an, dass § 88 BörsG Schutzgesetz i.S.v. § 823 BGB sei, wobei es ohne weitere Begründung oder einer Auseinandersetzung mit der in der Literatur herrschenden Meinung feststellt: „Ausschlaggebend für die Schutzgesetzeigenschaft ist, dass die Rechtsnorm neben dem Schutz der Allgemeinheit gerade dazu dienen soll, das Vermögen des einzelnen Kapitalanlegers vor möglichen Schäden durch eine unredliche Beeinflussung der Preisbildung ... zu schützen“[199]. Dieses vielbeachtete Urteil wurde allerdings durch das OLG München aufgehoben[200], welches sich mit der Schutzgesetzeigenschaft von § 88 BörsG gleichfalls nicht inhaltlich auseinandersetzt, sondern lediglich feststellt, dass der vom Landgericht Augsburg zitierte Kommentator[201] entgegen der Ansicht des Landgerichts auch die überwiegende Meinung vertrete, „dass es sich bei dem Schutz der Kapitalanleger in § 88 BörsG nur um ein Reflexrecht“ handle. Das OLG München sah schlicht „keinen Anlass, von der bisher ganz herrschenden Ansicht abzuweichen, dass § 88 ABs.1 Nr.1 BörsG kein Schutzge-

195 Regierungsentwurf 2. WiKG, BT-Drs. 10/318, S. 46.

196 Schwark, § 88 BörsG Rz. 1; Schäfer/Ledermann, § 88 BörsG Rz. 1; Groß, § 88 BörsG Rz. 1; Rössner/Worms in Assmann/Schütze, § 9, Fn. 19; Park, BB 2001, 2069, 2069; Sorgenfrei, wistra 2002, 321, 322, der die Annahme einer Schutzgesetzeigenschaft für die Neuregelung allerdings für möglich hält; Benner in Wabnitz/Janovsky, Kap. 4 Rz. 28; Weber, NZG 2000, 113, 114; Schlüchter, S. 136; Rützel, AG 2003, 69, 72; Barnert, WM 2002, 1473, 1474 ff.; Groß, WM 2002, 477, 484; Rieckers, BB 2002, 1213, 1215.

197 Möllers/Leisch, BKR 2001, 78, 82; Rodewald/Siems, BB 2001, 2437, 2439; Ziouvas/Walter, WM 2002, 1483, 1488 zu Fn. 38; kritisch: Bröker, wistra 1995, 130, 133; Tripmaker, wistra 2002, 288, 290.

198 LG Augsburg v. 24.9.2001, WM 2001, 1944, 1945 (Infomatec).

199 LG Augsburg v. 24.9.2001, WM 2001, 1944, 1945.

200 OLG München v. 1.10.2002, ZIP 2002, 1989, 1991.

201 Gemeint ist Erbs/Kohlhaas-Fuhrmann, § 88 BörsG Rz. 2, der ausführt: „mittelbar wirkt sich der Schutz des Börsen- und Marktverkehrs auch zu Gunsten des einzelnen Kapitalanlegers aus, der deshalb ebenfalls durch § 88 geschützt wird“.

setz i.S.v. § 823 Abs.2 BGB ist“[202]. Daneben haben sich sowohl das Bundesverfassungsgericht[203], als auch eine Reihe von Untergerichten[204] gegen eine Schutzgesetzeigenschaft von § 88 BörsG ausgesprochen. Auf die angeführten Argumente für und gegen eine Schutzgesetzeigenschaft wird im folgenden eingegangen.

Bei der Klärung der Frage, ob § 88 BörsG neben dem überindividuellen Rechtsgut der Zuverlässigkeit und Wahrheit der Börsenpreisbildung als Teilaspekt eines Schutzes der Funktionsfähigkeit des Kapitalmarktes auch das Individualrechtsgut „Vermögen“ einzelner Anleger schützt, werden hier die von Rechtsprechung und Literatur gefundenen Kriterien zur Identifizierung einer Norm als „Schutzgesetz“ i.S.v. § 823 Abs.2 BGB herangezogen. Denn letztlich geht es um die Möglichkeit geschädigter Anleger, für Kursverluste und einen dadurch bedingten Verlust ihres investierten Kapitals Schadensersatz von dem Täter einer Kursmanipulation verlangen zu können. Ein derartiger Schadensersatzanspruch nach § 823 Abs.2 BGB i.V.m. § 88 BörsG würde voraussetzen, dass § 88 BörsG „ein den Schutz eines anderen bezweckendes Gesetz“ im Sinne von § 823 Abs.2 BGB ist. Für die Qualifikation als Schutznorm muss ein Gesetz i.S.v. § 823 Abs.2 BGB, Art. 2 EGBGB zunächst ein hinreichend bestimmtes Verbot aufstellen[205]. Das ist für das strafbewehrte Verbot der Kursmanipulation nach § 88 BörsG der Fall. Entscheidend ist damit, ob § 88 BörsG auch „den Schutz eines anderen“ bezweckt. Das setzt nach der Rechtssprechung die Bestimmung einer Norm voraus, dem Schutz eines einzelnen oder einzelner Personenkreise gegen die Verletzung bestimmter Rechtsgüter oder Interessen zu dienen[206], wobei diese Kreise hinreichend bestimmt sein müssen[207]. Nicht ausreichend ist es, wenn ein Gesetz nur objektiv die Wirkung hat, auch den Einzelnen vor einer Rechtsgutverletzung zu schützen. Das ist nur ein Rechtsreflex des Schutzes der Allgemeinheit, nicht aber die Bestimmung des Gesetzes. Ob der Schutz eines Einzelnen gewollt ist, muss sich somit nach dem Zweck und nicht der Wirkung des Gesetzes richten[208]. Wie bereits festgestellt wurde, schützt § 88 BörsG mit der Zuverlässigkeit und Wahrheit der Börsenpreisbildung ein

---

202 OLG München v. 1.10.2002, ZIP 2002, 1989, 1991.
203 BVerfG v. 24.9.2002, ZIP 2002, 1986, 1988 f. (Metabox).
204 LG Augsburg v. 9.1.2002, WM 2002, 592, 593 f. (Infomatec); LG München I v. 21.11.2002, wistra 2003, 277, 280 (Comroad); OLG München v. 20.12.2002, BKR 2003, 504, 504.
205 Staudinger-Schäfer, § 823 BGB Rz. 576 u. 578.
206 RGZ 128, 298, 300; 138, 219, 231; BGHZ 12, 146, 148; 40, 306, 307; 100, 13, 14; 122, 1, 3f.; Soergel-Zeuner, § 823 BGB Rz. 289.
207 Staudinger-Schäfer, § 823 BGB Rz. 579 u. 580.
208 Staudinger-Schäfer, § 823 BGB Rz. 580.

überindividuelles Rechtsgut, dessen Träger die Allgemeinheit ist. Soweit durch die staatlich überwachte Börsenpreisbildung und die Sanktion von Kursmanipulationen nach § 88 BörsG also unredliche Kursbeeinflussungen verhindert werden, die für betroffene Anleger zu einem Vermögensschaden hätten führen können, ist der Schutz vor derartigen Vermögenseinbußen in der Tat nur ein Reflex des Schutzes der redlichen Preisbildung. Allerdings schließt allein die Tatsache, dass ein Gesetz dem Schutz der Allgemeinheit dient, nicht aus, dass es zugleich auch den Schutz Einzelner oder einzelner Personenkreise bezweckt[209]. Auch wenn das Vermögen einzelner Anleger bereits mittelbar durch den Schutz der redlichen Preisbildung mitgeschützt wird, kann es daneben auch unmittelbar Schutzgut von § 88 BörsG sein. Denn für den Schutzgesetzcharakter einer Norm genügt es, wenn die Norm zwar in der Hauptsache einem anderen Zweck dienen soll, daneben aber auch zum Schutz von Individualinteressen erlassen ist[210]. Ob eine Norm einen Individualschutz bezweckt und damit Schutzgesetzcharakter besitzt, ist anhand ihrer Entstehungsgeschichte, – soweit feststellbar – anhand des Willens des Gesetzgebers und schließlich auch anhand der ratio legis zu beurteilen[211].

Im Hinblick auf die Entstehungsgeschichte von § 88 BörsG muss die Neufassung dieser Norm durch das 2. Gesetz zur Bekämpfung der Wirtschaftskriminalität[212] berücksichtigt werden. Der ursprüngliche § 88 BörsG enthielt die heutige Generalklausel des § 88 Nr.2 BörsG als § 88 Abs.1 Nr.1 BörsG. Der in der ursprünglichen Tatalternative in § 88 Abs.1 Nr.2 BörsG geregelte Prospektbetrug ist im neuen Tatbestand des Kapitalanlagebetruges, § 264a StGB, aufgegangen[213]. Zu dieser Umgestaltung führt der Gesetzgeber aus: „Für die von § 88 Abs.1 Nr.2 BörsG erfassten, jedoch von § 264a StGB nicht abgedeckten Fälle besteht allerdings nur insoweit ein Regelungsbedürfnis, als die Tathandlung darauf abzielt, den Börsen- oder Marktpreis zu beeinflussen. Die Funktion, den Anleger von Wertpapieren vor Täuschungen und Vermögensverlusten zu schützen, übernimmt künftig der § 264a StGB. Die Inhaber von Wertpapieren und Kaufinteressenten bedürfen im übrigen nur insoweit eines (mittelbaren) Schutzes beim Handel mit Wertpapieren, als es um ihre Vertrauen in einen mit redlichen Mitteln in geordneter Weise zustande gekommenen Börsen- oder Marktpreis geht. ... Aus diesen Gründen ist es sachgerecht, in § 88 BörsG nur den Tatbestand der unredlichen Preisbeeinflussung beizubehalten. Dies dient zu-

209 Staudinger-Schäfer, § 823 BGB Rz. 585; Soergel-Zeuner, § 823 BGB Rz. 289.
210 Staudinger-Schäfer, § 823 BGB Rz. 585.
211 Staudinger-Schäfer, § 823 BGB Rz. 588.
212 2. Gesetz zur Bekämpfung der Wirtschaftskriminalität (2. WiKG) vom 15.5.1986, BGBl I/1986, 721.
213 Vgl. Schwark, § 88 BörsG Rz. 1; Barnert, WM 2002, 1473, 1475.

gleich der deutlicheren Kennzeichnung der durch § 264a StGB einerseits und § 88 BörsG in der Fassung des Entwurfs andererseits geschützten Rechtsgüter. Während es bei § 264a StGB um das Funktionieren des Kapitalmarktes geht, steht bei § 88 BörsG allgemein die Zuverlässigkeit und Wahrheit der Preisbildung ... im Vordergrund“[214]. Hier grenzt der Gesetzgeber nicht nur die Funktionsfähigkeit des Kapitalmarktes als Regelungsziel von § 264a StGB von dem Schutz der Zuverlässigkeit und Wahrheit der Preisbildung durch § 88 BörsG ab. Vielmehr stellt er auch klar, dass ein Schutz bestehender Anleger (als Inhaber von Wertpapieren) sowie potentieller Anleger (Kaufinteressenten) nur mittelbar über den Schutz der redlichen Preisbildung erfolgen soll. Damit ist der Anlegerschutz vom Gesetzgeber nur als Rechtsreflex genannt, nicht aber als unmittelbarer Individualgüterschutz[215]. Eine andere Ansicht[216] verweist auf die Rechtslage noch vor Inkrafttreten des 2. WiKG: Für § 88 BörsG in seiner Fassung vor dem 2. WiKG hatte der BGH[217] im Jahre 1985 die Schutzgesetzeigenschaft bejaht und sich dabei auch auf den Tatbestand des Kursbetrugs in § 88 Abs.1 Nr.1 BörsG a.F. bezogen. Dies soll nun auch für den Tatbestand des § 88 BörsG in seiner „neuen“ Fassung gelten, da dort das subjektive Merkmal der Bereicherungsabsicht nur gestrichen worden sei, um Missstände im Börsenwesen besser bekämpfen zu können. Dadurch könne der Schutzgesetzcharakter aber nicht entfallen sein. Dieser Ansicht ist entgegenzuhalten, dass der Gesetzgeber bei der Neufassung des ursprünglichen § 88 BörsG einen Individualschutz von Anlegern nur für den neu geschaffenen Tatbestand des Kapitalanlagebetrugs in § 264a StGB wollte, bei § 88 BörsG dagegen nur noch einen mittelbaren Schutz wollte. Soll daher auch der Kursbetrug nach § 88 BörsG in seiner neuen Fassung weiterhin einen unmittelbaren Anlegerschutz bezwecken, muss sich das aus dem Tatbestand selbst heraus begründen lassen. Dabei spricht die Streichung des Merkmals der Bereicherungsabsicht gegen einen fortgesetzten Individualschutz. Denn nur ein Täter, der mit der Absicht handelt, sich an dem Vermögen eines anderen in rechtswidriger Weise zu bereichern, hat einen gegen dieses Individualrechtsgut gerichteten Willen. Ist dieser Wille Tatbestandsvoraussetzung, so knüpft die Verbotsnorm auch erst an die Absicht der Individualschädigung an und soll also vor dieser schützen. Der neue Wortlaut des § 88 BörsG sanktioniert dagegen ein Verhalten unabhängig von dem Vorliegen einer Bereicherungsab-

214 Regierungsentwurf, 2. WiKG, BT-Drs. 10/318, S. 45.

215 So die eingangs zitierte h.M. in der Literatur und Rechtsprechung. A.A. sind Rodewald / Siems, BB 2001, 2437, 2439, denen zufolge das vom Gesetzgeber genannte schutzwürdige Vertrauen der Anleger in eine redliche Preisbildung bei § 88 BörsG für einen Individualschutz sprechen soll.

216 Möllers/Leisch, ZIP 2002, 1995, 1996.

217 BGH Urteil vom 11.11.1985, ZIP 1986, 14, 19.

sicht. Entscheidend ist nur der Wille, „zur Einwirkung auf den Börsenpreis" zu handeln. Damit ist die sanktionierte Tätergesinnung nur noch gegen das Rechtsgut der redlichen Preisbildung, nicht mehr gegen das Individualrechtsgut Vermögen gerichtet. Die Begründungen des Gesetzgebers bei der Neufassung des Tatbestandes sowie dessen Umstrukturierung lassen sich daher ebenso wenig als Argument für einen Individualschutz anführen, wie die zitierte Entscheidung des BGH[218].

Allerdings kann zur Bestimmung des Zweckes eines Gesetzes nicht allein auf die Begründung des Gesetzgebers bei der Schaffung einer Norm abgestellt werden[219]. Es ist denkbar, dass der Gesetzgeber von der Norm nicht abgedeckte Fälle bei ihrer Schaffung nicht bedacht hat, die er aber vernünftigerweise in den Regelungszweck miteinbezogen hätte[220]. Die ratio legis kann deshalb auch unabhängig von der Begründung des Gesetzgebers zu bestimmen sein. Dann ist zu fragen, was bei einer Berücksichtigung der möglichen enormen Schädigung von Anlegern durch Kursmanipulationen und der Auswirkung dieser Schäden für die Altersvorsorge der Anleger und das individuelle Vertrauen der Anleger in den Kapitalmarkt vernünftigerweise bezweckt worden wäre. Geht man davon aus, dass der Schutz des Anlegervermögens und damit das Bestehen eines Schadensersatzanspruchs für geschädigte Anleger wünschenswert ist, lässt sich § 88 BörsG allerdings nicht einfach als Schutzgesetz zu diesem Zweck definieren[221]. Grundvoraussetzung ist hier zunächst, dass das Gesetz den Schutz des individuellen Vermögens von Anlegern auch objektiv gewährleistet[222].

Wenn es sich bei § 88 BörsG um eine Norm handeln soll, die neben der Zuverlässigkeit und Wahrheit der Börsenpreisbildung auch noch das Vermögen von Anlegern schützt, so kann es sich bei einem derartigen Vermögensschutz

---

218 Der BGH stellt in der zitierten Entscheidung nur fest, dass eine Schadensersatzpflicht aus § 823 Abs.2 BGB i.V.m. §§ 88 Abs.1 Nr.1 BörsG (a.F. vor 2. WiKG) in Betracht kommen „könnte", er prüft mithin nicht, ob dem tatsächlich so ist und gibt daher auch keine Begründung für die mögliche Annahme einer Schutzgesetzeigenschaft.

219 Barnert, WM 2002, 1473, 1478.

220 So auch Möllers/Leisch, ZIP 2002, 1995, 1997, die von einer grundlegenden Änderung der Gefährdungslage sprechen, die der Gesetzgeber des Jahres 1986 gar nicht vorhersehen konnte.

221 Eine solche quasi willkürliche Vorgehensweise ließe sich auch nicht allein durch einen Blick auf die Wertungserfahrung anderer Rechtsordnungen, insbesondere der USA rechtfertigen.

222 Vgl. auch Knöpfle, NJW 1967, 697, 670, der darauf abstellt, dass ein Gesetz als Schutzgesetz i.S.v. § 823 Abs.2 BGB einen Schutz des betroffenen Personenkreises gegen die betreffenden Schäden und die Art der Schädigung auch objektiv bewirken muss.

nur um einen Schutz vor abstrakter Gefährdung handeln. Denn eine Handlung, die bereits für die ordnungsgemäße Preisbildung nur abstrakt gefährlich ist, kann auch für das Vermögen von Anlegern allenfalls abstrakt gefährlich sein, da ein Vermögensschaden von Anlegern erst aufgrund einer vollendeten unredlichen Preisbeeinflussung denkbar ist. Allerdings sind Tathandlungen nach § 88 BörsG nicht in gleicher Weise für die redliche Preisbildung und das Vermögen der Anleger abstrakt und damit typischerweise gefährlich. Erst die vollendete Verletzung des Rechtsgutes der ordnungsgemäßen Preisbildung kann zu einer konkreten Gefährdung oder Verletzung von Anlegervermögen führen. Daraus ergibt sich, dass das Bedürfnis, die redliche Preisbildung vor abstrakter Gefährdung zu schützen, einem entsprechenden Schutz des Anlegervermögens notwendigerweise vorgelagert und damit diesem gegenüber dringlicher ist. Allerdings findet auch bei dem Tatbestand des Kapitalanlagebetrugs nach § 264a StGB ein Vermögensschutz für Anleger statt[223], der bereits bei einer abstrakten Gefährdung[224] eingreift. Dort ist jedoch eine abstrakt gefährliche Handlung sanktioniert, die in einer für das Vermögen der Anleger konkret gefährlichen Situation[225] stattfindet. Denn die Täuschung der Anleger über den Vermögensstand eines Unternehmens hinsichtlich der für eine tatbestandsmäßige Investitionsentscheidung erheblichen Umstände erfolgt beim Vertrieb der Kapitalanlagen bzw. bei dem Angebot der Einlagenerhöhung und damit unmittelbar gegenüber den in ihrem Vermögen geschützten (potentiellen) Anlegern. Kommt es zu einer auf der Täuschung beruhenden Investitionsentscheidung, führt diese ja nach Sachlage unmittelbar zu einer konkreten Vermögensgefährdung oder einer Vermögensverletzung. Von § 88 Nr.1 BörsG hingegen können auch unrichtige Angaben erfasst werden, die nicht gegenüber einem potentiellen Anleger erfolgen und damit weder zu einer Anlageentscheidung noch zu einer unredlichen Preisbeeinflussung bei der Umsetzung der Anlageentscheidung führen können. Hier ist bereits fraglich, ob das noch eine typischerweise für die redliche Preisbildung gefährliche Handlung darstellt. Allerdings kann die Möglichkeit der Kenntnisnahme von der unrichtigen Angabe durch eine anlageinteressierte Person und deren Beeinflussung nicht ausgeschlossen werden. Betrachtet man dagegen die erst hierauf beruhende und damit noch viel weniger wahrscheinliche Möglichkeit, dass bei der Umsetzung einer beeinflussten Anlageentscheidung ein unredlich zustande gekommener Preis festgestellt wird und durch diesen Altanleger oder zu diesem Preis investierende Neu-Anleger in ihrem Vermögen geschädigt werden, erscheint es nicht

223 Tröndle / Fischer, § 264a StGB Rz. 2.

224 Tröndle / Fischer, § 264a StGB Rz. 3; Worms, Anlegerschutz durch Strafrecht, S. 350.

225 Worms, Anlegerschutz durch Strafrecht, S. 350.

vertretbar, von § 88 BörsG erfasste Handlungen auch als typischerweise gefährlich für das Vermögen von Anlegern zu werten[226]. Auch dies spricht gegen die Annahme eines von der ratio legis des § 88 BörsG bezweckten oder bezweckbaren, abstrakten Vermögensschutzes für Anleger.

Gegen einen Individualvermögensschutz durch § 88 BörsG sprechen zudem die folgenden Bedenken: Wird an eine Kursmanipulation, wie sie durch Herausgabe falscher Ad-hoc-Mitteilungen durch den Vorstand eines Unternehmens gemäß § 88 Nr.1 BörsG denkbar ist, ein Schadensersatzanspruch betroffener Anleger geknüpft, könnte der Kapitalmarkt für die Unternehmen als Emittenten erheblich an Attraktivität verlieren. Denn ein Schadensersatzanspruch richtet sich über § 31 BGB auch gegen das – in der Regel wesentlich vermögendere – börsennotierte Unternehmen selbst. Müsste ein Unternehmen mit dem Risiko unkalkulierbarer Schadensersatzforderungen aufgrund fehlerhafter Ad-hoc-Mitteilungen oder anderer unter § 88 BörsG fallenden Handlungen eines Vorstandes rechnen, könnte dies die mit dem Engagement am Kapitalmarkt verbundenen Vorteile erheblich relativieren. Die erleichterte und günstige Möglichkeit der Kapitalaufnahme würde verteuert und es bestünde die Gefahr, dass sie aufgrund unkalkulierbarer Schadensersatzrisiken für einzelne Unternehmen möglicherweise wirtschaftlich nicht mehr tragbar wäre. In einem solchen Fall stünde ein Rückzug der betroffenen Emittenten vom Kapitalmarkt, oder der Versuch einer Kapitalaufnahme außerhalb des Kapitalmarktes zur Umgehung einer Börsennotierung zu befürchten. Damit würde ein auf der Seite der Anleger verstärkter Institutionenschutz durch eine Sicherstellung der Marktliquidität zugleich durch eine Gefährdung des zur Verfügung gestellten Anlagevolumens auf der Seite der Emittenten gefährdet, was sich wiederum in einer Verteuerung der Transaktionskosten niederschlagen kann[227]. Auch dieser Gesichtspunkt spricht dafür, dass der Rechtsgüterschutz durch § 88 BörsG auf den Schutz der redlichen Preisbildung beschränkt ist, wodurch nur mittelbar auch Anlegerinteressen geschützt werden. Verstärkend hinzu kommt, dass nach § 15 Abs.6, S.1 WpHG

---

226 Im Ergebnis ähnlich auch Barnert, WM 2002, 1473, 1479.

227 Dieses Szenario mag etwas drastisch klingen, erscheint aber angesichts der Verurteilung der Comroad AG zu Schadensersatz für die durch ihren ehemaligen Vorstand ad hoc veröffentlichten, erfundenen Umsatzzahlen (vgl. Urteil des LG Frankfurt a.M. v. 28.4.2003, AG 2003, 461 ff.), sowie des Urteils des LG Augsburg v. 24.9.2001 (ZIP 2001,1881 ff.), welches von einer Schutzgesetzeigenschaft des § 88 BörsG ausging, ebenso berechtigt, wie die Befürchtung, dass sich enttäuschte Anleger in großem Umfang vom Kapitalmarkt zurückziehen könnten. Beides sind Folgen, die in dieser extremen Form kaum eintreffen werden. Die Beeinträchtigung der Emittenten durch einen übermäßigen Anlegerschutz und die Gefahr von Sammelklagen der Aktionäre gegen die Gesellschaft, an der sie beteiligt sind, wird aber als Kehrseite der Medaille kaum beachtet.

ein Verstoß gegen die in § 15 WpHG statuierte Ad-hoc-Mitteilungspflicht ausdrücklich nicht zu einem Schadenersatzanspruch gegen den Emittenten führen soll. Auch hinter diesem Schadensersatzausschluss steht die Überlegung, dass es nicht zu unkalkulierbaren Haftungsrisiken für den Emittenten kommen darf[228]. § 88 Nr.1 BörsG setzt zusätzlich zu einem Verstoß gegen § 15 WpHG nur vorsätzliches Handeln „zur Einwirkung auf den Börsen- oder Marktpreis" voraus, was gerade bei einem gegen § 15 WpHG verstoßendem Verschweigen kursrelevanter Tatsachen in der Regel vorliegen wird. Würde also der typische Fall einer pflichtwidrig unterlassenen Angabe nach § 88 Nr.1, 2.Alt BörsG i.V.m. § 15 Abs.1 WpHG über § 823 Abs.2 i.V.m. § 31 BGB zu einer möglichen Schadensersatzpflicht des Emittenten führen, würde der Zweck des Haftungsausschlusses in § 15 Abs.6 WpHG unterlaufen[229]. Daher kann § 88 BörsG auch nicht als eine „andere Rechtsgrundlage" i.S.v. § 15 Abs.6, S.2 WpHG angesehen werden[230].

Es ist auch nicht ersichtlich, warum der von der Literatur geforderte Vermögensschutz nur für Anleger gelten sollte, die aufgrund einer Kursmanipulation Vermögensverluste erlitten haben. Wird durch eine Manipulation unmittelbar in ihr Vermögen eingegriffen, weil bereits erworbene Anteile in ihrem Preis nach unten manipuliert werden und im Falle einer Veräußerung ein zu geringer Gewinn erzielt wird, mag dies nachvollziehbar sein. Weit häufiger sollen jedoch Schadensersatzansprüche geltend gemacht werden durch Anleger, die erst aufgrund fehlerhafter Marktinformationen und damit nach oben manipulierter Börsenpreise „einsteigen" und dabei zuviel investieren und diese Investition durch anschließendes Abfallen der Kurse verlieren. Das steht dem Fall, das ein außerhalb der Börse Stehender auf die ordnungsgemäße Bildung eines Börsenpreises vertraut und entsprechende Dispositionen trifft – beispielsweise bei der Verwertung eines Pfandes[231] oder im Fixhandelskauf[232] – und aufgrund eines nach unten manipulierten Börsenpreises einen Schaden erleidet, gleich. Geschützt werden soll aber nur das Vermögen der Anleger , nicht das von Außenstehenden. Aus dem Wortlaut des § 88 BörsG selbst lässt sich das nicht ableiten. Allenfalls könnte man sich auf die Stellung der Norm im Börsengesetz berufen. Dies wür-

228 Barnert, WM 2002, 1473, 1481.

229 BVerfG, Urteil vom 24.9.2002, ZIP 2002, 1986, 1988 f.; Im Ergebnis auch Landgericht Augsburg, Urteil vom 9.1.2002, WM 2002, 592, 593 f., das es für nicht sachgerecht hält, einen unbeschränkten Schadensersatz zuzubilligen und so „bei Vorliegen irgendeiner Falschinformation von diesem Zeitpunkt an das Risiko jeder sinnvollen und sinnlosen Spekulation der betroffenen Aktiengesellschaft zu überbürden".

230 Vgl. auch Barnert, WM 2002, 1473, 1481.

231 Vgl. §§ 1221, 1235 Abs.2, 1295 BGB.

232 Vgl. § 376 Abs.2 u. 3 HGB.

de aber verkennen, dass bereits die Norm des § 88 BörsG mit der Erfassung von Marktpreisen von nicht börsennotierten Vermögenswerten bereits teilweise systemwidrig im Börsengesetz verankert ist. Somit grenzt § 88 BörsG den Kreis der Anleger nicht ausreichend von dem Kreis sonstiger, möglicherweise durch einen unredlich zustande gekommenen Börsenpreis geschädigten Personen ab. Ein Schutz all derjenigen, die durch eine unredliche Preisbeeinflussung zu Schaden kommen könnten, würde dagegen zu einer uferlosen Ausdehnung möglicher Schadensersatzpflichten führen. Das könnte wiederum aus der Sicht der Unternehmen die Attraktivität des Kapitalmarktes schmälern und gegebenenfalls zu einem Abzug von der Börse führen, was letztlich sogar die institutionelle Funktionsfähigkeit des Kapitalmarktes beeinträchtigen kann.

Nach alledem ist eine Schutzgesetzeigenschaft von § 88 BörsG abzulehnen, da die Norm nicht darauf ausgerichtet ist, das Vermögen individueller Anleger abstrakt vor einer möglichen Beeinträchtigung durch unredlich zustande gekommene Preise zu schützen.

An dieser Stelle ist noch anzumerken, dass die vielbemühte Auslegung des § 88 BörsG als Schutzgesetz i.S.v. § 823 Abs.2 BGB für geschädigte Anleger nicht viel praktischen Nutzen mit sich brächte. Die Anerkennung eines unmittelbaren Schutzes eines betroffenen Anlegers durch § 88 BörsG würde aufgrund einer dadurch begründeten Stellung als „Verletzter" im jeweiligen Strafverfahren allenfalls die Möglichkeit eines Akteneinsichtsrechts nach § 406e StPO eröffnen[233]. Ein entscheidender Vorteil in der Verfolgung schadensersatzrechtlicher Ansprüche wird dadurch aber nicht erzielt, da eine rechtskräftige Verurteilung gemäß § 88 BörsG wegen des abweichenden Verfahrensgegenstandes weder in rechtlicher noch in tatsächlicher Hinsicht Bindungswirkung für eine nachfolgende, auf § 823 Abs.2 BGB i.V.m. § 88 BörsG gestützte Schadensersatzklage entfalten könnte[234]. Aus der nur im Strafverfahren mit strafrechtlich zulässigem gesetzlichen Zwang ermittelbaren „Wahrheit" lässt sich keine Prognose für ein zivilrechtliches Verfahren ableiten, da die Parteien dort den streitigen Sachverhalt selbst beizubringen und zu beweisen haben, wobei sich erhebliche Beweisprobleme hinsichtlich der Schadensverursachung und der Schadenszurechnung ergeben können[235]. Anstatt des zwanghaften Versuches, die für einen Anlegerschutz nicht geeignete Vorschrift des § 88 BörsG für einen solchen heranzuziehen und als Schutzgesetz zu interpretieren, sollte das Augenmerk eher auf bestehende zivilrechtliche Haftungstatbestände und anerkannte Schutzgeset-

233 Rössner / Bolkart, AG 2003 R 254, 256.
234 Rössner / Bolkart, AG 2003 R 254, 254.
235 Zu den möglichen und umstrittenen Voraussetzungen eines zivilrechtlichen Schadensersatzanspruchs in einem solchen Fall vgl. Rössner /Bolkart AG 2003, R 254, 256 (m.w.N).

ze gerichtet werden sowie auf die Anregung einer Verbesserung des Anlegerschutzes durch gegebenenfalls neu zu schaffende oder zu erweiternde Haftungstatbestände[236]. Dem ist der Gesetzgeber des 4. Finanzmarktförderungsgesetzes im Hinblick auf fehlerhafte Ad-hoc-Mitteilungen durch die neugeschaffenen Haftungsnormen in §§ 37b und 37 c WpHG bereits ein Stück weit nachgekommen.

III) Rechtsgüterschutz durch §§ 38 Abs.1 Nr.4, 39 Abs.1 Nr.1 u. 2 WpHG i.V.m. § 20a WpHG

1) Zuverlässigkeit und Wahrheit der Börsenpreisbildung

Der Gesetzgeber des 4. Finanzmarktförderungsgesetzes hat bei der Neuregelung des Manipulationsverbotes in §§ 38 Abs.1 Nr.4, 39 Abs.1 Nr.1 u. 2 WpHG i.V.m. § 20a WpHG den Rechtsgüterschutz nicht mehr so explizit dargelegt wie der Gesetzgeber des 2. WiKG bei der Neufassung des § 88 BörsG. Dennoch nennt er die Zuverlässigkeit und Wahrheit der Preisbildung an Börsen und Märkten nach wie vor als Schutzgut[237]. Für Inhalt und Schutz dieses Rechtsgutes kann auf die Ausführungen zu § 88 BörsG verwiesen werden. Denn die wenigen Änderungen des Gesetzeswortlautes in § 20a WpHG im Vergleich zu § 88 BörsG haben auf die Schutzwirkung für die redliche Preisbildung keinen Einfluss. Zwar knüpft die erste Handlungsalternative in § 20a Abs.1 Nr.1 WpHG eine Verwirklichung des Tatbestandes nicht mehr an die subjektive Voraussetzung des Handelns „zur Einwirkung auf den Börsen- oder Marktpreis"; dieses Merkmal ist jedoch nur entfallen, weil die objektive Tathandlung unrichtiger Angaben über bewertungserhebliche Umstände bzw. das pflichtwidrige Unterlassen einer Mitteilung solcher Umstände bereits selbst typischerweise gefährlich ist für die redliche Preisbildung[238]. Der Qualifikationstatbestand in § 38 Abs.1 Nr.4 WpHG knüpft zudem für beide Handlungsalternativen von § 20a Abs.1 WpHG eine Strafbarkeit an den eingetretenen Erfolg einer vollendeten Einwirkung auf die Börsen- oder Marktpreisbildung an. Das Ergebnis einer solchen Einwirkung ist ein unredlich zustande gekommener Börsen- oder Marktpreis. Mit der Neugestaltung als Erfolgsdelikt bringt das Manipulationsverbot nunmehr das Schutzgut der Zuverlässigkeit und Wahrheit der Preisbildung besonders deutlich zum Ausdruck.

---

236 Vgl. hierzu auch die ausführliche Erörterung bei Barnert, WM 2002, 1473 – 1483.
237 Regierungsentwurf 4. FMFG, BT-Drs. 14/8017, S. 98.
238 Vgl. Lenzen, Unerlaubte Eingriffe in die Börsenkursbildung, S. 256.

2) Schutz der Funktionsfähigkeit des Kapitalmarktes

Dem Gesetzgeber des 4. FMFG zufolge wird durch das neugefasste Verbot der Kurs- und Markpreismanipulation die Zuverlässigkeit und Wahrheit der Preisbildung geschützt. Daneben stellt er fest, dass Kurs- und Marktpreismanipulationen geeignet sind, das Vertrauen in den Kapitalmarkt zu erschüttern und das Funktionieren eines wesentlichen Bereichs der geltenden Wirtschaftsordnung zu gefährden. Daher sollen die Gefahren, die von Kurs- und Marktpreismanipulationen für die Funktionsfähigkeit der Börsen und Märkte ausgehen, einen verstärkten strafrechtlichen Schutz erfordern[239]. Bereits der Gesetzgeber sieht also die Funktionsfähigkeit des Kapitalmarktes durch die zu gewährleistende Zuverlässigkeit und Wahrheit der Preisbildung geschützt. Die Ausführungen zu § 88 BörsG gelten daher auch für die Neufassung durch das 4. FMFG: Ein Schutz der Funktionsfähigkeit des Kapitalmarktes erfolgt nur mittelbar durch den Schutz der redlichen Preisbildung und nicht darüber hinaus. Damit ist auch für die Neufassung des Manipulationsverbotes nur die Zuverlässigkeit und Wahrheit der Preisbildung geschütztes Rechtsgut. Das – über die redliche Preisbildung hinausgehende – Rechtsgut der Funktionsfähigkeit der Kapitalmärkte ist neben der Zuverlässigkeit und Wahrheit der Preisbildung nicht eigenständig geschützt.

3) Vermögensschutz durch §§ 38 Abs.1 Nr.4, 39 Abs.1 Nr.1 u. 2 WpHG i.V.m. § 20a WpHG?

Die bereits für § 88 BörsG umstrittene Frage, ob das Verbot der Preismanipulation als Schutzgesetz i.S.v. § 823 Abs.2 BGB den Schutz individueller Anlegerinteressen bezweckt, stellt sich nach Inkrafttreten des 4. FMFG auch für die Neuregelung. Während der Gesetzgeber bei § 88 BörsG noch ausdrücklich von einem nur mittelbaren Schutz der Kapitalanleger sprach[240], erwähnt er den Schutz der Anleger bei der Begründung der neuen §§ 38 Abs.1 Nr.4, 39 Abs.1 Nr.1 und 2, 20a WpHG überhaupt nicht. Damit schließt der Gesetzgeber einen Anlegerschutz zumindest nicht ausdrücklich aus. Dass er ihn andernorts in seiner

239 Regierungsentwurf 4. FMFG, BT-Drs. 14/8017, S. 98.
240 Regierungsentwurf 2. WiKG, BT-Drs. 10/318, S. 45.

Begründung des 4. FMFG betont[241], soll deshalb nach einer Ansicht[242] ausreichen, um auch für das Manipulationsverbot einen mitbezweckten Anlegerschutz anzunehmen. Da sich eine solche Zweckbestimmung durch den Gesetzgeber aus der Begründung des 4. FMFG nicht entnehmen lässt, kann sich diese nur aus der anhand anderer Umstände zu ermittelnden ratio legis ergeben. Zu berücksichtigen ist dabei zunächst die Ausgestaltung von §§ 38 Abs.1 Nr.4, 39 Abs.1 Nr.1 und 2 WpHG i.V.m. 20a WpHG als Erfolgsdelikt. Denn die dort vorausgesetzte, vollendete Einwirkung auf den Börsen- oder Marktpreis führt jedenfalls zu einer konkreten Gefährdung des Vermögens von Anlegern. Damit könnte das Vermögen einzelner Anleger nach der Neufassung Schutzgut des Qualifikationstatbestandes sein. Hiergegen spricht jedoch, dass - wie bereits bei § 88 BörsG erläutert - auch die Möglichkeit einer Schadensersatzpflicht betroffener Emittenten über § 823 Abs.2 BGB letztlich zu einer Gefährdung des Kapitalmarktes führen könnte. Auch die neu geschaffenen Haftungstatbestände für unterlassene oder fehlerhafte Ad-hoc-Mitteilungen in § 37 b und § 37 c WpHG können zur Bestimmung des Normzwecks von §§ 38 Abs.1 Nr.4, 39 Abs.1 Nr.1 u. 2 WpHG i.V.m. § 20a WpHG herangezogen werden. § 37 b und § 37 c WpHG begründen Schadensersatzansprüche für Anleger, die durch eine unterlassene oder verspätete Veröffentlichung oder die unrichtige Behauptung potenziell kurserheblicher Tatsachen durch den Emittenten bei ihren Wertpapiergeschäften einen Schaden erlitten haben[243]. Damit ist das ursprüngliche Haftungsprivileg für Emittenten in § 15 Abs.6 WpHG zugunsten geschädigter Anleger entfallen und damit zugleich das noch gegen einen Individualschutz durch § 88 BörsG angeführte Argument, dass eine Schadensersatzhaftung für vorsätzlich fehlerhafte Ad-hoc-Mitteilungen den Haftungsausschluss des § 15 Abs.6 WpHG a.F. unterlaufen würde. Die neuen Haftungstatbestände werden deshalb als Hinweis auf eine geänderte Gesetzessystematik angeführt. Die Entscheidung, in diesem Bereich Schadensersatzansprüche für geschädigte Anleger zu begründen, soll auch auf die Bezweckung eines Vermögensschutzes durch das Manipulationsverbot schließen lassen[244]. Allerdings wäre bei einer Begründetheit dieser Annahme der durch

241 Regierungsentwurf 4. FMFG, BT-Drs. 14/8017, S. 62f. Dort heißt es, der Anlegerschutz sei zu stärken indem die rechtlichen Voraussetzungen geschaffen werden, das Verbot der Kurs- und Marktmanipulation und des Missbrauchs von Ad-hoc-Meldungen wirksam durchzusetzen.

242 Altenhain, BB 2002, 1874, 1875; für einen „Individualschutz" durch § 20a WpHG auch Claussen, 3.A., S. 397, der das Verbot der Kurs- und Marktpreismanipulation ohne nähere Begründung als „Rechtsinstitut des Anlegerschutzes" einordnet.

243 Regierungsentwurf 4. FMFG, BT-Drs. 14/8017, S. 93.

244 So das LG Hildesheim noch in Bezug auf § 88 BörsG in einer die Neuregelungen des 4. FMFG vorweg beurteilenden Entscheidung, die nach einem Urteil des BVerfG vom 24.09.2002 (ZIP 2002, 1986, 1989) gegen das Willkürverbot verstößt,

§§ 37b und 3 WpHG gewährleistete Vermögensschutz weitgehend deckungsgleich mit einem Vermögensschutz durch § 823 Abs.2 BGB i.V.m. §§ 38 Abs.1 Nr.4, 39 Abs.1 Nr.1 u. 2 WpHG i.V.m. § 20a WpHG. Denn für einen haftungsbegründenden Verstoß gegen eine Ad-hoc-Mitteilungspflicht wird der betreffende Emittent bzw. das zustände Organ in den häufigsten Fällen konkrete Gründe haben, die ihn den Verstoß vorsätzlich begehen lassen. Für die gemäß §§ 37 b u. c WpHG zusätzliche Haftungsmöglichkeit bei grober Fahrlässigkeit bliebe damit nur ein geringer Anwendungsbereich. Das vom Gesetzgeber gesehene Bedürfnis für die §§ 37b u. c WpHG wird jedoch gerade damit begründet, dass Anleger bei der unterlassenen oder verspäteten Veröffentlichung oder der unrichtigen Behauptung kurserheblicher Tatsachen durch Emittenten nur unzureichend geschützt seien[245]. Auch diese Begründung spricht dafür, dass der Gesetzgeber einen Vermögensschutz auch durch das neugefasste Manipulationsverbot nicht in Betracht gezogen hat. Für das Bestehen eines solchen Vermögensschutzes entscheidend ist demnach vielmehr, was für die nicht von §§ 37b,c WpHG erfassten Fälle von Manipulationen gelten soll. Nach einer Ansicht müssen diese in gleicher Weise zu Schadensersatzansprüchen für geschädigte Anleger und damit einer Anerkennung des Manipulationsverbotes als Schutzgesetz i.S.v. § 823 Abs.2 BGB führen[246]. Da sich der Gesetzgeber der veränderten Realität an den Kapitalmärkten bei der Schaffung der §§ 37b,c WpHG bewusst war, stellt sich hier allerdings die Frage, warum nur für diese Fälle eine Emittentenhaftung vorgesehen wurde. Zudem hat der Gesetzgeber bewusst davon abgesehen, auch die jeweiligen Organe selbst in die Haftung zu nehmen[247]. Dass der Gesetzgeber mit §§ 37b,c WpHG nur für einen Teilbereich Haftungsnormen geschaffen hat und zudem bei der Neufassung des Manipulationsverbotes den Anlegerschutz nicht als Schutzzweck genannt hat, lässt auf ein bewusst vorsichtiges gesetzgeberisches Vorgehen schließen. Mit Haftungsansprüchen gegen Emittenten ist ein nur schwer kalkulierbares Risiko verbunden, das einem Kapitalmarkt unter Umständen ebenso schaden kann wie die Schädigung des Vermögens von Anlegern. Die Ansprüche nach §§ 37 b,c WpHG wurden zudem durch eine kurze Verjährungsfrist von 1 Jahr (§ 37 b Abs.4 und § 37c Abs.4 WpHG) weiter eingegrenzt. Diese Eingrenzung würde durch die längere Verjährungsfrist[248] eines deliktischen Anspruchs wegen eines Verstoßes gegen § 20a WpHG

u.a. weil der Gesetzgeber selbst zu entscheiden habe, ob er eine (möglicherweise bestehende) Regelungslücke bestehen lassen oder schließen wolle.

245 Regierungsentwurf 4. FMFG, BT-Drs. 14/8017, S.93.

246 Lenzen, Das neue Recht der Kursmanipulation, S. 12; Ziouvas, ZGR 2003, 112, 143.

247 Fenchel, DStR 2002, 1355, 1359.

248 Hier gelten die §§ 195, 199 Abs.1 u. 2 BGB.

ausgehöhlt[249]. Deshalb muss davon ausgegangen werden, dass die §§ 37b,c WpHG gegen und nicht für einen mit dem Manipulationsverbot bezweckten Vermögensschutz sprechen. Nur in dem von diesen Haftungsnormen abgedeckten Bereich hat sich der Gesetzgeber bisher zu einer überlegten Emittentenhaftung gegenüber Anlegern durchringen können. Die Annahme, er hätte sich damit generell für einen weitestmöglichen Anlegerschutz entschieden, der auch über eine Interpretation des Manipulationsverbotes als Schutzgesetz zu verwirklichen ist, wäre demnach eine reine Unterstellung für die keine Anhaltspunkte sprechen. Zusammenfassend ist daher festzustellen, dass auch nach der Neufassung des Manipulationsverbotes durch das 4. FMFG das Anlegervermögen nur reflexartig durch die Gewährleistung einer redlichen Preisbildung geschützt wird. Ein unmittelbarer Vermögensschutz und die Interpretation von §§ 38 Abs.1 Nr.4, 39 Abs.1 Nr.1 oder 2 i.V.m. § 20a WpHG als Schutzgesetz i.S.v. § 823 Abs.2 BGB ist abzulehnen[250].

---

249 Barnert, WM 2002, 1473, 1481.

250 Barnert, WM 2002, 1473, 1483; So im Ergebnis auch: Groß, WM 2002, 477, 484, der davon ausgeht, dass der Gesetzgeber aufgrund der kontroversen Diskussion um § 88 BörsG einen Individualschutz durch die Neuregelung ausdrücklich hätte begründen müssen; Pananis, Anwalts-Handbuch Strafrecht, Kap. K Rz. 38, der allein das überindividuelle Rechtsgut der Funktionsfähigkeit des Marktes geschützt sieht.

Kapitel 5: Die Tatbestände von § 88 BörsG und §§ 38 Abs.1 Nr.4, 39 Abs.1 Nr.1 u. 2 WpHG i.V.m. § 20a WpHG

I) § 88 BörsG

1) Systematik

Nach § 88 BörsG macht sich strafbar, wer zur Einwirkung auf den Börsen- oder Marktpreis der im Tatbestand genannten Vermögenswerte entweder unrichtige Angaben über bewertungserhebliche Umstände macht, oder solche Umstände entgegen bestehender Rechtsvorschriften verschweigt (§ 88 Nr.1 BörsG), oder sonstige auf Täuschung berechnete Mittel anwendet (§ 88 Nr.2 BörsG). Nach allgemeiner Auffassung ist § 88 Nr.2 BörsG als gegenüber § 88 Nr.1 BörsG subsidiärer „Auffangtatbestand“[251] bzw. „Generalklausel“ einzuordnen[252]. Zu dieser Auffassung gelangt man bereits anhand des Gesetzeswortlauts von § 88 BörsG, da dessen Nr.2 allgemein die Anwendung „sonstiger“ auf Täuschung berechneter Mittel nennt und sich damit auf all diejenigen weiteren Mittel bezieht, die neben der Tatbestandsalternative des § 88 Nr.1 BörsG in Betracht kommen. Die Tatbestandsalternative in § 88 Nr.1 BörsG ist also eine Konkretisierung der „auf Täuschung berechneten Mittel“ in § 88 Nr.2 BörsG.

Dieses systematische Verständnis von § 88 BörsG entspricht auch der Entwicklung des § 88 BörsG, da die Generalklausel in Nr.2 ursprünglich alleiniger Tatbestand war[253] und die Konkretisierung in Nr.1 erst mit der Neufassung des § 88 BörsG durch das 2. WiKG eingefügt wurde. Der neben dem neu eingefügten § 88 Nr.1 BörsG beibehaltenen Generalklausel in Nr.2 wurde dabei vom Gesetzgeber die schwierige Aufgabe zugedacht, alle weiteren, insbesondere neuartigen, strafwürdigen Manipulationstechniken zu erfassen, und so ungerechtfertigte Strafbarkeitslücken zu verhindern[254].

251 Schäfer/Ledermann § 88 Rz 12; Schwark Börsengesetz § 88 Rz. 6.

252 So auch der Gesetzgeber des 2.WiKG in Regierungsentwurf, BT-Drs. 10/318, S. 45.

253 Neben dem vormals in § 88 BörsG ebenso geregelten Prospektbetrug, der als Kapitalanlagebetrug mit dem 2. WiKG in § 264a StGB seine heutige Fassung gefunden hat.

254 Regierungsentwurf 2. WiKG, BT-Drs. 10/318, S. 45 f.

2) *Von § 88 BörsG erfasste Märkte*

a) *Börslicher Markt*

An welchen Märkten ein „Börsenpreis" i.S.v. § 88 BörsG gebildet werden kann, bestimmt sich nach der Definition des Börsenpreises in § 11 Abs.1 a.F. BörsG. Danach erfasst § 88 BörsG die Preisbildung an allen drei Marktsegmenten – Amtlicher, Geregelter und Neuer Markt[255] – gleichermaßen, so dass die dort gebildeten Preise jeweils als Tatobjekt einer Manipulation i.S.v. § 88 BörsG in Betracht kommen.

Zu untersuchen ist, ob § 88 BörsG nur Manipulationen am Sekundärmarkt oder auch solche am Primärmarkt erfasst. Während der Sekundärmarkt denjenigen Teil des Wertpapiermarktes darstellt, an dem bereits ausgegebene und damit umlaufende Wertpapiere gehandelt werden, fällt unter den Begriff des Primärmarktes die Erstausgabe neuer Wertpapiere sowie die Unterbringung neu aufgelegter Wertpapiere. Nach der Legaldefinition in § 11 Abs.1 BörsG a.F.[256] sind „Börsenpreise" im Sinne von § 88 BörsG ausdrücklich nur die an einer Börse ermittelten Preise. Die am Primärmarkt gebildeten Preise können daher allenfalls unter den von § 88 BörsG gleichfalls erfassten „Marktpreis" zu subsumieren sein. Auch wenn dieser nicht weiter Gegenstand dieser Arbeit sein soll, wird an dieser Stelle kurz auf ihn eingegangen, um den Anwendungsbereich des § 88 BörsG aufzuzeigen. Unter einem „Marktpreis" ist der aus dem Vergleich tatsächlich an einem Markt abgeschlossener Geschäfte ermittelte, zeitlich sich bewegende Durchschnittspreis zu verstehen[257]. Ein „Markt" in diesem Sinne sind alle angeordneten oder genehmigten Zusammenkünfte von Händlern und Erzeugern zu festgesetzter Zeit an bestimmten frei zugänglichen Plätzen zum Zwecke des Warenangebotes an das Publikum[258]. Es müssen hinsichtlich des gehandelten Wertes also eine Vielzahl von Marktteilnehmern sowohl auf der Angebots- als auch auf der Nachfrageseite vorhanden sein[259]. Dies ist am Primärmarkt nicht der Fall, da für ein bestimmtes Produkt, also z.B. eine bestimmte Aktienemission

255 Das Börsensegment „Neuer Markt" wurde am 5. 6. 2003 geschlossen. Auch die Börsensegmente an der Frankfurter Wertpapierbörse wurden neu geordnet. Zur Erläuterung des § 88 BörsG wird jedoch auf die zum Geltungszeitpunkt der Norm bestehende Börsensegmentierung Bezug genommen.

256 Zur Auslegung der Vorschrift des § 88 BörsG sind die seinerzeit – vor den Neuerungen des 4. FMFG – geltenden Vorschriften heranzuziehen.

257 Scheu, S.17f.; Schwark, § 88 BörsG Rz 9.

258 Scheu, S.18; Vgl. auch Bremer, S. 142.

259 Vgl. hierzu auch Fichtner, S. 43.

mit dem Emittenten stets nur ein Anbieter vorhanden ist[260], und es sich auch nicht um eine öffentliche, frei zugängliche Veranstaltung handelt, da Emittent und Konsortialführer die Umstände des Platzierungsvorganges einseitig regeln.

Die Preisbestimmung am Primärmarkt kann auf unterschiedliche Weise erfolgen: Handelt es sich um die Platzierung von Aktien aus einer Kapitalerhöhung, wird üblicherweise durch einen Beschluss der Hauptversammlung ein Preisfindungsmechanismus vorgegeben, wobei die „Feinheiten" zwischen Emittent und Konsortialführer abgestimmt werden[261]. Anknüpfungspunkt für die Preisfindung ist in der Regel der Kurs der Altaktien. Da die Preisbestimmung selbst aber nur durch Emittent und Konsortialführer erfolgt, kann es sich bereits aus diesem Grund bei deren Ergebnis nicht um einen „Marktpreis" handeln, da ein solcher nicht durch einseitige Preisfestsetzung von Interessengruppen entstehen kann[262]. Bei der Neueinführung von Unternehmensanteilen an der Börse besteht noch kein Börsenpreis von Altaktien, so dass sich die Preisfindung anders gestaltet: Regelmäßig wird auch hier der Preis in Zusammenwirkung von Emittent und Konsortialführer festgelegt. Mit dem sogenannten Bookbuilding-Verfahren hat sich jedoch eine neue Methode der Preisfindung herausgebildet, bei der auch Anleger unmittelbar eingebunden werden: In einer Pre-Marketing-Phase und einer Marketing-Phase werden – vornehmlich institutionelle – Anleger zur Bewertung der zu platzierenden Aktien herangezogen. Indikativ wird dann eine Preisspanne von 10 – 15% um den prospektiven Emissionskurs fixiert. Während einer darauffolgenden Order-Phase können die Anleger zu freigewählten Preisen im Rahmen der festgelegten Spanne Order abgeben. Nach Beendigung der Orderphase entscheidet der Lead-Manager in Abstimmung mit dem Emittenten unter Einbeziehung der Marktverhältnisse über den endgültigen Angebotspreis und damit die Zuteilung zu den verschiedenen von den Anlegern gebotenen Preisen[263].

Dass auch diese am Primärmarkt gebildeten Preise nicht von § 88 BörsG erfasst werden sollen, ergibt sich aus dem Willen des Gesetzgebers: Zweck der Aufnahme des Marktpreises in den Tatbestand des § 88 BörsG war es, die an öffentlichen Märkten notierten Preise, die als Spiegel der wahren Kapitalmarktlage angesehen wurden, gleich den Börsenpreisen vor betrügerischen Einwirkungen

---

260 Zu einem anderen Ergebnis kommt Fichtner, S. 48 f.: Hier werden die am Primärmarkt gebildeten Preise offensichtlich zu den „Börsenpreisen" gezählt. Dem kann nach Einführung der Legaldefinition in § 11 Abs.1 BörsG durch das 2. Finanzmarktförderungsgesetz nicht mehr gefolgt werden.

261 Schwintowski/Schäfer, S. 962 f.

262 Schwark, § 88 BörsG Rz 9; Bremer, S. 142.

263 Schwintowski/Schäfer, S. 963 f.

zu schützen[264]. Die im Bookbuilding-Verfahren ermittelten Preise sind aber nicht geeignet, die wahre Kapitalmarktlage im Hinblick auf die jeweils platzierten Aktien widerzuspiegeln, da die Anleger ihre Order nur innerhalb der vorgegebenen Preisspanne abgeben können. Der Preis spiegelt die tatsächliche Marktlage daher nicht wider, sondern kann sich von dieser sogar aufgrund unvorhergesehener politischer oder wirtschaftlicher Entwicklungen derart entfernen, dass regelmäßig ein Rücktrittsrecht für Emittent und Emissionskonsortium vereinbart wird, für den Fall, dass aufgrund veränderter Marktverhältnisse, die Nachfrage zu der vorgegebenen Preisspanne im Emissionszeitpunkt nicht ausreicht, um die Aktien erfolgreich zu platzieren[265]. Darüber hinaus entspricht die Preisentwicklung am Sekundärmarkt bzw. Kapitalmarkt nach erfolgter Platzierung meist gerade nicht dem Emissionspreis, sondern geht über diesen hinaus (sog. Underpricing) oder unterschreitet ihn[266]. In der Regel werden daher auch Kurspflegemaßnahmen während des unmittelbar auf die Emission folgenden Zeitraumes ergriffen, um durch die „Anpassung" von Emissionspreis und tatsächlicher Kapitalmarktlage ausgelöste Kursschwankungen auszugleichen und den Kurs zu stabilisieren[267].

Festzuhalten ist damit, dass Manipulationen am Primärmarkt nicht unter § 88 BörsG fallen. Dies gilt unabhängig davon, ob es sich um Manipulationen bei einer Neuemission oder bei einer Neuauflage bereits zugelassener Vermögenswerte handelt, da am Primärmarkt weder Börsen- noch Marktpreise gebildet werden.

b) Außerbörslicher Markt

Wie bereits erläutert, fällt unter § 88 BörsG auch die Manipulation von Marktpreisen, die im außerbörslichen Handel für die in § 88 BörsG aufgezählten Vermögenswerte gebildet werden. Nicht vorausgesetzt wird hierbei, dass die Vermögenswerte überhaupt an einer Börse oder einem geregelten Markt zugelassen sind. § 88 BörsG erfasst damit auch Marktpreise von nicht börsennotierten bzw. sogar nicht börsenhandelsfähigen Vermögenswerten, auf welche in dieser Untersuchung aber nicht näher eingegangen werden soll. Tathandlungen des § 88 BörsG können damit am gesamten außerbörslichen Markt stattfinden.

264 Scheu, S. 18 m.w.N.
265 Vgl. Schwintowski/Schäfer, S. 967 f.
266 Vgl. auch Schwintowski/Schäfer, S. 963.
267 Vgl. Schwintowski/Schäfer, S. 969 f.; Vgl. zur Kurspflege auch Kapitel 7 / Abschnitt IX.

3) Der objektive Tatbestand von § 88 Nr. 1 BörsG

Die erste Tatbestandsalternative des § 88 BörsG setzt in objektiver Hinsicht unrichtige Angaben über Umstände voraus, die für die genannten Vermögenswerte bewertungserheblich sind. Gleichermaßen strafbar macht sich, wer solche bewertungserheblichen Umstände entgegen bestehenden Rechtsvorschriften verschweigt.

a) Unrichtige Angaben

Zur Erläuterung des Merkmals der „Unrichtigen Angaben" i.S.v. § 88 Nr. 1 BörsG verweist der Gesetzgeber des 2. WiKG auf seine Begründung zu dem Tatbestand des Kapitalanlagebetruges in § 264a StGB, der ebenfalls durch das 2. WiKG geschaffen wurde. Nach dieser Begründung sind „unrichtige Angaben" solche Angaben, mit denen „nicht vorhandene Umstände als vorhanden oder vorhandene Umstände als nicht vorhanden bezeichnet werden"[268]. Unrichtige Angaben kommen insbesondere in Betracht bei Beratungsgesprächen, Prospektangaben, Angaben in Geschäfts- und Zwischenberichten, Bilanzen und Pressemitteilungen. Als in der Praxis bedeutendster Fall haben sich die so genannten „Ad-hoc-Mitteilungen" börsennotierter Unternehmen herausgestellt[269]. Nach § 15 WpHG sind börsennotierte Unternehmen verpflichtet, mittels solcher Ad-hoc-Mitteilungen unverzüglich neue Tatsachen aus ihrem Tätigkeitsbereich zu veröffentlichen, wenn diese geeignet sind, den Kurs der von dem Unternehmen ausgegebenen Wertpapiere zu beeinflussen.

„Unrichtige Angaben" werden in der Literatur auch definiert als gezielt in Umlauf gesetzte Falschinformationen[270] oder als nachprüfbare ernstgemeinte Aussagen über Tatsachen, deren Inhalt nicht den tatsächlichen Verhältnissen entspricht[271]. Diese Definitionen sind jedoch nicht oder nur begrenzt tauglich. Der Begriff der „Falschinformation" hilft für die Bestimmung der Reichweite des „Angaben"-Begriffs nicht weiter, da er keine Aussage darüber trifft, ob nur Tatsachen, oder auch Werturteile und Prognosen erfasst sein sollen, worauf im fol-

268 Regierungsentwurf 2. WiKG, BT-Drs. 10/318, S.46 und 24.

269 Vgl. hierzu die Fälle „Infomatec" (z.B. hinsichtlich der Geltendmachung von Schadensersatzansprüchen: Urteil des LG Augsburg v. 24.9.2001, ZIP 2001, 1881 ff., aufgehoben durch Urteil des OLG München v. 20.12.2002) und „EM.TV" (Verurteilung durch das LG München I v. 8.4.2003, BKR 2003, 681 ff.), in denen den (ehemaligen) Vorständen börsennotierter Unternehmen jeweils Kursmanipulationen aufgrund falscher Ad-hoc-Mitteilungen vorgeworfen wurden.

270 Fichtner, S. 53.

271 Erbs/Kohlhaas-Fuhrmann § 88 BörsG Rz. 7.

genden noch näher eingegangen wird. Darüber hinaus kommt es für die Verwirklichung des § 88 Nr.1 BörsG nicht darauf an, ob eine unrichtige Angabe an einen oder mehrere bestimmte Adressaten gerichtet ist, oder gleichsam „ungezielt“ verbreitet wird[272]. Als abstraktes Gefährdungsdelikt setzt § 88 BörsG gerade keine konkrete Gefährdung voraus. Allein das Machen unrichtiger Angaben über bewertungserhebliche Umstände wird bereits als abstrakt gefährlich für das Rechtsgut der Zuverlässigkeit und Wahrheit der Börsepreisbildung angesehen.

Grundvoraussetzung für das Vorliegen einer unrichtigen Angabe i.S.v. § 88 Nr.1 BörsG ist allerdings, dass überhaupt ein möglicher Erklärungsempfänger für die Angabe in Betracht kommt. Denn nur dann liegt eine abstrakte Gefährdung und eine typischerweise zur Beeinträchtigung des geschützten Rechtsgutes geeigneten Handlung vor. Denn nur bei einer unrichtigen Angabe gegenüber einem Erklärungsempfänger kann die Angabe bei diesem eine Anlageentscheidung bewirken oder modifizieren und sich letztlich bei der Umsetzung dieser Anlageentscheidung in einem Börsenpreis niederschlagen, der nicht ordnungsgemäß zustande gekommen ist.

Damit fallen unter § 88 BörsG alle unrichtigen Angaben, die sich an eine beliebige andere Person richten oder von denen ein beliebiger Dritter zumindest möglicherweise Kenntnis nehmen kann. Zu diesem Ergebnis gelangt man nicht bereits aufgrund des Tatbestandsmerkmals der Bewertungserheblichkeit, da sich dieses Erfordernis nur auf die Umstände bezieht, die Inhalt der Angaben sind, nicht jedoch auf die Angaben selbst. Unrichtige Angaben i.S.v. § 88 Nr.1 BörsG werden auch gemacht, wenn gezielt der Anschein erweckt wird, dass der Täter eine Weitergabe vertraulicher kursrelevanter Informationen nicht bezweckt oder sogar vermeiden will und Dritte nur rein „zufällig“ Kenntnis hiervon erlangen, gerade deren Kenntniserlangung aber vom Täter bezweckt wird. So etwa für den Fall, dass vermeintlich vertrauliche, kursrelevante Informationen per e-mail „zufällig fehlgeleitet“ werden, damit die „inoffiziellen“ Adressaten augrund der vermeintlichen Insiderinformation eine Anlageentscheidung treffen und so eine Änderung des Kurses herbeigeführt werden kann[273].

Die umstrittene Thematik, inwieweit auch Werturteile und Prognosen „unrichtige Angaben“ darstellen können wird in Kapitel 6 / Abschnitt I näher untersucht. Nachgegangen wird dort auch der Frage, ob bei richtigen, aber unvollständigen Angaben, die ein falsches Gesamtbild vermitteln, eine unrichtige Mitteilung und damit ein Fall des § 88 Nr.1, 1.Alt. BörsG oder nur eine unterlassene Mitteilung – weiterer – bewertungserheblicher Umstände nach § 88 Nr.1, 2.Alt. BörsG vorliegen kann.

---

272 Schäfer/Ledermann, § 88 BörsG Rz. 8.

273 Beispiel nach Schäfer/Ledermann, § 88 BörsG Rz. 8.

b) § 88 Nr.1, 2.Alt. BörsG - Unterlassensalternative

Der objektive Tatbestand von § 88 Nr.1, 2.Alt. BörsG lautet: „wer... Umstände...., die für die Bewertung der Wertpapiere erheblich sind," „entgegen bestehenden Rechtsvorschriften verschweigt". Zu dem Merkmal der bewertungserheblichen Umstände sei dabei auf die Erläuterungen zu § 88 Nr.1, 1.Alt BörsG verwiesen.

Das „Verschweigen bewertungserheblicher Umstände entgegen bestehender Rechtsvorschriften" gemäß § 88 Nr.1 2.Alt stellt einen Unterlassenstatbestand dar. Zu differenzieren ist zwischen so genannten „unechten" und „echten" Unterlassensdelikten[274]: Bei unechten Unterlassungsdelikten ist der Unterlassende als „Garant" gemäß § 13 StGB zur Abwendung eines tatbestandlichen Erfolges verpflichtet und die unterlassene Verhinderung des Erfolgseintritts entspricht wertungsmäßig der Herbeiführung des Erfolges durch ein aktives Tun. Im Gegensatz hierzu knüpft die Strafbarkeit bei echten Unterlassungsdelikten nicht an die gebotene Verhinderung eines Erfolges, sondern allein an ein tatbestandlich umschriebenes Unterlassen an. Demnach ist § 88 Nr.1, 2.Alt. BörsG ein echtes Unterlassungsdelikt[275], da hier die Strafbarkeit nicht an die gebotene Verhinderung eines Erfolges im Sinne einer möglicherweise eintretenden, mittels Täuschung bewirkten Kursbeeinflussung anknüpft, sondern allein an das Unterlassen der Mitteilung bewertungserheblicher Umstände als rechtlich gebotenes Tun. Diese rechtliche gebotene Offenbarung kann sich nur aus förmlichen Gesetzen oder Rechtsverordnungen ergeben[276], so dass insbesondere die ursprünglich rein privatrechtlich vereinbarten Insiderhandels-Regeln nicht ausreichend waren[277]. Rechtlich begründete Mitteilungspflichten kommen unter anderem aufgrund börsenrechtlicher Bestimmungen über den Zulassungsprospekt oder den Unternehmensbericht sowie gesellschaftsrechtlicher Informationspflichten[278] in Betracht. In der Praxis wesentlichste gesetzlich begründete Mitteilungspflicht ist die Pflicht zur Ad-hoc-Mitteilung kursrelevanter Tatsachen nach § 15 WpHG. In der Literatur[279] genannte weitere Rechtsvorschriften i.S.v. § 88 Nr.1 BörsG sind §§ 130a HGB, 177a HGB, § 64 Abs.1 GmbHG, § 92 Abs.2 AktG. Diese Vorschriften begründen Insolvenzantragspflichten für die verantwortlichen Gesellschafter bzw. Organe von offenen Handelsgesellschaften, Kommanditgesellschaften, Gesellschaften mit beschränkter Haftung und Aktiengesellschaften.

---

274 Wessels/Beulke, S.9.
275 Erbs/Kohlhaas/Fuhrmann § 88 BörsG (B 155) Rz 14.
276 Schmitz, wistra 2002, 208, 210.
277 Schwark, § 88 BörsG Rz. 5; Weber, NZG 2000, 113, 114.
278 Schwark, § 88 BörsG Rz. 5.
279 Schmitz, wistra 2002, 208, 210.

Handelt es sich um eine insolvente börsennotierte Aktiengesellschaft, fällt die Pflicht zur Mitteilung der Insolvenz unter § 15 WpHG und hat neben dem Insolvenzantrag im Wege einer Ad-hoc-Mitteilung zu erfolgen. Dabei wird die schlechte Lage des Unternehmens allerdings in der Regel schon früher über Ad-hoc-Mitteilungen an die Öffentlichkeit zu bringen sein. Im Fall der übrigen Gesellschaftsformen ist die Erheblichkeit eines unterlassenen Insolvenzantrages für den Kurs einer börsennotierten Aktiengesellschaft nur dann denkbar, wenn es sich bei der Gesellschaft um ein wesentliches Tochterunternehmen der börsennotierten Gesellschaft handelt. Zwar liegt auch in einem solchen Fall eine ad-hoc-mitteilungspflichtige Tatsache gemäß § 15 WpHG für die börsennotierte Mutter vor. Diese Mitteilungspflicht richtet sich aber an die Unternehmensführung der Mutter. Aufgrund der daneben bestehenden, oben genannten Pflichten zur Stellung eines Insolvenzantrages kommt auch der Geschäftsführer eines Tochterunternehmens als Täter einer Manipulation des Kurses der börsennotierten Muttergesellschaft in Betracht.

c) Bewertungserhebliche Umstände

Die „unrichtigen Angaben" i.S.v. § 88 Nr.1 BörsG müssen sich auf Umstände beziehen, die „für die Bewertung" der genannten Vermögenswerte „erheblich sind". Bei der Bestimmung dieses Tatbestandmerkmals ergeben sich zwei Fragen. Zum einen, um welche Art von Bewertung es sich handelt, zum anderen, unter welchen Voraussetzungen Umstände für eine solche Bewertung „erheblich" sein können.

Nach einer Ansicht in der Literatur[280] soll das Merkmal der „Bewertung" in einem engen, betriebswirtschaftlichen Sinn verstanden werden. Danach fallen unter § 88 Nr.1 BörsG nur solche Angaben, die betriebswirtschaftliche Daten wie Umsatz oder Ertrag, also rein unternehmensbezogene Bewertungsmerkmale betreffen. Alle nicht unternehmensbezogenen Angaben sollen von § 88 Nr.2 BörsG erfasst werden. Diese Ansicht wird mit dem Bedürfnis begründet, auch für § 88 Nr.2 BörsG einen Anwendungsbereich bei Manipulationen von bestimmten Aktienkursen offen zu lassen[281].

Gegen diese Ansicht spricht zunächst, dass § 88 Nr.2 BörsG als Auffangtatbestand gerade diejenigen Fälle erfasst, in denen nicht mittels unrichtiger oder pflichtwidrig unterlassener Angaben und damit durch informationsbezogene Handlungen auf die am Markt getroffenen Anlageentscheidungen und damit die Börsenpreisbildung eingewirkt wird, sondern mittels „sonstiger" auf Täuschung

---

280 Schröder, Aktienhandel und Strafrecht, S. 72f.

281 Schröder, Aktienhandel und Strafrecht, S. 73.

berechneter Handlungen. Das sind insbesondere handelsbezogene Manipulationstechniken wie Scheingeschäfte oder sog. „(improper) matched order", bei denen zwei Parteien auf Angebots- und Annahmeseite abgesprochene Order erteilen und so den freien Marktmechanismus umgehen, um durch ihr abgesprochenes Geschäft den gewünschten Kurs zu erzielen[282]. Für diese Techniken greift § 88 Nr.2 BörsG als Auffangtatbestand ein, sein Anwendungsbereich ist damit „gesichert", wobei allein das Bedürfnis, allen Tatalternativen einen Anwendungsbereich zu eröffnen als Abgrenzungskriterium ohnehin ungeeignet erscheint. Wesentlicher ist daher, dass der Wortlaut des § 88 Nr.2 BörsG mit der Erfassung „sonstiger" auf Täuschung berechneter Mittel diese gerade von den in Nr.1 erfassten Handlungen abgrenzt. Da sich die Nr.1 auf informationsbezogene Handlungen bezieht, legt auch die Systematik nahe, dass der Auffangtatbestand in Nr.2 gerade für alle nicht-informationsbezogenen Handlungen gelten soll. Nur so ist eine klare Abgrenzung zwischen den Tatalternativen möglich. Für eine weitere Differenzierung innerhalb der informationsbezogenen Handlungen und für deren Aufteilung auf beide Tatalternativen sind hier keine Gründe ersichtlich.

Damit ist dem Gesetzgeber zu folgen, der zur Bestimmung der Bewertungserheblichkeit auf die „Verkehrsauffassung" abstellt[283]. Auch in der Literatur[284] wird die Verkehrsauffassung für maßgeblich gehalten. Unter dieser wird die Auffassung des mit den unrichtigen Angaben im Einzelfall angesprochenen und am Börsen- oder Marktpreis interessierten Personenkreis[285] verstanden. Diese Auffassung entspricht auch dem vorrangigen Schutzgut von § 88 BörsG, der Zuverlässigkeit und Wahrheit der Börsenpreisbildung. Entscheidend ist, dass unrichtige oder pflichtwidrig unterlassene Angaben am Markt getroffene Anlageentscheidungen in unredlicher Weise beeinflussen und damit auf die Bildung des Börsenpreises einwirken können. Für eine solche unredliche Beeinflussung sind unrichtige oder unterlassene Angaben zu unternehmensbezogenen Daten in gleicher Weise geeignet wie sonstige Angaben. Wie bereits im vorangehenden Abschnitt bei der Bestimmung des Begriffes „unrichtiger Angaben" erläutert, fallen insbesondere auch Prognosen und Werturteile mit Tatsachenkern unter dieses Merkmal. Gerade solche müssen sich nicht stets auf unternehmensbezogene Tat-

---

282 Zu den verschiedenen Manipulationstechniken und ihrer Strafbarkeit nach § 88 BörsG wird auf Kapitel 7 verwiesen.

283 Regierungsentwurf 2. WiKG, BT-Drs. 10/318, S. 46.

284 Groß, § 88 BörsG Rz3; Nack in Müller-Gugenberger/Bieneck § 68 Rz. 16; Erbs/Kohlhaas-Fuhrmann § 88 BörsG Rz. 8; Lenzen, Unerlaubte Eingriffe in die Börsenkursbildung, S. 224.

285 Erbs/Kohlhaas-Fuhrmann § 88 BörsG Rz. 8; Lenzen, Unerlaubte Eingriffe in die Börsenkursbildung, S. 224.

sachen gründen. Beispielsweise zu nennen ist hier nur das Abstellen auf ein angekündigtes, vorgebliches Übernahmeangebot[286].

Festzuhalten ist damit, dass auf die Bewertung durch die interessierte, durchschnittliche und vernünftige Anlegerschaft abzustellen ist. Nicht geklärt ist dabei, ab wann ein Umstand als für diese „erheblich" erachtet werden kann. Hierfür kann es nicht darauf ankommen, ob die betreffenden Umstände nach der Verkehrsauffassung zu einer vorteilhaften oder nachteiligen Bewertung führen, da in beiden Fällen eine Preiseinwirkung möglich ist. So kann eine vorteilhafte Bewertung zu einem größeren Kaufangebot und damit zu einem Preisanstieg führen, eine nachteilige Bewertung hingegen zu einem übermäßigen Verkaufsangebot und damit einer Preissenkung[287]. Auch die Beibehaltung eines Preises kommt in Betracht, wenn durch unrichtig mitgeteilte bewertungserhebliche Umstände ein Aufwärts- oder Abwärtstrend am Markt neutralisiert wird. Der Gesetzgeber selbst hat keine näheren Kriterien zur Bestimmung der Bewertungserheblichkeit genannt und nur klargestellt, dass durch dieses Tatbestandsmerkmal wie in § 264a StGB Bagatellfälle bereits aus dem objektiven Straftatbestand ausgenommen werden sollen[288]. Es geht also um die Beschränkung des tatbestandlichen Anwendungsbereiches von § 88 BörsG auf den für den Schutz der Zuverlässigkeit und Wahrheit der Börsenpreisbildung erforderlichen Rahmen. Zu diesem Zweck hat der Gesetzgeber des 4. Finanzmarktförderungsgesetzes mit dem Erfordernis der Geeignetheit zur Preiseinwirkung in der Neufassung des Manipulationsverbotes in § 20a WpHG ein weiteres einschränkendes Merkmal eingefügt, auf welches nachfolgend[289] näher eingegangen wird. Eine dem entsprechende, einschränkende Auslegung wurde zum Teil bereits für § 88 BörsG gefordert[290], worauf im nächsten Abschnitt näher eingegangen wird. Die zu einer Tatbestandsbeschränkung führenden Merkmale der Bewertungserheblichkeit in § 88 Nr.1 BörsG und § 20a Abs.1 S.1 Nr.1 WpHG sowie der Geeignetheit zur Preiseinwirkung in § 20a Abs.1 Nr.1 WpHG sollen in Kapitel 6 / Abschnitt II dieser Arbeit zusammen betrachtet und voneinander abgegrenzt werden. Dabei wird auch näher auf mögliche Kriterien zur Bestimmung der Bewertungserheblichkeit unrichtiger oder unterlassener Angaben eingegangen.

---

286 Dieses Beispiel wird von Schröder, Aktienhandel und Strafrecht, S. 72, selbst genannt und als erheblich für die Bewertung einer Aktie in Börsenkreisen erachtet.

287 Regierungsentwurf 2. WiKG, BT-Drs. 10/318, S. 46.

288 Regierungsentwurf 2. WiKG, BT-Drs. 10/318, S. 45; Schwark, § 88 BörsG Rz. 5.

289 Kapitel 5 / Abschnitt II/2/b.

290 Erbs/Kohlhaas-Fuhrmann § 88 BörsG Rz. 16.

d) Objektive Eignung der Angaben zur Preiseinwirkung

Teile der Literatur plädieren für eine eingeschränkte Strafbarkeit abstrakter Gefährdungen. Auch wenn der Tatbestand abstrakter Gefährdungsdelikte keine Anforderungen für das Vorliegen einer konkreten Gefahr aufstellt, wird nach einer verbreiteten Ansicht das Strafbarkeitsbedürfnis für eine nur abstrakte, weil typischerweise entstehende Gefährdung dann abgelehnt, wenn das Eintreten einer konkreten Gefährdung und damit auch einer aus dieser resultierenden Verletzung des nach dem jeweiligen Tatbestand vorausgesetzten Schutzobjektes ausgeschlossen werden kann[291]. Eine andere Ansicht fordert, dass eine Tathandlung zumindest objektiv geeignet sein muss, den Eintritt einer konkreten Gefahr für das geschützte Rechtsgut wahrscheinlich zu machen[292]. In Anlehnung hieran wurde für die Tatbestandsalternative von § 88 Nr.2 BörsG eine entsprechend einschränkende Auslegung verlangt[293], die - wie im folgenden zu zeigen ist - ebenso bei § 88 Nr.1 BörsG zu bedenken ist. Von § 88 Nr.2 BörsG nicht erfasst werden sollen diejenigen Fälle, in denen das angewandte, auf Täuschung berechnete Mittel objektiv nicht geeignet ist, zu einer Börsenpreiseinwirkung zu führen[294]. Die Notwendigkeit dieser Auslegung soll sich daraus ergeben, dass die auf Täuschung berechneten Mittel von dem Täter mit dem Ziel eingesetzt werden müssen, auf den Börsen- oder Marktpreis einzuwirken[295]. Eine andere Ansicht[296] will zumindest absolut untaugliche Mittel ausgenommen sehen.

Diese Gedanken beruhen letztlich auf einer Auslegung der Norm, die sich an dem geschützten Rechtsgut orientiert. Die nach den genannten Ansichten auszuklammernden Fälle weisen keine konkrete Gefährdung oder Möglichkeit einer Verletzung des Schutzgutes der Zuverlässigkeit und Wahrheit der Börsenpreisbildung auf. Setzt man diesen Gedanken konsequent um, muss man sich bereits bei § 88 Nr.1 BörsG mit der Möglichkeit einer entsprechenden Auslegung auseinandersetzen. Denn das Kriterium der Bewertungserheblichkeit bezieht sich dort nur auf den Inhalt der unrichtigen Angaben, das heißt auf die mitgeteilten oder pflichtwidrig nicht mitgeteilten Umstände. Kommt es aufgrund einer derartigen Mitteilung bewertungserheblicher Umstände jedoch nicht zu einer – für die Börsenpreisbildung relevanten – Beeinflussung einer Anlageentscheidung, kann es auch einer Mitteilung von bewertungserheblichen Umständen an der Eignung zur Börsenpreiseinwirkung fehlen. Ein solcher Fall ist sowohl denkbar, wenn ei-

291 Schönke/Schröder/Cramer Vor § 306ff. Rz. 3a; Jescheck/Weigend, S. 264 m.w.N.
292 Vgl. Hoyer, 42 m.w.N.
293 Erbs/Kohlhaas-Fuhrmann § 88 BörsG Rz. 16.
294 Erbs/Kohlhaas-Fuhrmann § 88 BörsG Rz. 16.
295 Erbs/Kohlhaas-Fuhrmann § 88 BörsG Rz. 16.
296 Scheu, S. 19.

ne Mitteilung ausschließlich gegenüber einem Nichtanleger erfolgt, als auch wenn die Mitteilung gegenüber einem Anleger erfolgt, der die Unrichtigkeit der Angaben kennt, und sich daher nicht davon beeinflussen lässt. In solchen Fällen scheidet eine Gefährdung für das Schutzgut der Zuverlässigkeit und Wahrheit der Börsenpreisbildung aus. Diese Fälle wären also mangels objektiver Geeignetheit, eine Preisbeeinflussung herbeizuführen, im Wege einer restriktiven Auslegung aus dem Anwendungsbereich von § 88 BörsG auszuklammern. Daher soll schon an dieser Stelle bei der Erörterung von § 88 Nr.1 BörsG darauf eingegangen werden, ob der Tatbestand des § 88 BörsG dahingehend restriktiv auszulegen ist, dass er keine Anwendung auf Fälle finden soll, in denen eine Rechtsgutgefährdung und -verletzung von vornherein ausgeschlossen werden kann.

Klarzustellen ist zunächst, dass allein das Erfordernis einer Handlung „zur Einwirkung" auf einen Börsenpreis nicht bedeutet, dass die Handlung auch objektiv zu einer solchen Einwirkung geeignet sein muss. Denn welche innere, subjektive Tätervorstellung – über den auf den objektiven Tatbestand gerichteten Vorsatz hinaus – einerseits und welche äußere, objektive Situation andererseits ein Tatbestand voraussetzt, sind voneinander grundsätzlich unabhängige Fragen. Allerdings kann dann ein Zusammenhang angenommen werden, wenn die Tätermotivation bereits bei einer reinen Vorbereitungshandlung vorliegt. Hat eine solche Vorbereitungshandlung die Sphäre sozial unauffälligen Handelns noch gar nicht verlassen und wird sie aufgrund des bereits vorliegenden Verletzungsvorsatzes – wie der Einwirkungsabsicht bei § 88 BörsG – bereits von der Sanktionsnorm erfasst, würde dies letztlich auf eine Gesinnungsstrafbarkeit hinauslaufen. Dieses Argument wird ebenfalls für die Notwendigkeit einer Eingrenzung des objektiven Tatbestandes von Gefährdungsdelikten durch das objektive Erfordernis einer Verletzungsgeeignetheit der Handlung angeführt[297]. Aufgrund des Wortlautes von § 88 BörsG muss die tatbestandliche Handlung nach Nr.1 oder Nr.2 allerdings unmittelbar „zur Einwirkung auf den Börsenpreis" erfolgen. Nicht ausreichend ist also eine Handlung nur „mit der Absicht" zur (gegebenenfalls späteren) Einwirkung, sondern nach der Vorstellung des Täters muss die jeweilige Tathandlung konkret zur Einwirkung dienen. Damit geht der Täter jedenfalls in seiner Vorstellung davon aus, dass seine Handlung oder das von ihm angewandte Mittel auch zur Einwirkung geeignet ist. Dass er sich darin irren kann und eine tatsächliche potentielle Gefährdung des Schutzgutes dann immer noch ausscheidet, ist unschädlich. Denn das Strafgesetzbuch geht in seinem allgemeinen Teil, der nach § 1 Abs.1 EGStGB auch auf das Börsenstrafrecht als Nebenstrafrecht Anwendung findet, von einer grundsätzlichen Strafbarkeit so-

297 Vgl. Hoyer, S. 51 ff.

wohl des objektiv-konkret ungefährlichen, als auch des objektiv untauglichen Versuchs aus, §§ 22, 23 Abs.3 StGB[298]. Diese Wertung spricht dagegen, objektiv völlig untaugliche Mittel von einer Strafbarkeit nach § 88 BörsG auszunehmen.

Als weiteres Argument gegen eine Einschränkung abstrakter Gefährdungsdelikte in objektiver Hinsicht wird auch die verfassungsrechtliche Rechtfertigung von Strafnormen angeführt: Strafnormen sind verfassungsrechtlich nur gerechtfertigt , wenn sie dem Schutz eines oder mehrerer bestimmter Rechtsgüter dienen[299]. Zur Gewährleistung des Rechtsgüterschutzes müssen Strafnormen potentielle Täter zu einem Unterlassen der tatbestandlichen Handlung und damit zu einem Unterlassen einer Rechtsgutverletzung motivieren können. Abzustellen ist daher auf die subjektive Seite: Der Täter muss sich rechtsgutkonform verhalten wollen. Ob er sich in objektiver Hinsicht normgerecht verhält ist für die Motivation des Täters nicht relevant, denn die Berechtigung einer Norm als Instrument eines effektiven Rechtsgüterschutzes liegt gerade darin begründet, die Integrität des Rechtsgutes nicht von solchen Unzuverlässigkeiten abhängig zu machen, wie sie in der Realisierbarkeit oder Undurchführbarkeit eines Deliktsplans zu sehen sind. Der Täter soll vielmehr dazu gebracht werden, es auf die Realisierbarkeit seines Deliktsplanes nicht ankommen zu lassen und bereits die Realisierungsbemühungen selbst zu unterlassen[300]. Nach dieser überzeugenden Ansicht sind abstrakte Gefährdungsdelikte deshalb nur in subjektiver Hinsicht verfassungskonform einzuschränken, indem sie um das ungeschriebene Erfordernis einer auf die Verletzung des Schutzgutes bezogenen Fahrlässigkeit erweitert werden[301]. Auf § 88 BörsG bezogen bedeutet dies, dass es für dessen Eignung zum Schutz der Zuverlässigkeit und Wahrheit der Börsenpreisbildung und für eine darauf beruhende Auslegung nicht auf das Erfordernis einer objektiven Geeignetheit der Tathandlung zur Preiseinwirkung ankommt[302], sondern lediglich auf eine Tathandlung die zumindest Fahrlässigkeit hinsichtlich einer Verletzung des geschützten Rechtsgutes aufweist. Nach dem Wortlaut des § 88 BörsG wird für beide Tatalternativen über eine solche Fahrlässigkeit noch hinausgehend jeweils ein Handeln „zur Einwirkung" auf den Börsenpreis vorausgesetzt, also ein auf eine Rechtsgutverletzung gerichteter Vorsatz. Dies spricht gegen eine weitere Einschränkung des Tatbestandes in objektiver Hinsicht.

298 Vgl. auch Hoyer, S. 39.
299 Hoyer, S. 39 (m.w.N.).
300 Hoyer, S. 39f.
301 Hoyer, S. 41.
302 So auch für § 88 Nr.2 BörsG: Schwark § 88 BörsG Rz. 7; Lenzen, Unerlaubte Eingriffe in die Börsenkursbildung, S. 158 (mit weiteren Nachweisen).

Dass das subjektive Erfordernis eines Handelns „zur Einwirkung" auf den Börsenpreis den Tatbestand des § 88 BörsG ausreichend einschränkt, zeigt sich auch anhand der folgenden Überlegung: Die Weite abstrakter Gefährdungsdelikte wird häufig anhand des Tatbestandes der Brandstiftung in § 306 StGB kritisiert: Dieser erfasst auch solche Handlungen, bei denen der Täter eine Rechtsgutverletzung unbedingt verhindern möchte und hierfür entsprechende Vorkehrungen trifft, so dass er keinerlei Gefährdungsunrecht verwirklicht[303]. Hier fehlt es sowohl an einer objektiven Gefährdung, als auch an einem hierauf bezogenen Tätervorsatz. Solche Fälle sind bei § 88 BörsG von vornherein ausgeschlossen, da die Strafbarkeit eines Handelns „zur Einwirkung" auf einen Börsenpreis stets an einen rechtsgutbezogenen Verletzungsvorsatz anknüpft. Eine darüber hinausgehende objektive Tatbestandseinschränkung lässt sich aus den bereits angeführten Gründen nicht rechtfertigen.

Auch die Ansicht, dass für abstrakte Gefährdungsdelikte generell der „Gegenbeweis der Ungefährlichkeit" zugelassen werden sollte[304], wird zu Recht abgelehnt: Diese Konstruktion würde entweder dem Angeklagten den Nachweis der Ungefährlichkeit auferlegen und damit gegen den Grundsatz „in dubio pro reo" verstoßen oder - wenn der Nachweis durch das Gericht zu führen wäre - im Ergebnis abstrakte in konkrete Gefährdungsdelikte umwandeln[305].

Einige Stimmen der Literatur[306], die grundsätzlich eine Einschränkung abstrakter Gefährdungsdelikte fordern, unterscheiden dabei auch nach dem jeweils betroffenen Rechtsgut: Der Gesetzgeber wolle bei überindividuellen Rechtsgütern mit einer Sanktion abstrakter Gefährdungen verhindern, dass massenhafte Verstöße ein solches Rechtsgut in Mitleidenschaft ziehen. Allein die abstrakte Gefährdung überindividueller Rechtsgüter stelle bereits einen eigenständigen Unwert dar[307], für den ein Strafbarkeitsbedürfnis auch ohne konkreter Gefährdung bestehe[308]. Auch nach dieser Ansicht besteht kein Grund, den Tatbestand des § 88 BörsG und den damit bezweckten Schutz des überindividuellen Rechtsgutes der Zuverlässigkeit und Wahrheit der Börsenpreisbildung weiter einzuschränken.

---

303 Vgl. Schünemann, JA 1975, 787, 797.

304 Schröder, ZStW 81, 7, 16 f.

305 Schünemann, JA 1975, 787, 797.

306 Schünemann, JA 1975, 787, 798; Schönke/Schröder/Cramer, Vor §§ 306 ff. Rz. 3a; jeweils m.w.N.

307 Schünemann nimmt einen solchen eigenständig strafwürdigen Unwert bei der Verletzung sogenannter „vergeistigter Zwischenrechtsgüter" wie beispielsweise der Sicherheit des Rechtsverkehrs bei der Urkundenfälschung in § 267 StGB an (JA 1975, 787, 793 u. 797). Zur Vergleichbarkeit von § 88 BörsG und § 267 StGB vgl. die Ausführungen in Kapitel 5/Abschnitt I/5b.

308 Schönke/Schröder/Cramer, Vor §§ 306 ff. Rz. 3a.

e) Berechnung auf Täuschung

Der Gesetzgeber geht davon aus, dass die Tatbestandsalternative des § 88 Nr.1 BörsG zur Konkretisierung von § 88 Nr.2 BörsG herangezogen werden kann[309]. Da § 88 Nr.2 BörsG von der Anwendung „sonstiger" auf Täuschung berechneter Mittel spricht, stellt auch die Tathandlung von Nr.1 ein auf Täuschung berechnetes Mittel dar. Nach dem Wortlaut von § 88 BörsG muss damit auch umgekehrt die Nr.2 zur Auslegung von Nr.1 herangezogen werden. Nicht von § 88 Nr.1 BörsG erfasst werden können daher solche unrichtigen Angaben, die der Täter nicht auf Täuschung berechnet. Eine nähere Bestimmung des Merkmals „Berechnung auf Täuschung" erfolgt im Rahmen von § 88 Nr.2 BörsG[310]. Unabhängig von der näheren Auslegung dieses Tatbetstandsmerkmals lässt sich an dieser Stelle bereits festhalten, dass sich der Tätervorsatz in jedem Fall auf eine Täuschung beziehen muss. Da nur „unrichtige" oder pflichtwidrig unterlassene Angaben tatbestandsmäßig sind, fehlt es deshalb im Rahmen einer Tat nach § 88 Nr.1 BörsG dann an einer Berechnung auf Täuschung, wenn der Täter davon ausgeht, dass die Unrichtigkeit seiner Angaben bzw. die pflichtwidrig unterlassenen Angaben bekannt sind, so dass das Hervorrufen einer diesbezüglichen Fehlvorstellung und damit eine Täuschung ausgeschlossen ist.

Nach einer Ansicht in der Literatur ist für Nr.1 nicht die Berechnung auf Täuschung, sondern die mögliche Bewirkung einer Täuschung erforderlich[311]. Für die Verneinung einer tatbestandlichen unrichtigen Angabe soll es nach dieser Ansicht ausreichen, dass ein Erklärungsadressat Angaben anhand ihrer Tatsachenbasis überprüfen und deren Plausibilität selbständig ableiten kann[312]. Diese Einschränkung geht aber zu weit. Denn das Schutzgut der Zuverlässigkeit und Wahrheit der Preisbildung ist durch jeden in eine Anlageentscheidung einfließenden Irrtum eines Anlegers betroffen. Es kommt dabei nicht darauf an, ob sich der fehlgeleitete Anleger nicht hätte irren müssen, weil ihm eine selbständige Überprüfung möglich gewesen wäre[313]. Auch in einem solchen Fall führt eine unredlich beeinflusste Anlageentscheidung mit ihrer Umsetzung zu einem nicht

309 Regierungsentwurf 2. WiKG, BT-Drs. 10/318, S. 46.

310 Kapitel 5 / Abschnitt I/4/b.

311 Schmitz, wistra 208, 210.

312 So Schmitz, wistra 208, 210, die davon ausgeht, dass es einer Prognose oder einem Werturteil am erforderlichen täuschenden Element fehlt, wenn ein Nichtfachmann diese anhand der Tatsachbasis entsprechend überprüfen kann.

313 Vgl. auch Tröndle/Fischer § 263 StGB Rz. 18, wonach sich auch beim Betrugstatbestand nach § 263 StGB aus der Vermeidbarkeit eines Irrtums und damit dem Vorwurf mangelnden Selbstschutzes des Opfers keine tatbestandliche Einschränkung ableiten lässt.

ordnungsgemäß zustande gekommenen Börsenpreis. Eine solche Einschränkung auf Fälle nicht überprüfbarer Angaben ließe sich nur rechtfertigen, wenn es allein um Anlegerschutz ginge und eine Schutzwürdigkeit bei eigenem Verschulden nicht mehr in Betracht käme. Das ist jedoch nicht der Fall, wie bei der Untersuchung der von § 88 BörsG geschützten Rechtsgüter gezeigt wurde.

4) Der objektive Tatbestand von § 88 Nr.2 BörsG

Die Tathandlung des § 88 Nr.2 BörsG besteht in der Anwendung sonstiger auf Täuschung berechneter Mittel zur Einwirkung auf den Börsen- oder Marktpreis eines von § 88 BörsG genannten Vermögenswertes.

a) Sonstige Mittel

§ 88 BörsG stieß wegen der Unbestimmtheit seiner zweiten Tatbestandsalternative auf Kritik[314]. Die Auslegung dieser Vorschrift und die Frage, welche Handlungsweisen als „sonstige Mittel" von § 88 Nr.2 BörsG erfasst werden sollen, ist im einzelnen umstritten. Der erste und bisher einzige zu § 88 BörsG ergangene Strafbefehl bezieht sich zwar auf ein gemäß § 88 Nr.2 BörsG strafbares Scheingeschäft, eine weitere Konkretisierung dieser Vorschrift durch die Rechtsprechung ist aber nicht erfolgt. Der Gesetzgeber selbst war sich der Unbestimmtheit der Formulierung des § 88 Nr.2 BörsG und dadurch bedingter Anwendungsschwierigkeiten bewusst[315]. Er wollte § 88 Nr.2 BörsG aber als Generalklausel „lediglich ergänzend" zu § 88 Nr.1 BörsG beibehalten, um zu verhindern, dass durch eine ersatzlose Streichung „ungerechtfertigte Strafbarkeitslükken" entstehen[316]. Dabei wurde davon ausgegangen, dass sich der „erhöhte Unrechtsgehalt des in [§ 88] Nummer 1 beschriebenen Verhaltens ... auf die Auslegung der in Nummer 2 erwähnten auf Täuschung berechneten Mittel im Sinne einer Einengung"[317] des Tatbestandes auswirke. Wie sich der Gesetzgeber eine erleichterte Auslegung des § 88 Nr.2 BörsG anhand von § 88 Nr.1 BörsG vorstellte, blieb ebenso unklar wie der Grund für die Annahme eines erhöhten Unrechtsgehaltes des in § 88 Nr.1 BörsG beschriebenen Verhaltens. Ist § 88 Nr.2 BörsG als subsidiäre Generalklausel zu verstehen, stellt § 88 Nr.1 nicht etwa eine Qualifikation und damit erhöhtes Unrecht gegenüber § 88 Nr.2 BörsG dar,

314 Zu der Frage nach einer ausreichenden Bestimmtheit i.S.v. Art. 103 Abs.2 GG vgl. Kapitel 6 / Abschnitt III.
315 Regierungsentwurf 2. WiKG, BT-Drs. 10/318, S. 45.
316 Regierungsentwurf 2. WiKG, BT-Drs. 10/318, S. 45 f.
317 Regierungsentwurf 2. WiKG, BT-Drs. 10/318, S. 46.

sondern lediglich eine Konkretisierung der in Nr.2 erfassten „sonstigen auf Täuschung berechneten" Mittel. Würde § 88 Nr.1 BörsG tatsächlich gegenüber Nr.2 erhöhtes Unrecht erfassen, hätte der Gesetzgeber zudem wie bei einem Qualifikationstatbestand eine gegenüber Nr.2 gesteigerte Strafdrohung vorsehen müssen. In der Literatur wird weitgehend ebenfalls nur darauf hingewiesen, dass sich die Auslegung des Begriffes der „auf Täuschung berechneten Mittel" an der Tatbestandsalternative in § 88 Nr.1 BörsG orientieren müsse[318]. Darauf beruhend stellt eine Ansicht[319] beispielsweise darauf ab, dass Wertungen, die für die Beurteilung „unrichtiger Angaben" i.S.v. § 88 Nr.1 BörsG gelten, auch auf den Anwendungsbereich der Nr.2 zu übertragen seien. Mithin sollen Angaben, die nicht von Nr.1 erfasst werden, auch nicht unter Nr.2 subsumiert werden können. Diese Ansicht weist den richtigen Weg dahin, dass generell eine Eingrenzung des § 88 Nr.2 BörsG anhand der Nr.1 nur möglich ist, wenn das Vorliegen der in § 88 Nr.1 BörsG enthaltenen, für eine sanktionswürdige Kursmanipulation wesentlichen Merkmale auch für § 88 Nr.2 BörsG gefordert werden kann.

Ein solches in der ersten Tatalternative enthaltenes Wesensmerkmal ist das Erfordernis der Bewertungserheblichkeit. In Nr.1 bezieht sich dieses auf die unrichtigen Angaben. Für Nr.2 kann eine Bewertungserheblichkeit möglicherweise auch in Hinblick auf die Berechnung auf Täuschung der angewendeten Mittel gefordert werden. Die „Berechnung auf Täuschung" angewendeter Mittel wird im nächsten Abschnitt erläutert. An dieser Stelle soll nur untersucht werden, ob auch für eine Täuschung gefordert werden kann, dass sie sich auf Umstände bezieht, die auch bewertungserheblich für die von § 88 BörsG genannten Vermögenswerte sind. Eine solche Eingrenzung kann nicht bereits aus der Deliktsnatur des § 88 BörsG als abstraktes Gefährdungsdelikt gefolgert werden. Denn nach der hier vertretenen Ansicht kommt es für eine Orientierung einer Norm am Rechtsgutschutz nicht darauf an, ob in objektiver Hinsicht eine Rechtsgutverletzung realisierbar ist, sondern allein auf den diesbezüglichen Willen des Täters, der von einer aus seiner Sicht möglichen Rechtsgutverletzung abzuhalten ist. Allerdings wollte der Gesetzgeber mit dem Merkmal der Bewertungserheblichkeit ausdrücklich „Bagatellfälle" aus dem Tatbestand des § 88 BörsG und damit von einer Strafbarkeit ausnehmen[320]. Es kann demnach nicht Wille des Gesetzgebers gewesen sein, dass ausdrücklich von § 88 Nr.1 BörsG ausgenommene Fälle aufgrund einer möglichen Subsumtion unter § 88 Nr.2 BörsG dennoch strafbar sind. Sind und Zweck des Auffangtatbestandes in § 88 Nr.2 BörsG ist es

318 Lenzen, Unerlaubte Eingriffe in die Börsenkursbildung, S. 225; Schröder, Aktienhandel und Strafrecht, S 60f.; Schlüchter, S. 147f.

319 Lenzen, Unerlaubte Eingriffe in die Börsenkursbildung, S. 236; Schmitz, wistra 2002, 208, 211; Schröder, Aktienhandel und Strafrecht, S. 74.

320 Regierungsentwurf 2. WiKG, BT-Drs. 10/318, S. 45.

nicht, den für die Nr.1 feststehenden Bereich der Strafbarkeit zu erweitern, sondern lediglich diejenigen Fälle zu erfassen, die § 88 Nr.1 BörsG von vornherein nicht erfassen kann. Damit muss sich auch eine Täuschung i.S.v. § 88 Nr.2 BörsG auf bewertungserhebliche Umstände beziehen[321].

Eine weitere Eingrenzung des Tatbestands in § 88 Nr.2 ist für die Fälle einer Täuschung durch Unterlassen denkbar. Die Strafbarkeit der Anwendung auf Täuschung berechneter Mittel bei einer unterlassenen Aufklärung und einer dadurch erfolgten oder zumindest in die Berechnung des Täters aufgenommenen Täuschung kommt nur dort in Betracht, wo aufgrund einer Rechtsvorschrift eine Pflicht zur Aufklärung besteht. Da es nicht zu einer tatsächlichen Täuschung kommen muss und § 88 BörsG zudem kein Erfolgsdelikt darstellt, kann hier nicht auf § 13 StGB abgestellt werden. Eine Aufklärungspflicht kommt demnach auch hier – wie in § 88 Nr.1 BörsG ausdrücklich klargestellt – nur dann in Betracht, wenn bestehende Rechtsvorschriften eine solche Aufklärungs- bzw. Mitteilungspflicht begründen.

Diese tatbestandlichen Eingrenzungen des § 88 Nr.2 BörsG sagen noch nichts darüber aus, welche „sonstigen Mittel" denn nun von dieser Alternative erfasst werden sollen. Im Rahmen des Gesetzgebungsverfahrens zum 2. WiKG wurde lediglich die Vornahme bestimmter Scheingeschäfte, die im Ausland teilweise ausdrücklich strafbar sind, sowie das Beispiel der Maklerbestechung angeführt[322]. Dabei hatte zumindest letzteres bisher keine praktische Relevanz. In der Literatur dagegen wurden zur Bestimmung des Anwendungsbereiches von § 88 Nr.2 BörsG überwiegend Fallgruppen gebildet, wobei die nach US-amerikanischem Recht identifizierten Fälle möglicher Kursmanipulationen und deren Untergliederung in Fallgruppen Pate standen[323]. Unter § 88 Nr.2 BörsG fallen insbesondere die so genannten „handelsgestützten Manipulationstechniken" (trade-based manipulations), d.h. Manipulationen durch echtes oder nur scheinbares Mitwirken am Handel und damit an der Kursbildung. Hierunter fallen Manipulationstechniken[324] wie „wash-sales", bei denen es nicht zu dem vorgegebenen

---

321 A.A.: Lenzen, Unerlaubte Eingriffe in die Börsenkursbildung, S. 225, die mit Schröder (Aktienhandel und Strafrecht, S. 71ff.) davon ausgeht, dass bewertungserhebliche Umstände rein betriebswirtschaftlich zu sehen sind und andere kursbeeinflussende Umstände nur unter Nr.2 fallen können. Vgl. bereits Kapitel 5 / Abschnitt I/3/c.

322 Beschlussempfehlung und Bericht des Rechtsausschusses zu dem Regierungsentwurf 2. WiKG, BT-DrS. 10/5058, S. 37.

323 Eine ausführliche Darstellung der US-amerikanischen Rechtslage im Hinblick auf Kursmanipulationen und der danach gebildeten Fallgruppen findet sich bei Lenzen, Unerlaubte Eingriffe in die Börsenkursbildung, S. 9 ff. und 61 ff.

324 Vgl. zu den im folgenden genannten Manipulationstechniken die näheren Ausführungen und Nachweise in Kapitel 7 dieser Arbeit.

Wechsel des Eigentümers eines Vermögenswertes kommt, (improper) matched orders, bei denen verschiedene Parteien zeitgleich vorher abgesprochene Kauf- und Verkaufsorder abgeben und circular trading, das solcherart abgesprochene und in einer Verkaufskette zwischen mehreren Vertragspartnern vorgenommene Geschäfte bezeichnet. Auf die von § 88 Nr.2 BörsG erfassten Fallgruppen und auf dessen umstrittene Anwendbarkeit auf das sogenannte „Scalping“[325] sowie auf weitere umstrittene Fälle von Kursbeeinflussungen durch tatsächliche, wirtschaftlich umgesetzte Handelsaktivitäten wird in Kapitel 7 näher eingegangen.

b) Berechnung auf Täuschung

Nach § 88 Nr.2 BörsG wird die Anwendung von „auf Täuschung berechneten“ Mitteln unter Strafe gestellt. Nach einer Ansicht in der Literatur sind diejenigen Mittel „auf Täuschung berechnet“, die einen Irrtum bei einem Dritten hervorrufen sollen[326]. Hierfür soll nur dolus eventualis erforderlich sein, so dass der Täter lediglich damit rechnen muss, dass er mit seinem Handeln eine Täuschung bewirken könnte[327]. Nach dieser Ansicht ist das Tatbestandsmerkmal der Anwendung „auf Täuschung berechneter“ Mittel in subjektiver Hinsicht gleichbedeutend mit der Anwendung von Täuschungsmitteln bzw. der Vornahme von „Täuschungshandlungen“, wie es in der Neufassung des Manipulationsverbotes von § 20a Abs.1 S.1 Nr.2 WpHG gefordert wird[328]. Dort muss sich der Vorsatz des Täters nur in seiner schwächsten Form, der des dolus eventualis, auf das Vorliegen einer objektiven Täuschungshandlung beziehen. Der Unterschied besteht hier aber in objektiver Hinsicht darin, dass bei § 88 Nr.2 BörsG auch eine vom Täter nur billigend in Kauf zu nehmende Möglichkeit einer Täuschung nicht tatsächlich vorliegen muss. Eine Täuschungshandlung i.S.v. § 20a WpHG liegt dagegen nur dann vor, wenn auch die Möglichkeit einer Täuschung besteht. Nicht gefolgt werden kann daher der Ansicht[329], dass sich die Tatbestandsalternativen von § 88 Nr.2 BörsG und § 20a Abs.1 S.1 Nr.2 WpHG unmittelbar entsprechen, auch wenn ein Täter in der Regel eine Täuschung nur dann für möglich halten wird, wenn sein Handel oder Plan auch objektiv ein Täuschungsmittel darstellt.

---

325 Zu dem Begriff des „Scalping“ vgl. Kapitel 7 / Abschnitt III.
326 Lenzen, Unerlaubte Eingriffe in die Börsenkursbildung, S. 225; Schwark § 88 BörsG Rz. 7.
327 Schwark, § 88 BörsG Rz. 7.
328 Für eine solche Entsprechung des § 88 Nr.2 und des § 20a Abs.1 S.1 Nr.2 WpHG: Ziouvas, ZGR 2003, 113, 127.
329 Ziouvas, ZGR 2003, 113, 127.

Auch der Gesetzgeber des 2. WiKG ging davon aus, dass das Merkmal „auf Täuschung berechnet“ ein subjektives Merkmal darstellt[330].

Gegen die Annahme, dass für eine „Berechnung auf Täuschung“ dolus eventualis hinsichtlich der vom Täter vorgestellten Möglichkeit einer Täuschung ausreichend ist, spricht der Wortlaut von § 88 Nr.2 BörsG. Ein Mittel kann nur dann „berechnet“ sein, wenn eine solche Berechnung durch den jeweiligen Täter bewusst vorgenommen wurde. Wer etwas für einen bestimmten Zweck „berechnet“, rechnet nicht lediglich mit dem möglichen Eintreten des Bezweckten, sondern er legt es gerade darauf an. Es reicht also nicht aus, dass die Möglichkeit des Eintretens nur billigend in Kauf genommen wird, wie das bei Vorliegen von dolus eventualis der Fall wäre[331]. Dem Gesetzeswortlaut zufolge, ist für eine „Berechnung auf Täuschung“ daher ein absichtliches Handeln (dolus directus 1. Grades) zu fordern. Im folgenden soll untersucht werden, ob darüber hinaus auch ein Handeln mit dolus directus 2. Grades als untere Vorsatzschwelle ausreichen kann.

Hier können dieselben Erwägungen herangezogen werden, wie zur Bestimmung des Merkmals „zur Einwirkung auf den Börsen- oder Marktpreis“[332]. Wer ein auf Täuschung berechnetes Mittel anwendet, handelt auch „zur Täuschung“, so dass der Wortlaut dieser subjektiven Tatbestandsmerkmale vergleichbar ist. Bei dem Merkmal „zur Einwirkung“ ist zu berücksichtigen, dass es sich um ein inneres Merkmal handelt, dass nicht auf die Tätermotivation, sondern auf die Verletzung des geschützten Rechtsgutes abstellt. Ein Handeln „zur Einwirkung“ kann daher auch dann bejaht werden, wenn die Tätermotivation nicht oder nicht allein auf eine Verletzung des Rechtsgutes ausgerichtet ist. Denn zum Schutz des Rechtsgutes ist es erforderlich, auch ein Verhalten zu sanktionieren, bei welchem der Täter – unabhängig von seiner Tatmotivation - den Verletzungserfolg mit Sicherheit vorhersieht und dennoch handelt. Entsprechendes gilt für die Anwendung eines Mittels, das nach der Kenntnis des Täters mit Sicherheit zu einer Täuschung führen wird. Eine vollendete Täuschung stellt zwar noch keine unmittelbare Verletzung des Rechtsgutes der Zuverlässigkeit und Wahrheit der Börsenpreisbildung dar, sie ist aber unmittelbare Voraussetzung hierfür. Denn nur wenn es tatsächlich zu einer Täuschung kommt, kann eine Anlageentscheidung in unredlicher Weise beeinflusst werden und bei ihrer Umsetzung zu einem nicht ordnungsgemäß zustande gekommenen Börsenpreis führen. Auch im Rahmen von § 88 Nr.1 1.Alt BörsG beruht das Handeln des Täters allein auf ei-

330 Regierungsentwurf 2. WiKG, BT-Drs. 10/318, S. 45.

331 Scheu, S.19.

332 Vgl. hierzu ausführlich die nachfolgenden Ausführungen in Kapitel 5 / Abschnitt I/5/b.

ner Täuschung durch unrichtige Angaben, wobei die weitere Entwicklung, d.h. die Auswirkung des hervorgerufenen Irrtums auf eine Anlageentscheidung, deren Umsetzung und die dadurch beeinflusste Börsenpreisbildung, vom Täter nicht mehr beeinflusst werden kann und daher tatbestandlich nur durch den auf diese Entwicklung ausgerichteten Einwirkungsvorsatz als inneres Tatbestandsmerkmal erfasst wird. Die Anwendung auf Täuschung berechneter Mittel ist als Handeln „zur Täuschung" dem Handeln „zur Einwirkung auf den Börsenpreis" unmittelbar vorgelagert. Damit ist für das Handeln „zur Täuschung" jedenfalls eine mittelbare Rechtsgutbezogenheit gegeben, die eine Strafbarkeit bereits bei Handeln mit dolus directus 2. Grades rechtfertigt.

Dieses Ergebnis wird auch gestützt durch eine Entscheidung des Reichsgerichtes[333] zu dem Vorgängertatbestand von § 88 BörsG, § 249d Nr.2 HGB. Dieser enthielt bereits das Tatbestandsmerkmal der Anwendung auf Täuschung berechneter Mittel. Hierzu stellte das Reichsgericht fest, dass ein „auf Täuschung berechnetes" Mittel vorliegt, wenn Mitteilungen über Tatsachen, die bei Kenntnisnahme durch das an der Börse verkehrende Publikum geeignet sind, auf die Kursbildung einzuwirken, „bewusst wider die Wahrheit gemacht werden"[334]. Ein Täter, der bewusst wahrheitswidrige Angaben macht, geht nicht nur von der Möglichkeit einer Täuschung aus, welche er billigend in Kauf nimmt. Vielmehr weiß er sicher, dass seine unwahren Angaben bei einem Erklärungsempfänger, der die Unrichtigkeit nicht kennt, zu einer Täuschung führen.

Demnach ist für die Tatalternative von § 88 Nr.2 BörsG von einer sogenannten „überschießenden Innentendenz"[335] auszugehen: Der subjektive Tatbestand deckt nicht nur den objektiven Tatbestand durch entsprechend vorsätzliches Handeln, sondern geht in seinen Anforderungen noch darüber hinaus. Die Berechnung der Mittel auf Täuschung stellt also neben dem zur Tatverwirklichung erforderlichen Vorsatz und dem Handeln „zur Einwirkung auf den Börsen- oder Marktpreis" ein zusätzliches subjektives Tatbestandsmerkmal dar, welches allerdings in Bezug zu dem objektiven Merkmal der angewandten Mittel steht und deshalb zusammen mit diesem bereits Voraussetzung für die Erfüllung des objektiven Tatbestandes ist.

c) Objektive Geeignetheit der „sonstigen Mittel" zur Kursbeeinflussung

Wie im Rahmen von § 88 Nr.1 BörsG bereits erläutert, wurde von Teilen der Literatur bisher allein für § 88 Nr.2 BörsG gefordert, dass „sonstige Mittel" im

---

333 Urteil des Reichsgerichts vom 19. 5. 1892, RGSt 23,137 ff.

334 RGSt 23, 137, 138.

335 Vgl. Wessels/Beulke, S. 71.

Sinne von § 88 Nr.2 BörsG nur solche sind, die auch objektiv zur Kursbeeinflussung geeignet sind[336]. Nach anderer Ansicht sollen lediglich absolut untaugliche Mittel ausscheiden[337]. Einer Gegenmeinung zufolge ist es nicht erforderlich, dass das eingesetzte Mittel objektiv geeignet ist, den Kurs eines Wertpapiers zu beeinflussen[338]. Da es für die schutzgutorientierte Auslegung eines abstrakten Gefährdungsdeliktes nicht auf die Realisierbarkeit eines Deliktsplans (und damit auf die Möglichkeit einer Preisbeeinflussung) ankommt, sondern allein auf die auf eine Rechtsgutverletzung bezogene Vorstellung des Täters, welche durch das Erfordernis eines Handelns „zur Einwirkung" erfasst wird und durch die Strafnorm umgepolt werden soll, ist nach der hier vertretenen Ansicht eine einschränkende Auslegung von § 88 Nr.2 BörsG für einen Ausschluss zur Kursbeeinflussung ungeeigneter Mittel abzulehnen. Im einzelnen wird auf die Ausführungen im Rahmen von § 88 Nr.1 BörsG verwiesen.

5) Der subjektive Tatbestand von § 88 BörsG

a) Vorsatz

In subjektiver Hinsicht setzt § 88 BörsG vorsätzliches Handeln voraus, wie sich aus § 15 StGB i.V.m. Art. 1 Abs.1 EGStGB ergibt. Hierfür ist es erforderlich, dass der Täter bei Verwirklichung des objektiven Tatbestandes in Kenntnis desselben und mit dem Willen zu seiner Verwirklichung handelt[339]. Der Vorsatz muss dabei zumindest in seiner schwächsten Erscheinungsform, d.h. als Eventualvorsatz vorliegen. Der Täter muss die Tatbestandsverwirklichung aufgrund seines Verhaltens also zumindest ernstlich für möglich halten und sich damit abfinden[340].

b) „Zur Einwirkung auf den Börsen- oder Marktpreis" - Einwirkungsvorsatz

Wie bereits erläutert, erfordert die Verwirklichung des subjektiven Tatbestandes von § 88 BörsG aufgrund seiner überschießenden Innentendenz neben der vorsätzlichen Verwirklichung des objektiven Tatbestandes das Handeln „zur Ein-

---

336 Erbs/Kohlhaas-Fuhrmann § 88 BörsG Rz. 16.

337 Scheu, S. 19.

338 Lenzen, Unerlaubte Eingriffe in die Börsenkursbildung, S. 158; Schwark § 88 BörsG Rz. 7; Fichtner, S. 59.

339 Gemäß der h.M., die für den Vorsatz sowohl ein Wissens- als auch Willenselement fordert; Vgl. hierzu BGHSt 36, 1, 10; Wessels/Beulke, S.70 m.w.N.

340 Wessels/Beulke, S. 75 ff.

wirkung auf den Börsen- oder Marktpreis" als besondere Erfolgsvorstellung des Täters. Mit welchem Grad an Vorsatz „zur Einwirkung auf den Börsen- oder Marktpreis" gehandelt werden kann, ist äußerst umstritten. Unter den hier vertretenen Ansichten finden sich Befürworter für alle drei zur Auswahl stehenden Erscheinungsformen vorsätzlichen Handelns. Während ein Ausreichen von dolus eventualis[341] und das Erfordernis einer Absicht i.S.v. dolus directus 1. Grades[342] nur in der Literatur gefordert werden, wird die Ansicht, dass jedenfalls dolus directus 2. Grades ausreichend ist[343], auch in der Rechtsprechung vom Landgericht München I vertreten[344].

Gegen die Annahme, dass bereits dolus eventualis hinsichtlich einer für möglich gehaltenen Einwirkung genügen soll, spricht der insoweit eindeutige Wortlaut von § 88 Nr.2 BörsG. Die Formulierung „zur" Einwirkung weist auf einen qualifizierten Vorsatz hin. Das Ausreichen eines Handelns mit Eventualvorsatz ist mit diesem Wortlaut nicht zu vereinbaren[345].

Für den Vorschlag, dass jedenfalls dolus directus 2. Grades ausreichend sein soll, werden im wesentlichen zwei Argumente angeführt. Zum einen wird der Wortlaut zitiert, mit dem Hinweis, der Gesetzgeber habe immer wenn er in subjektiver Hinsicht bei einer überschießenden Innentendenz ein absichtliches Handeln i.S.v. dolus directus 1. Grades für erforderlich hielt, dies in der jeweiligen Strafnorm auch klargestellt[346]. Das sei bei § 88 BörsG nicht der Fall[347]. Zum anderen habe der Gesetzgeber des 2. WiKG in seiner Begründung[348] von einer Senkung der Anforderungen im subjektiven Bereich gesprochen[349], so dass davon auszugehen sei, dass dolus directus 1. Grades als schärfste Form des Vorsatzes nicht mehr erforderlich sei. An der zitierten Stelle seiner Begründung hat der Gesetzgeber allerdings lediglich darauf hingewiesen, dass neben der – vor den Änderungen durch das 2. WiKG – erforderlichen Bereicherungsabsicht noch ungewöhnlich viele weitere subjektive Merkmale („zur Einwirkung auf den Börsenpreis" und „auf Täuschung berechnete" Mittel) gefordert würden. Die Absen-

---

341 Schwark § 88 BörsG Rz. 11.

342 Lenzen, Unerlaubte Eingriffe in die Börsenkursbildung, S. 158; Schlüter, S. 201; Schäfer/Ledermann § 88 BörsG Rz. 13; Kaiser WM 1997, 1557, 1563; Erbs/Kohlhaas-Fuhrmann, § 88 BörsG Rz. 21; Schmitz, wistra 2002, 208, 212.

343 Tripmaker, wistra 2002, 288, 290.

344 LG München I, Urteil vom 8.4.2003 (EM.TV), BKR 2003, 681ff.

345 Tripmaker, wistra 2002, 288, 290.

346 Beispielsweise in § 242 Abs.1 StGB die ausdrücklich geforderte „Absicht" einer rechtswidrigen Zueignung oder in § 263 Abs.1 StGB die „Absicht", sich oder einem Dritten einen rechtswidrigen Vermögensvorteil zu verschaffen.

347 LG München I, BKR 2003, 681, 683.

348 Regierungsentwurf 2. WiKG, BT-Drs. 10/318, S. 45.

349 LG München I, BKR 2003, 681, 683.

kung der subjektiven Anforderungen erfolgte schließlich allein durch die Streichung der Bereicherungsabsicht. Über diesen Schritt hinaus kann dem Gesetzgeber nicht unterstellt werden, er habe auch sonst die Anforderungen im subjektiven Bereich möglichst niedrig halten und für das Merkmal „zur Einwirkung" lediglich dolus directus 2. Grades voraussetzen wollen.

Neben dem Wortlaut des § 88 BörsG soll auch ein Vergleich mit § 267 StGB die Ansicht belegen, dass dolus directus 2. Grades für ein Handeln „zur Einwirkung" ausreichend ist[350]. § 267 StGB erfordert zur Verwirklichung einer Urkundenfälschung ein Handeln des Täters „zur Täuschung im Rechtsverkehr". Hierfür wird nach h.M.[351] keine Absicht i.S.v. dolus directus 1. Grades gefordert, sondern es soll neben diesem auch dolus directus 2. Grades zur Tatverwirklichung reichen . Das bedeutet, dass es nach dieser Ansicht dem Täter also entweder gerade auf die Täuschung im Rechtsverkehr ankommen muss, auch wenn er eine solche nicht für wahrscheinlich hält. Dann handelt er mit dolus directus 1.Grades. Oder aber der Täter muss sicher wissen, dass eine solche Täuschung eintreten wird wenn die Urkunde im Rechtsverkehr gebraucht wird, und dennoch handeln, wobei das Motiv seines Handelns ein anderes als die Täuschung im Rechtsverkehr sein kann. Dann liegt dolus directus 2. Grades vor. Begründet wird diese für § 267 StGB herrschende Meinung im Wege einer Differenzierung zwischen Tatbeständen, bei denen die überschießende Innentendenz auf eine besondere Motivation des Täters bezogen ist (z.B. im Falle der Bereicherungsabsicht bei § 263 StGB) und solchen Tatbeständen, bei denen es sich um rechtsgutbezogene zusätzliche subjektive Tatbestandsmerkmale handelt. Letzteres gilt im Fall von § 267 StGB. Denn dort geschütztes Rechtsgut ist die Sicherheit und Zuverlässigkeit des Rechtsverkehrs (mit Urkunden), das subjektive Merkmal „zur Täuschung im Rechtsverkehr" bezieht sich also auf eine Verletzung des Rechtsgutes[352]. Gleiches gilt für § 88 BörsG: Dort ist die Zuverlässigkeit und Wahrheit der Börsenpreisbildung geschütztes Rechtsgut. Handelt der Täter „zur Einwirkung" auf den Börsenpreis, so ist das auch ein Handeln zur Verletzung des geschützten Rechtsgutes, denn ein Börsenpreis, auf den durch außerhalb der regulären Marktkräfte stehende Faktoren eingewirkt wird, ist nicht zuverlässig i.S.v. ordnungsgemäß zustande gekommen.

Für § 267 StGB wird argumentiert, dass es letztlich auf einen effektiven Rechtsgutsschutz ankommt und eine Gefährdung des Rechtsgutes gleichermaßen eintritt, wenn der Täter mit Verletzungsabsicht handelt, wie wenn er aus einem

---

350 Tripmaker, wistra 2002, 288, 290; LG München I, BKR 2003, 681, 683.

351 BayObLG, Urteil vom 31.3.1998, NJW 1998, 2917f.; Im übrigen statt aller: Schönke/Schröder/Cramer § 267 Rz. 91 m.w.N.

352 Tripmaker, wistra 2002, 288, 290.

anderweitigen Motiv handelt, aber dabei die Verletzung als sicheren Nebeneffekt seiner Handlung erkennt[353]. Es liegt in der Tat nahe, diese Argumentation auch auf § 88 BörsG zu übertragen, und es sind keine Gründe ersichtlich, die aus dogmatischer Sicht dagegen sprechen. Allerdings hilft diese Argumentation in der Praxis nicht viel weiter. Denn wie auch das Landgericht München I in derselben Entscheidung darlegt, ist der Nachweis, dass ein Täter tatsächlich auf einen Kurs eingewirkt hat, mit erheblichen Schwierigkeiten verbunden. Eine Marktsituation – und damit eine Auswirkung der Tathandlung - lässt sich nachträglich nur sehr schwer rekonstruieren[354]. Immerhin stehen für eine nachträgliche Rekonstruktion gewisse Marktdaten – insbesondere die von der Handelsüberwachungsstelle gesammelten Daten –, sowie weitere mögliche Indizien aufgrund der tatsächlichen Kursentwicklung zur Verfügung. Eine tatsächlich eingetretene Kursänderung kann jedenfalls mit Sicherheit festgestellt werden, und die Nachweisschwierigkeit betrifft allein die Kausalität einer einzelnen Handlung für den betreffenden Kurs. Ganz anders stellt sich die Situation aus einer ex-ante Perspektive dar. Wenn bereits nachträglich eine Kurseinwirkung nur mit großen Schwierigkeiten und Ungewissheiten „festgestellt" werden kann, ist die Möglichkeit, eine mit einer bestimmten Handlung verbundene Kurseinwirkung vor der Vornahme dieser Handlung festzustellen, so gut wie unmöglich. Soll einem Täter allerdings für das Handeln „zur Einwirkung" auf einen Börsenpreis dolus directus 2. Grades nachgewiesen werden, muss der faktisch nicht mögliche Beweis erbracht werden, dass der Täter bereits bei der Begehung seiner Tat sicher(!) wusste, dass mit seinem Handeln eine Kurseinwirkung verbunden ist. Rechnet er nur mit der Möglichkeit einer Kurseinwirkung und hat er eine Einwirkung auch nicht beabsichtigt, i.S.v. dolus directus 1.Grades, liegt nur dolus eventualis vor, der wie oben dargelegt für eine Verwirklichung des § 88 BörsG nicht ausreicht.

Die Nachweisschwierigkeiten der Praxis führen also dazu, dass eine Verurteilung nach § 88 BörsG in den meisten Fällen nur bei Vorliegen von dolus directus 1. Grades in Betracht kommen wird, auch wenn theoretisch dolus directus 2. Grades ausreichen würde.

6) Sanktion

Eine Tat nach § 88 BörsG wird mit Freiheitsstrafe bis zu drei Jahren oder mit Geldstrafe bestraft. Daneben kann gemäß § 73 StGB der Verfall des durch den

353 BayObLG, NJW 1998, 2917, 2917.
354 LG München I, BKR 2003, 681, 685.

Täter oder einen Teilnehmer aus der Tat Erlangten angeordnet werden. Da Kursbetrüger häufig unberechtigte Gewinne aufgrund von Aktienerwerben oder -veräußerungen zu dem von ihnen manipulierten Kurs erzielen, kommt gemäß § 73a StGB zudem die Anordnung des Verfalls eines Geldbetrages, der dem Wert des ursprünglich Erlangten entspricht, in Betracht. So wurde im Fall „Comroad“[355] der Verfall eines Betrages von insgesamt 19,024 Mio. Euro angeordnet, wobei das Landgericht München I ausdrücklich klarstellte, dass die Anordnung des Verfalls nicht an § 73 Abs.1, S.2 StGB scheitert, da die geschädigten Anleger nicht unter den Schutzbereich von § 88 BörsG fallen und dieser kein Schutzgesetz i.S.v. § 823 Abs.2 BGB darstellt, so dass den Anlegern nicht als Verletzten der Taten nach § 88 BörsG ein (Schadensersatz-) Anspruch erwachsen ist[356].

II) Die Ordnungswidrigkeit gemäß § 39 Abs.1, Nr.1 u. 2 WpHG i.V.m. § 20a WpHG

1) Systematik

Das 4. Finanzmarktförderungsgesetz fasst das Manipulationsverbot als verwaltungsrechtliches Verbot in § 20a Abs.1 WpHG. Durch den Blankettatbestand des § 39 Abs.1 Nr.1 u. 2 WpHG wird ein Verstoß gegen § 20a Abs.1 WpHG als Ordnungswidrigkeit sanktioniert. Von inhaltlichen Abweichungen gegenüber dem Tatbestand des § 88 BörsG abgesehen, sind für eine Sanktionsmöglichkeit nach neuem Recht zusätzlich die Besonderheiten des Ordnungswidrigkeitenrechts zu berücksichtigen.

Die Verbotsstruktur entspricht im wesentlichen der Struktur des ehemaligen § 88 BörsG: § 20a Abs.1, S.1 WpHG enthält in Nr.1 die Tatalternative des Machens oder Verschweigens unrichtiger Angaben, in Nr.2 die Tatalternative der Vornahme sonstiger Täuschungshandlungen. Letztere Tatalternative ist ähnlich der Anwendung sonstiger auf Täuschung berechneter Mittel gemäß § 88 Nr.2 WpHG als zur Vermeidung ungerechtfertigter Strafbarkeitslücken dienend und damit gegenüber § 20 a Abs.1, S.1, Nr.1 subsidiär zu verstehen[357].

---

355 Der ehemalige Vorstand der Comroad AG wurde wegen fingierter Umsätze in Millionenhöhe, die mit Geschäften mit einer – von ihm erfundenen – Firma in Hongkong erzielt worden sein sollen, und darauf beruhender unrichtiger Ad-hoc-Mitteilungen wegen Kursbetruges verurteilt. (Urteil des Landgerichts München I v. 21.11.2002, wistra 2003, 277 ff.).

356 LG München I, wistra 2003, 277, 280.

357 Ziouvas ZGR 2003, 113, 127.

2) *Von § 20a WpHG erfasste Märkte*

a) Inländische Märkte gemäß § 20a Abs.1, S.2 Nr.1 WpHG

Wie bereits zu § 88 BörsG ausgeführt, gilt auch nach der Neufassung, dass das Manipulationsverbot nur am Sekundärmarkt gebildete Preise erfasst. Manipulationen am Primärmarkt werden nicht sanktioniert, da dort gebildete Preise weder Börsen- noch Marktpreise darstellen. Etwas anderes gilt selbstverständlich, wenn durch eine auf den Primärmarkt abzielende Manipulation auch börsliche Preise vorheriger Auflagen oder anderer notierter Titel beeinflusst werden. Das stellt dann allerdings eine Manipulation am Sekundärmarkt dar.

b) Ausländische Märkte gemäß § 20a Abs.1, S.2 Nr.2 WpHG

Die Einbeziehung von Vermögenswerten nach § 20a Abs.1, S.2 Nr.2 WpHG, die an einem organisierten Markt in einem anderen Mitgliedstaat der EU oder des EWR zugelassen sind, ist nur dann relevant, wenn für die betroffenen Werte nicht zugleich auch im Inland „Börsenpreise" gebildet werden, so dass sie bereits unter § 20a Abs.1 S.2 Nr.1 WpHG fallen. Ein „organisierter Markt" ist nach § 2 Abs.5 WpHG ein Markt, der von staatlich anerkannten Stellen geregelt und überwacht wird, regelmäßig stattfindet und für das Publikum unmittelbar oder mittelbar zugänglich ist[358]. Das Manipulationsverbot des § 20a WpHG findet als rein verwaltungsrechtliche Norm nur in Deutschland Anwendung. Der Bußgeldtatbestand des § 39 Abs.1 Nr.1 u. 2 i.V.m. § 20a Abs.1 WpHG kann daher nur im Inland vorgenommene Handlungen zur Manipulation eines Preises an einem europäischen „organisierten Markt" betreffen.

c) Inländischer Börsenpreis

Unter den Begriff des „inländischen Börsenpreises" i.S.v. § 20a WpHG fallen alle Preise, die während der Börsenzeit an einer inländischen Wertpapierbörse im amtlichen Markt, am geregelten Markt an einer Warenbörse oder an einer inländischen Wertpapierbörse im Freiverkehr gebildet werden. Das ergibt sich aus der Definition des Börsenpreises in § 24 BörsG (i.V.m. § 57 Abs.2 S.1

358 Diese Definition beruht auf Art.1 Nr.13 der Richtlinie 93/22/EWG über Wertpapierdienstleistungen vom 10.5. 1993, der von einem „geregelten Markt" spricht. Gemäß Art. 16 der Richtlinie 93/22/EWG veröffentlicht die Kommission im Amtsblatt der Europäischen Gemeinschaften mindestens einmal jährlich die von den Mitgliedstaaten zu erstellenden Verzeichnisse der geregelten Märkte.

BörsG für den Freiverkehr) sowie aus der Definition der geschützten Vermögenswerte in § 20a Abs.1 S.2 WpHG.

d) Inländischer Marktpreis

Das Manipulationsverbot des § 20a WpHG erfasst neben der Börsenpreisbildung auch Marktpreise und erstreckt sich damit auch auf Manipulationen durch außerbörsliche Transaktionen[359]. Diese Reichweite des Manipulationsverbotes ist auch für nicht-institutionelle Anleger wichtig, sofern sie sich im Einzelfall und abweichend vom faktischen Börsenzwang des § 22 BörsG n.F.[360] dafür entscheiden, ihre Order nicht an der Börse, dem Geregelten Markt oder Freiverkehr zu einem Börsenpreis, dessen Zustandekommen strengen gesetzlichen Regeln unterliegt, sondern außerbörslich ausführen zu lassen. Geschützt wird aber nicht jeder Marktpreis, sondern nur der, der für einen Vermögenswert i.S.v. § 20a Abs.1, S.2 WpHG gebildet wird. An einem außerbörslichen Markt vorgenommene Manipulationshandlungen werden deshalb nur soweit von dem Verbot erfasst, wie sie sich auf börsenmäßig zugelassene oder einbezogene Vermögenswerte i.S.v. § 20a WpHG beziehen[361]. Nicht erfasst werden außerbörsliche Transaktionen in von vornherein nicht börsenhandelsfähigen oder lediglich nicht börsennotierten Vermögenswerten, wie z.B. Aktien kleinerer Gesellschaften[362].

Diesem weiten Schutz steht das engere Schutzgut des Manipulationsverbotes, die Funktionsfähigkeit (nur) der überwachten Wertpapiermärkte, nicht entgegen. Zum einen gefährdet eine Manipulation des außerbörslich festgestellten Preises eines börsennotierten Titels auch dessen Börsenpreis. Denn ein Investor kann sich bei einer Kauf- oder Verkaufentscheidung hinsichtlich eines bestimmten, börsennotierten Titels auch von dessen außerbörslich gebildeten Preis beeinflussen lassen, so dass auch außerbörslich vorgenommene Manipulationen die Funktionsfähigkeit der überwachten Wertpapiermärkte beeinträchtigen können[363]. Zum anderen geht der Schutz auch vor Manipulationen von außerbörs-

---

359 Regierungsentwurf 4. FMFG, BT-Drs. 14/8017, S. 64 u. 89; Ziouvas ZGR 2003, 113, 124.

360 Da die außerbörsliche Auftragsausführung nicht den Regeln des Börsengesetzes zur Sicherstellung des Anlegervertrauens in die Fairness und Chancengleichheit unterliegt, wollte der Gesetzgeber mit der Neuregelung des § 22 Abs.1 BörsG(n.F.) erreichen, dass private Anleger vor jeder Auftragserteilung im Hinblick auf die Warn- und Schutzfunktion eine (Einzel-)Entscheidung über die börsliche oder außerbörsliche Ausführung eines von ihnen erteilten Auftrages treffen müssen. (Regierungsentwurf 4. FMFG, BT-Drs. 14/8017, S. 76).

361 Ziouvas, ZGR 2003, 113, 124.

362 Ziouvas, ZGR 2003, 113, 125.

363 Vgl. auch Regierungsentwurf 4. FMFG, BT-Drs. 14/8017, S. 89.

lich gebildeten Marktpreisen börsennotierter Titel mit der Marktmissbrauchsrichtlinie[364] konform: Nach Art. 9 der Richtlinie soll die Anwendung des in der Richtlinie aufgestellten Manipulationsverbotes nicht davon abhängen, ob das einer Manipulation zugrunde liegende Geschäft auf dem geregelten Markt getätigt wird oder nicht.

3) Der objektive Tatbestand von § 20a Abs.1 S.1 Nr.1 1.Alt. WpHG

Der objektive Verbotstatbestand von § 20a Abs.1 S.1 Nr.1 WpHG erfasst unrichtige Angaben über bewertungserhebliche Umstände sowie das Verschweigen solcher Umstände entgegen bestehender Rechtsvorschriften und ist insoweit mit der alten Regelung in § 88 Nr.1 BörsG identisch. Hinsichtlich der im einzelnen erfassten Vermögenswerte haben sich Änderungen ergeben, auf die wegen der eingangs vorgenommenen Eingrenzung dieser Untersuchung nicht näher eingegangen werden soll[365]. Unabhängig von den einzelnen Gattungen von Vermögensgegenständen, wurde der Anwendungsbereich des neugefassten Verbotstatbestandes in § 20a Abs.1, S. 2 WpHG dahingehend eingeschränkt, dass nur solche Vermögenswerte unter das Verbot fallen, die an einer inländischen Börse zum Handel zugelassen sind, oder jedenfalls zum Handel an einem organisierten Markt in einem anderen EU-Mitgliedsstaat oder EWR-Vertragsstaat. Weiter einschränkend hinzu kommt das Erfordernis der Geeignetheit zur Einwirkung auf den Börsen- oder Marktpreis.

a) Unrichtige Angaben über bewertungserhebliche Umstände

Diese Tatbestandsmerkmale sind wie in § 88 BörsG zu verstehen. Allerdings sieht § 20a Abs.2 Nr.1 WpHG vor, dass das Bundesministerium der Finanzen mit Zustimmung des Bundesrates durch Rechtsverordnung nähere Bestimmungen dazu erlassen kann, welche Umstände für die Bewertung von Vermögenswerten erheblich sein sollen. Diese Verordnungsermächtigung kann zudem mit Zustimmung des Bundesrates auf die Bundesanstalt für Finanzdienstleistungsaufsicht übertragen werden, so dass diese als die zur Überwachung des Manipulationsverbotes in § 20a WpHG berufene Behörde insoweit auch die Reichweite des Verbotes bestimmen kann[366].

---

364 Richtlinie 2003/6/EG des Europäischen Parlaments und des Rates vom 28.1.2003 über Insider-Geschäfte und Marktmanipulation (Marktmissbrauch).

365 Vgl. hierzu die Übersicht bei Ziouvas, ZGR 2003, 113, 119 ff.

366 Zu den diesbezüglichen verfassungsrechtlichen Bedenken vgl. die Ausführungen in Kapitel 6 / Abschnitt III/3.

Auf der Grundlage des Entwurfs einer Verordnung zur Konkretisierung des Verbotes der Kurs- und Marktpreismanipulation vom 17.7.2003[367] erließ das Bundesfinanzministerium eine „Verordnung zur Konkretisierung des Verbotes der Kurs- und Marktpreismanipulation" (KuMaKV), die am 28. 11. 2003 in Kraft getreten ist[368]. In dieser macht das Bundesfinanzministerium nähere Ausführungen zu dem Vorliegen bewertungserheblicher Umstände. Nach § 2 Abs.1 KuMaKV sind bewertungserhebliche Umstände Tatsachen und Werturteile, die geeignet sind, auf die Anlageentscheidung eines vernünftigen Anlegers mit durchschnittlicher Börsenkenntnis Einfluss zu nehmen. Damit bestätigt der Verordnungsgeber das Abstellen auf die „Verkehrsauffassung" und konkretisiert den hierfür anzulegenden Maßstab. Weitere Ausführungen des Bundesfinanzministeriums zu dem Vorliegen einer Bewertungserheblichkeit werden bei der näheren Betrachtung dieses Tatbestandsmerkmals in Kapitel 6 / Abschnitt II dargestellt.

b) Eignung zur Preisbeeinflussung

Das objektive Merkmal der Eignung zur Preisbeeinflussung wurde dem Tatbestand des Manipulationsverbotes in § 20a Abs.1 S.1 Nr.1 WpHG bei dessen Neufassung durch das 4. Finanzmarktförderungsgesetz hinzugefügt.

Das Erfordernis, dass unrichtige Angaben nach § 20a Abs.1 S.1 Nr.1, 1.Alt WpHG geeignet sein müssen, auf den Börsen- oder Marktpreis eines Vermögenswertes i.S.v. § 20a Abs.1, S.2 WpHG einzuwirken, korreliert mit dem überindividuellen Schutzgut des Manipulationsverbotes. Geschützt werden soll die Zuverlässigkeit und Wahrheit der Preisbildung als Bedingung für die Funktionsfähigkeit der überwachten Märkte[369]. Eine Gefährdung und damit erst recht eine Verletzung dieses Schutzgutes ist ausgeschlossen, wenn unrichtige Angaben gemacht werden, die gar nicht dazu geeignet sind, auf den Börsen- oder Marktpreis eines Vermögenswertes einzuwirken. Nach der Neufassung des Manipulationsverbotes in § 20a Abs.1 S.1 Nr.1 WpHG geht es also nicht darum, im börslichen und außerbörslichen Handel mit Vermögenswerten i.S.v. § 20a Abs.1 S.2 WpHG immer die Wahrheit zu sagen. Entscheidend ist allein, dass das Handelsprodukt, der jeweilige Börsen- oder Marktpreis wahrheits- und ordnungsgemäß zustande kommt und deshalb auch seine Informationsfunktion erfüllen kann. Mit der Aufnahme des zusätzlichen Erfordernisses der objektiven Geeignetheit zur Preisbeeinflussung ist der Gesetzgeber den Forderungen, die bereits in Hinblick

367 Inhaltlich wiedergegeben von Rückert/Kuthe in BKR 2003, 647 f.
368 BGBl 2003/I, 2300; Vgl. auch BR-Drs. 639/03.
369 Ziouvas, ZGR 2003, 112, 126; Zum Rechtsgüterschutz durch § 88 BörsG und § 20a WpHG vgl. auch Kapitel 4.

auf eine Auslegung des § 88 BörsG gestellt wurden, nur begrenzt nachgekommen. Für § 88 BörsG wurde eine entsprechende Einschränkung von § 88 Nr.2 BörsG gefordert. In dessen Nachfolgetatbestand in § 20a Abs.1 S.1 Nr.2 WpHG wurde eine solche Einschränkung jedoch nicht aufgenommen, sondern allein in der Neufassung des § 88 Nr.1 BörsG in § 20a Abs.1 S.1 Nr.1 WpHG. Im Gegenzug wird jedoch für die Verwirklichung dieser ersten Tatalternative ein Handeln „zur Einwirkung" nicht mehr vorausgesetzt.

Diese Neufassung und Tatbestandsänderung wird verständlich, wenn zunächst der zwischen dem subjektiven Einwirkungsvorsatz und dem objektiven Geeignetheitserfordernis bestehende Zusammenhang betrachtet wird. Wie bereits ausgeführt, sind Sanktionstatbestände aufgrund der mit ihnen verbundenen Grundrechtseingriffe nur dann verfassungsrechtlich zu rechtfertigen, wenn es dabei um den Schutz von Rechtsgütern geht. Dieser Rechtsgüterschutz kann nur durch eine Einwirkung auf das Verhalten potentieller Täter erfolgen. Knüpft eine Sanktion also an der Motivation eines Täters zur Rechtsgutverletzung an, kann sie im generalpräventiven Sinne dazu dienen, aufgrund ihrer abschreckenden Wirkung eine rechtsgutfeindliche Einstellung potentieller Täter umzupolen und den Täter dadurch von einer rechtsgutverletzenden oder –gefährdenden Handlung abzuhalten. Nicht für einen Rechtsgüterschutz und damit eine verfassungsrechtliche Rechtfertigung einer Sanktion geeignet ist das alleinige Anknüpfen an eine potentielle Geeignetheit zur Verletzung des jeweiligen Schutzgutes. Denn eine Sanktion muss zumindest fahrlässiges Verhalten des Täters in Bezug auf eine Schutzgutverletzung voraussetzen.

Der nach alter Rechtslage in § 88 BörsG für beide Tatalternativen erforderliche Einwirkungsvorsatz ging über eine bloße Verletzungsfahrlässigkeit hinaus. Wie bereits erläutert, liegt ein Handeln „zur Einwirkung" bereits dann vor, wenn der Täter mit dolus directus 2. Grades handelt, also sicher weiß, dass sein Handeln zu einer Rechtsgutverletzung führt. Bei der Erläuterung des subjektiven Tatbestandes von § 88 BörsG wurde bereits darauf hingewiesen, dass der Nachweis eines Handelns mit dolus directus 2. Grades in den meisten Fällen an dem schwierigen bis unmöglichen Nachweis eines sicheren ex-ante Wissens des Täters um eine eintretende Einwirkung scheitern wird. Auch eine vom Täter beabsichtigte Preiseinwirkung ist jedenfalls dann schwer nachweisbar, wenn der Täter noch andere Motive für sein Handeln hatte. Häufig lässt sich dann lediglich ein – für die Tatbestandsverwirklichung nicht ausreichendes – Handeln mit dolus eventualis nachweisen.

Die Neufassung beseitigt diese Beweisschwierigkeiten[370] zumindest für die erste Handlungsalternative in § 20a Abs.1 S.1 Nr.1 WpHG. Der Nachweis einer

---

370 Altenhain, BB 2002, 1874, 1877.

objektiven Geeignetheit zur Preiseinwirkung richtet sich allein nach objektiven Kriterien. Gleichzeitig wird dem Erfordernis einer vorauszusetzenden Verletzungsfahrlässigkeit Genüge getan: Auf das objektive Tatbestandsmerkmal der Verletzungsgeeignetheit muss sich – über bloße Fahrlässigkeit hinausgehend – der Vorsatz des Täters beziehen. Hierfür ist allerdings dolus eventualis ausreichend. Ein solcher wird regelmäßig leichter nachzuweisen sein, da der Täter hierfür nur die Möglichkeit einer Geeignetheit zur Preiseinwirkung gesehen und diese bei seinem Handeln billigend in Kauf genommen haben muss. Da die Geeignetheit zur Preiseinwirkung allerdings in objektiver Hinsicht vorliegen muss, werden Fälle, bei denen der Täter fälschlicherweise von einer Beeinflussung ausgeht und die damit als untauglicher Versuch einzuordnen wären, nicht mehr erfasst[371].

Auch für die zweite Tatalternative in § 20a Abs.1 Nr.2 WpHG war ursprünglich eine Ersetzung des subjektiven Merkmals „zur Einwirkung" durch das objektive Erfordernis einer Geeignetheit zur Preisbeeinflussung vorgesehen. Der Beschlussempfehlung des Finanzausschusses entsprechend[372] wurde jedoch davon abgesehen. Statt dessen ist ein Handeln des Täters, „um ... auf den Preis einzuwirken" erforderlich, was dem Handeln „zur Einwirkung" nach alter Rechtslage entspricht. Die Beibehaltung des Einwirkungsvorsatzes sollte hier eine bessere Abgrenzung zwischen erlaubten Handelsaktivitäten und von dem Verbot zu erfassenden Manipulationen ermöglichen[373], worauf in der nachfolgenden Erläuterung des Einwirkungsvorsatzes bei § 20a Abs.1 S.1 Nr.2 WpHG näher eingegangen wird.

Das Merkmal der Geeignetheit zur Preisbeeinflussung dient neben dem Merkmal der Bewertungserheblichkeit der Angaben in § 20a Abs.1 S.1 Nr.1 WpHG auch zur Einschränkung des Tatbestandes. Während sich die Bewertungserheblichkeit allein auf die vom Täter mitgeteilten oder mitzuteilenden Umstände und damit den Inhalt der Angaben bezieht, beurteilt sich zumindest die Geeignetheit von tatsächlich gemachten Angaben zur Preiseinwirkung nicht allein nach deren Inhalt. Ebenso entscheidend sind tatsächliche und potentielle Erklärungsadressaten und damit die Verbreitung der Angabe, also das „Wie" ihres Machens. Nur wenn hier das an der Börse engagierte Anlegerpublikum in

---

371 Der (taugliche) Versuch einer Kursmanipulation wird allein als Ordnungswidrigkeit nach § 39 Abs.1 Nr.1 i.V.m. § 20a Abs.1 S.1 Nr.1 WpHG sanktioniert. Der (auch untaugliche) Versuch einer vollendeten Kursmanipulation ist mangels ausdrücklicher gesetzlicher Anordnung (§ 23 Abs.1 i.V.m. § 12 Abs.2 StGB) in § 38 Abs.1 Nr.4 i.V.m. § 20a Abs.1 Nr.1 WpHG nicht strafbar.

372 Beschlussempfehlung des Finanzausschusses (7.Ausschuss) zu dem Gesetzesentwurf der Bundesregierung Drs. 14/8017, BT-Drs. 14/8600, S. 59.

373 Fenchel, DStR 2002, 1355, 1359 m.w.N.

entsprechendem Ausmaß angesprochen wird, kann es zu einer unredlichen Beeinflussung von Anlageentscheidungen und einer darauf beruhenden Manipulation von Börsenpreisen kommen. Anleger werden sich bei ihrer Entscheidung, bestimmte Aktien zu erwerben oder zu veräußern, zudem nicht nur von den mitgeteilten bewertungserheblichen Umständen leiten lassen, sondern auch davon, aus welcher Quelle die Mitteilung stammt. Nicht jede unrichtige Angabe über bewertungserhebliche Umstände ist also per se auch geeignet, zu einer Einwirkung auf den Börsenpreis zu führen[374].

Ob eine unrichtige oder pflichtwidrig unterlassene Angabe tatbestandsmäßig i.S.v. § 20a Abs.1 S.1 Nr.1 WpHG ist, richtet sich also danach, ob sie geeignet ist, zu einer Beeinflussung von Anlegerentscheidungen zu führen. Dabei ist – im Gleichlauf mit dem Merkmal der Bewertungserheblichkeit der mitgeteilten Umstände – zunächst auf die Verkehrsauffassung abzustellen. Darüber hinaus sind alle Umstände des Einzelfalles hinsichtlich der Art und Weise der Verbreitung und der Stellung des jeweiligen Täters heranzuziehen.

Für eine nähere Bestimmung der „objektiven Geeignetheit" i.S.v. § 20a Abs.1 S.1 Nr.1 WpHG wird auf die Ausführungen in Kapitel 6 / Abschnitt II im Rahmen einer Abgrenzung zu dem Merkmal der „Bewertungserheblichkeit" verwiesen.

4) Der objektive Tatbestand von § 20a Abs.1 S.1 Nr.1 2.Alt. WpHG

In Fortführung der alten Rechtslage in § 88 Nr.1 BörsG erfasst die zweite Tatalternative von § 20a Abs.1 S.1 Nr.1 WpHG das Verschweigen bewertungserheblicher Umstände entgegen bestehender Rechtsvorschriften, allerdings mit der zusätzlichen Maßgabe, dass auch das Verschweigen geeignet sein muss, auf den Börsen- oder Marktpreis eines von § 20a WpHG erfassten Vermögenswertes einzuwirken. Wie in § 88 Nr.1 BörsG handelt es sich auch bei der zweiten Tatalternative von § 20a Abs.1 S.1 Nr.1 WpHG um ein echtes tatbestandlich erfasstes Unterlassen. Verboten wird jede abstrakte Gefährdung der Preisfeststellung aufgrund des Unterlassens einer rechtlich gebotenen Mitteilung, die zur Preiseinwirkung geeignet ist.

Daneben kommt ein unechtes Unterlassen aufgrund einer Handlungspflicht als Garant (i.S.v. § 8 OWiG i.V.m. § 2 OWiG) für eine Verwirklichung des Ordnungswidrigkeitstatbestand des § 20a WpHG i.V.m. § 39 Abs.1 Nr.1 und 2 WpHG nicht in Betracht. Denn die Sanktion einer nicht erfüllten Handlungspflicht nach § 8 OWiG greift nur dort ein, wo pflichtwidrig das Eintreten

---

374 A.A.: Altenhain, BB 2002, 1874, 1877.

eines tatbestandlichen Erfolges nicht verhindert wurde. Eine tatsächliche Einwirkung auf einen Börsen- oder Marktpreis ist aber nicht Tatbestandsmerkmal einer Ordnungswidrigkeit gemäß § 20a WpHG i.V.m. § 39 Abs.1 Nr.1 u. 2 WpHG. Anders verhält es sich erst im Falle einer Strafbarkeit nach § 20a WpHG i.V.m. § 38 Abs.1 Nr.4 WpHG, die eine solche Einwirkung auf einen Börsen- oder Marktpreis als tatbestandlichen Erfolg voraussetzt. Diesbezüglich wird auf die Erläuterungen zu § 38 Abs.1 Nr.4 WpHG verwiesen.

Hinsichtlich der eine Offenlegung vorschreibenden, „bestehenden Rechtsvorschriften" i.S.v. § 20a Abs.1, S.1, Nr.1, 2.Alt. WpHG kann zunächst auf die entsprechenden Ausführungen zu § 88 BörsG verwiesen werden. Die praxisrelevanteste gesetzliche Offenbarungspflicht im Wege von Ad-hoc-Mitteilungen nach § 15 WpHG wurde durch das 4. FMFG konkretisiert und verschärft, um die Funktionsfähigkeit und Transparenz der Kapitalmärkte stärker zu gewährleisten. Insbesondere wurden die Vorschriften zur Klarheit der Information bei Nutzung sog. Kennzahlen, wie ‚Gewinn vor Zinsen und Steuern' oder Gewinn/Verlust pro Aktie verschärft. Verwendete Kennzahlen müssen im Geschäftsverkehr üblich sein und einen Vergleich mit den zuletzt genannten Kennzahlen ermöglichen, § 15 Abs.1 Satz 2 WpHG. Es soll verhindert werden, dass Emittenten mittels Fantasiekennzahlen oder einem Wechsel der verwendeten Kennzahlen ein negatives Ergebnis oder eine sonst negative Unternehmensentwicklung verschleiern können[375]. Zudem ist nach dem neuen § 15 Abs.1 Satz 3 WpHG ein Missbrauch der Ad-hoc-Publizität durch Emittenten als Werbeplattform aufgrund einer Überschwemmung des Marktes mit Werbebotschaften oder offensichtlich nicht kursrelevanten Sachverhalten ausdrücklich verboten.

Daneben kommen neu eingeführte Rechtsvorschriften in Betracht. Hierunter fallen insbesondere § 15a WpHG hinsichtlich Geschäften von Unternehmensvorständen und -aufsichtsräten („director's dealings")[376] sowie §10 bzw. § 35 WpÜG hinsichtlich der Pflichten zur Veröffentlichung einer Entscheidung zur Abgabe eines Kauf- oder Tauschangebots zum Erwerb von Wertpapieren einer Zielgesellschaft bzw. zur Veröffentlichung der erlangten Kontrolle über eine Zielgesellschaft[377].

375 Fenchel, DStR 2002, 1355 ff., 1358.
376 Ziouvas ZGR 2003, 113, 126.
377 Pananis, Anwalts-Handbuch Strafrecht, Kap. K Rz. 40.

5) Der objektive Tatbestand von § 20a Abs.1 S.1 Nr.2 WpHG

§ 20a Abs.1 S.1 Nr.2 WpHG verbietet es, „sonstige Täuschungshandlungen vorzunehmen, um auf den ... Börsen- oder Marktpreis" eines erfassten Vermögenswertes einzuwirken. Im Gegensatz zur alten Vorschrift des § 88 Nr.2 BörsG ist hier keine „Berechnung auf Täuschung" mehr erforderlich. Das ursprünglich auch subjektiv („Berechnung") zu beurteilende Merkmal wurde durch das rein objektive Erfordernis einer „Täuschungshandlung" ersetzt. Eine solche muss tatsächlich gegeben sein, wogegen sie nach alter Rechtslage lediglich in der Vorstellung des Täters vorliegen musste. Damit sind § 88 Nr.2 BörsG und § 20a Abs.1 Nr.2 WpHG ähnlich, aber nicht identisch[378].

Auch in der Neufassung hat es der Gesetzgeber unterlassen, die zweite Tatalternative anhand davon erfasster Fallgruppen näher festzulegen. Lediglich in der Gesetzesbegründung führt er Fallgruppen auf, die seines Erachtens unter das Verbot in § 20a Abs.1 Nr.2 WpHG fallen[379]. Der Vorwurf der fehlenden Bestimmtheit i.S.v. § 103 Abs.2 GG wird daher wie schon für § 88 Nr.2 BörsG auch für die Neuregelung in § 20a Abs.1 Nr.2 WpHG erhoben. Daran ändert auch die in § 20a Abs.2 WpHG vorgesehene Möglichkeit einer Konkretisierung des Tatbestandes mittels zu erlassender Rechtsverordnungen nichts. Da § 20a WpHG i.V.m. § 38 WpHG einen Straftatbestand darstellt, kann so letztlich der Verordnungsgeber und damit die Exekutive über die Reichweite eines Straftatbestandes bestimmen. Auch dies wird von zahlreichen Stimmen in der Literatur für verfassungswidrig gehalten[380].

Wie auch im Fall von § 88 BörsG, legt bereits der Wortlaut von § 20a Abs.1 S.1 Nr.2 WpHG eine Konkretisierung dieser zweiten Tatbestandsalternative anhand von § 20a Abs.1 S.1 Nr.1 WpHG nahe. In Betracht kommt also auch hier eine einschränkende Auslegung dahingehend, dass sich eine Täuschung zum einen auf bewertungserhebliche Umstände beziehen muss und zum anderen eine Täuschung durch Unterlassen nur in Betracht kommt, wenn eine gesetzlich begründete Pflicht zum Tätigwerden besteht. Darüber hinaus ist auch die Einschränkung, dass nur objektiv zur Preiseinwirkung und damit zu einer Rechtsgutverletzung geeignete Handlungen erfasst sein sollen, von § 20a Abs.1 S.1 Nr.1 WpHG auch auf die zweite Tatbestandsalternative zu übertragen.

Welche Handlungen im einzelnen als „Täuschungshandlungen" i.S.v. § 20a WpHG gelten sollen, ist umstritten. Der Gesetzgeber führt hier „insbesondere" und damit nicht abschließend die folgenden Fallgruppen an: Die Kursbe-

378 A.A.: Ziouvas ZGR 2003, 113, 127.
379 Regierungsentwurf 4. FMFG, BT-Drs. 14/8017, S. 89 f.
380 Vgl. hierzu die Ausführungen in Kapitel 6 / Abschnitt III.

einflussung durch fiktive Geschäfte, bei denen die Vertragspartner identisch sind („Wash Sales") oder Auf- und Gegenaufträge aufeinander abgestimmt werden („Matched Orders"); Eine Kursbeeinflussung durch effektive Geschäfte, wie der Erteilung mehrerer Kaufaufträge zu sukzessiv höheren Preisen, oder Aufträgen größeren Volumens, die am Ende eines Tages erteilt werden; Leerverkäufe oder die Verschaffung der Kontrolle über die Nachfrage bei einem Derivat oder Basiswert und die Verknappung eines Wertes samt daraus resultierender Kontrolle der Nachfrageseite und deren Ausnutzung zur Kursmanipulation[381]. Nach der Ansicht des Gesetzgebers soll auch das Ausstreuen von Gerüchten als „unverbürgte Nachrichten" eine „Täuschungshandlung" darstellen, da sie (mangels Tatsachenkern) nicht unter § 20a Abs.1 Nr.1 fallen[382]. Hiergegen ist einzuwenden, dass die Gesetzessystematik dafür spricht, dass informationsbezogene Handlungen allein von § 20a Abs.1 Nr.1 WpHG erfasst werden sollen und die zweite Tatbestandsalternative als Auffangtatbestand nicht dazu führen kann, den von der Nr.1 für informationsbezogene Handlungen gesetzten Rahmen zu erweitern.

Die Verordnung des Bundesfinanzministeriums zur Konkretisierung des Verbotes der Kurs- und Marktpreismanipulation soll auch die von § 20a Abs.1 Nr.2 WpHG zu erfassenden Fallgruppen näher bestimmen. In § 3 Abs.1 KuMaKV definiert der Verordnungsgeber den Begriff der „sonstigen Täuschungshandlung" als die Vorspiegelung falscher sowie die Entstellung oder Unterdrückung wahrer Tatsachen oder sonstiger Umstände, soweit diese geeignet sind, den inländischen Börsen- oder Marktpreis eines der unter § 20a Abs.1 Satz 2 WpHG genannten Vermögenswerte oder den Preis eines solchen Vermögenswertes an einem organisierten Markt in einem anderen Mitgliedstaat der Europäischen Union oder einem anderen Vertragsstaat des Abkommens über den Europäischen Wirtschaftsraum hoch- oder herunterzutreiben oder beizubehalten. Mit dem Erfordernis einer (objektiven) Geeignetheit einer Täuschungshandlung zu einer derartigen Preiseinwirkung kommt zumindest der Verordnungsgeber der in der Literatur[383] bereits zu § 88 Nr.2 BörsG gestellten Forderung einer Einschränkung auf rechtsgutrelevante Fälle nach.

Mit den in § 3 Abs.2 KuMaKV umschriebenen „sonstigen Täuschungshandlungen" wird zudem die Anwendbarkeit von § 20a Abs.1 S.1 Nr.2 WpHG auf die im wesentlichen bereits vom Gesetzgeber genannten Fälle von zu erfassenden Kursmanipulationen bejaht[384]. Die in der Literatur, Gesetz- und Verordnungsgebung gebildeten Fallgruppen möglicher Kursmanipulationen werden in

---

381 Regierungsentwurf 4. FMFG, BT-Drs. 14/8017, S. 89.

382 Regierungsentwurf 4. FMFG, BT-Drs. 14/8017, S. 90.

383 Erbs/Kohlhaas-Fuhrmann, § 88 BörsG Rz. 16.

384 Vgl. auch die Ausführungen zur Begründung der Rechtsverordnung (BR-Drs. 639/03, S. 11 ff.).

Kapitel 7 näher erläutert und auf ihre Sanktionierung nach alter und neuer Rechtslage hin untersucht.

6) Der subjektive Tatbestand von § 20a Abs.1 S.1 Nr.1 u. 2 i.V.m. § 39 Nr.1 u. 2 WpHG (§ 10 OWiG)

a) Vorsatz

Auch nach der Neufassung der Kursmanipulation wird nur vorsätzliches Handeln sanktioniert. Für den Ordnungswidrigkeitstatbestand des § 39 Abs.1 Nr.1 u. 2 i.V.m. § 20a Abs.1 ergibt sich dies aus § 10 i.V.m. § 2 OWiG.

b) Einwirkungsvorsatz

Werden vorsätzlich unrichtige Angaben i.S.v. § 20a Nr.1 WpHG gemacht, ist entgegen der alten Rechtslage nach § 88 Nr.1 BörsG kein weitergehender Vorsatz hinsichtlich einer Preiseinwirkung erforderlich. Wie bereits ausgeführt, führte das Erfordernis eines Einwirkungsvorsatzes zu Beweisschwierigkeiten. Diese wurden durch eine Ersetzung dieses subjektiven Merkmals durch das objektive Erfordernis einer Geeignetheit der unrichtigen Angaben oder ihres Unterlassens zur Preiseinwirkung zumindest teilweise beseitigt. In Bezug auf das objektive Tatbestandsmerkmal der Geeignetheit zur Preisbeeinflussung muss der Täter nur noch mit dolus eventualis, der schwächsten Form des Vorsatzes, handeln. Hierfür genügt es, wenn der Täter mit der möglichen Eignung zur Preiseinwirkung rechnet und diese bei seinem Tun billigend in Kauf nimmt.

Ein Handeln, „um auf den ... Börsen- oder Marktpreis eines Vermögenswertes ... einzuwirken", wird nur noch in dem Verbot sonstiger Täuschungshandlungen nach § 20a Abs.1 S.1 Nr.2 WpHG vorausgesetzt. Neben dem Vorsatz hinsichtlich der Vornahme einer „sonstigen Täuschungshandlung" muss der Täter mit über den objektiven Tatbestand hinausgehendem Vorsatz hinsichtlich einer Rechtsgutverletzung handeln. Damit behält die zweite Tatbestandsalternative ihre überschießende Innentendenz. Wie schon für das Handeln „zur Einwirkung" bei § 88 Nr.2 BörsG ist auch für das Handeln „um... einzuwirken", keine Absicht i.S.v. dolus directus 1. Grades, sondern nur dolus directus 2. Grades, erforderlich. Für die Begründung dieser Ansicht wird auf die Ausführungen zum subjektiven Tatbestand von § 88 BörsG verwiesen.

Im ursprünglichen Entwurf des 4. Finanzmarktförderungsgesetzes war auch für die zweite Tatalternative kein Handeln zur Einwirkung auf den Börsen- oder Marktpreis erforderlich. „Sonstige Täuschungshandlungen" sollten lediglich

„geeignet sein, auf den ... Börsen- oder Marktpreis ... einzuwirken“[385]. Erst auf der Grundlage der Beschlussempfehlung des Finanzausschusses wurde das Geeignetheitserfordernis wieder durch einen Einwirkungsvorsatz ersetzt[386]. Damit wurde einer vielfachen Kritik an dem ursprünglichen Gesetzesentwurf Rechnung getragen[387]. Diese Kritik wurde mit der notwendigen Abgrenzung zwischen erlaubten tatsächlichen Geschäften einerseits und unredlichen, manipulativen tatsächlichen Handelsaktivitäten andererseits bei einer Sanktionierung nach § 20a Abs.2 WpHG begründet. Auch tatsächliche Handelsaktivitäten können bei einem gewissen Volumen Auswirkungen auf den Börsen- oder Marktpreis eines Wertpapiers haben[388] und sollen daher über die tatsächliche Geschäftslage täuschen können[389]. Erlaubtes Handelsgeschehen und manipulative tatsächliche Geschäfte sollen sich daher nur dadurch abgrenzen lassen, dass für letztere die Absicht der Einflussnahme auf den Kurs oder Marktpreis hinzukommen müsse[390]. An dieser Stelle wurde jedoch zu Recht die Frage aufgeworfen, wie denn erlaubte tatsächliche Handelsaktivitäten – selbst bei einer Einwirkung auf den Börsen- oder Marktpreis des betroffenen Vermögenswertes – zu einer „Täuschung“ führen können[391]. Nach einer hierzu vertretenen Ansicht[392] kommt bei reellen, kursbeeinflussenden Transaktionen anderer Marktteilnehmer allenfalls eine Täuschung über deren Motiv in Betracht, das heißt darüber, dass diese Marktteilnehmer keine Anlageentscheidung umsetzen, sondern den Kurs beeinflussen wollen. Den durch tatsächliche Aktivitäten beeinflussten Kursen solchermaßen als Erklärungswert beizumessen, dass die ihnen zugrundeliegenden Geschäfte nicht mit der Absicht einer Kursbeeinflussung getätigt wurden, so dass hierüber getäuscht werden kann, soll nach dieser Ansicht zu weit gehen[393]. Nach anderer Ansicht[394] ist die Möglichkeit einer Täuschung durchaus gegeben. Der für eine Täuschung

---

385 So die Fassung des § 20a Abs.2 WpHG nach dem ursprünglichen Gesetzesentwurf der Bundesregierung wie er in der Beschlussempfehlung des Finanzausschusses, BT-Drs. 14/8600, S. 59, wiedergegeben ist.

386 Beschlussempfehlung des Finanzausschusses zum Entwurf eines 4. FMFG, BT-Drs. 14/8600, S.59.

387 Lenzen, Das neue Recht der Kursmanipulation, S. 14, mit weiteren Nachweisen in Fußnote 44.

388 Lenzen, Das neue Recht der Kursmanipulation, S. 13.

389 Möller, WM 2002,309, 313.

390 Lenzen, Das neue Recht der Kursmanipulation, S. 13; Möller, WM 2002, 309, 313.

391 Möller, WM 2002, 309, 313.

392 Lenzen, WM 2000, 1131, 1137.

393 Lenzen, WM 2000, 1131, 1137.

394 Möller, WM 2002, 309, 313; der sich hierbei noch auf den alten Tatbestand des § 88 Nr.2 BörsG bezieht.

relevante Erklärungswert der gebildeten Kurse und der ihnen zugrunde liegenden tatsächlichen Handelsaktivitäten sei nach objektiven Maßstäben zu ermitteln. Anknüpfungspunkt hierfür müsse der Schutzzweck der Norm, mithin das Vertrauen der Anleger in die Zuverlässigkeit und Wahrheit der Preisbildung sein. Dieses Vertrauen richte sich darauf, dass nicht andere Marktteilnehmer versuchen, den Preisbildungsprozess zu ihren Gunsten zu beeinflussen und damit die Kursentwicklung zu steuern. Der Umstand, dass Transaktionen mit der Absicht einer Kursbeeinflussung vorgenommen werden, sei für den Markt in der Regel genauso wenig erkennbar, wie die Tatsache, dass der daraus resultierende Preis verzerrt sei. Genau in diesem Sachverhalt soll die Täuschung liegen[395]. Gegen diese Ansicht spricht zunächst, dass das Schutzgut sowohl von § 88 BörsG als auch von § 39 Abs.1 Nr.1 u. 2 WpHG i.V.m. § 20a WpHG nicht etwa das Vertrauen der Anleger in die ordnungsgemäße Preisbildung, sondern allein die Zuverlässigkeit und Wahrheit der Preisbildung und das daraus resultierende Endprodukt selbst ist. Täuschen können sich zwar nur die Anleger, aber ein mit einem Börsenpreis und den diesem zugrundeliegenden Geschäften verbundener Erklärungswert kann nicht aus ihrer Sicht und anhand ihres Vertrauens, sondern allein in Bezug auf die Zuverlässigkeit und Wahrheit der Preisfeststellung festgestellt werden. Der Erklärungswert eines Börsenpreises kann also nur darin bestehen, dass der Preis ordnungsgemäß zustande gekommen ist und damit „wahr“ ist. Nicht ordnungsgemäß zustande gekommen ist der Preis demnach dann, wenn die betreffenden tatsächlichen Handelsaktivitäten verboten sind und ihre Vornahme damit nicht den Regeln der Preisfeststellung entspricht. Nun könnte argumentiert werden, dass § 20a Abs.1 Nr.2 WpHG gerade ein Verbot bestimmter Handelsaktivitäten aufstellt. Damit gelangt man aber zu einem Zirkelschluss und begründet das Eingreifen der Norm mit der Norm selbst, so dass es vorzugswürdig ist, unerwünschte tatsächliche Handelsaktivitäten getrennt zu verbieten. Gegen die Ansicht, dass die Anleger über die Preisbeeinflussungsabsicht bei Transaktionen getäuscht werden, weil sie diese ebenso wie das nicht ordnungsgemäße Zustandekommen des daraus resultierenden Preises nicht erkennen könnten, spricht zudem folgendes: Wie dargelegt, können weder die mit Kursbeeinflussungsabsicht getätigten Geschäfte noch der aufgrund dieser zustande gekommene Börsenpreis einen Erklärungswert bezüglich der nicht erkennbaren Motivation derjenigen Marktteilnehmer, die den Kurs beeinflussen wollen, aufweisen. Einen solchen Erklärungswert setzt eine Täuschung, die definiert wird als Einwirkung auf das Vorstellungsbild eines anderen mittels eines einen bestimmten Erklärungswert aufweisenden Verhaltens[396], jedoch bereits in

395 Möller, WM 2002, 309, 313.
396 Vgl. Wessels/Hillenkamp, S. 216 u. 219.

begriffsnotwendiger Weise voraus. Von der somit ausgeschlossenen Täuschung zu trennen ist die Frage, ob die Anleger sich über einen nicht erkennbaren Umstand irren können. Hier ist die im Rahmen des Betrugstatbestandes in § 263 StGB geführte Diskussion, ob die bloße Unkenntnis der Wahrheit – auch als „ignorantia facti“ bezeichnet – für eine irrtumsbegründende Fehlvorstellung ausreicht, heranzuziehen. Nach einer Ansicht[397] soll bei einem reinen Nichtwissen bestimmter Umstände ein Irrtum ausgeschlossen sein: Wer sich überhaupt keine Vorstellung von etwas macht, soll auch nicht darüber irren können[398]. Nach anderer Ansicht[399] wird ein Irrtum durch jede Fehlvorstellung begründet. Eine solche soll auch das Nichtkennen der Wahrheit sein, wenn der Bezugsgegenstand der Vorstellung eine (nicht zu erkennende) Änderung erfährt[400]. Auf § 20a WpHG übertragen bedeutet dies: Zumindest entsprechend der letztgenannten Auffassung können sich Anleger über das Nichtvorliegen einer Manipulationsabsicht anderer Marktteilnehmer irren, obwohl eine solche nicht erkennbar ist. Ein solcher Irrtum führt aber nicht zu einer Verwirklichung des Tatbestandes von § 20a Abs.1 S.1 Nr.2 WpHG. Denn dessen Wortlaut setzt eine Täuschungshandlung und damit zunächst die Verfälschung eines Erklärungswertes voraus. Nur ein dadurch hervorgerufener Irrtum kann im Rahmen von § 20a WpHG von Bedeutung sein[401].

Der Gesetzgeber will allerdings dennoch bestimmte tatsächliche Handelsaktivitäten unter die zweite Tatbestandsalternative fallen lassen[402]. Ob und inwieweit dies mit dem Wortlaut von § 20a Abs.1 S.1 Nr.2 WpHG (und § 88 Nr.2 BörsG) vereinbart werden kann wird in Kapitel 7 bei der Darstellung der für § 20a Abs.1 S.1 Nr.2 WpHG diskutierten Fallgruppen untersucht.

7) Sanktion und Konkurrenz mit Strafnormen

Die Begehung einer Ordnungswidrigkeit nach § 20a WpHG i.V.m. § 39 Nr.1 u. 2 WpHG kann mit einer Geldbuße bis zu 1,5 Mio. Euro geahndet werden. Die Festlegung des Bußgeldes erfolgt je nach Ermittlungsverlauf durch die Bundesanstalt für Finanzdienstleistungsaufsicht als gemäß §§ 35 Abs.1, 36 Abs.1 OWiG

397 Wessels/Hillenkamp, S. 227 m.w.N.
398 Wessels/Hillenkamp, S. 227.
399 Vgl. Schönke/Schröder/Cramer, § 263 StGB Rz. 36.
400 Schönke/Schröder/Cramer, § 263 StGB Rz. 36.
401 Auch Schönke/Schröder/Cramer (§ 263 StGB Rz. 37) stellt klar, dass für einen Betrug i.S.v. § 263 StGB nur eine Fehlvorstellung ausreichen kann, die durch intellektuelle Einwirkung auf das Vorstellungsbild des Getäuschten entstanden ist.
402 Vgl. Regierungsentwurf 4. FMFG, BT-Drs. 14/8017, S. 89.

i.V.m. § 40 WpHG zuständige Verwaltungsbehörde, oder wenn die Staatsanwaltschaft wegen dem Verdacht einer Straftat ermittelt und Anklage erhoben hat, aber letztlich nur eine Ordnungswidrigkeit nachgewiesen werden konnte, durch das für die Strafsache zuständige Gericht gemäß § 45 OWiG. Auch das Ordnungswidrigkeitenrecht sieht die Möglichkeit der Anordnung eines Verfalls des aus einer mit Geldbuße bedrohten Handlung Erlangten vor (§ 29a OWiG). Gemäß § 29a Abs.1 OwiG wird ein solcher Verfall gegenüber dem Täter aber nur angeordnet, wenn keine Geldbuße festgesetzt wird. Hat ein anderer, für den der Täter gehandelt hat, aus der Tat etwas erlangt, kann auch gegen diesen nach § 29a Abs.2 WpHG der Verfall des Erlangten angeordnet werden.

Für den neugefassten Bußgeldtatbestand in § 39 Abs.1 Nr.1 u. 2 i.V.m. § 20a Abs.1 WpHG können sich Konkurrenzfragen im Hinblick auf andere kapitalmarktrechtliche Sanktionsnormen ergeben. Diese sind in der Regel als Straftaten, so dass § 21 Abs.1 OWiG zu beachten ist, wonach auf eine Handlung, die gleichzeitig Straftat und Ordnungswidrigkeit ist, nur das Strafgesetz angewendet wird. Diese Vorschrift kam im Fall „EM.TV“ zur Anwendung. Dort hat das Landgericht München I die Angeklagten sowohl einer Kursmanipulation nach § 39 Abs.1 i.V.m. § 20a Abs.1 WpHG in Form einer Ordnungswidrigkeit, als auch einer Unrichtigen Darstellung der Verhältnisse einer Gesellschaft gemäß § 400 Abs.1 Nr.1 AktG für schuldig befunden. Da die Handlung der Angeklagten damit sowohl den Tatbestand einer Ordnungswidrigkeit als auch den einer Straftat erfüllte, trat nach § 21 Abs.1, S.1 OWiG die Ordnungswidrigkeit zurück, so dass die Angeklagten nur wegen § 400 Abs.1 Nr.1 AktG verurteilt wurden[403].

III) Der Straftatbestand gemäß §§ 38 Abs.1 Nr.4, 39 Abs.1 Nr.1 u. 2 WpHG i.V.m. § 20a WpHG

1) Systematik

Der Blankettstraftatbestand des § 38 Abs.1 Nr.4 WpHG nimmt zunächst Bezug auf die nach § 20a Abs.1, S.1 Nr.1 u. 2 WpHG verbotenen Manipulationshandlungen, die – wenn sie allein vorliegen – nur als Ordnungswidrigkeit gemäß § 39 Abs.1 Nr.1 u. 2 WpHG sanktioniert werden. Die Strafbarkeit nach § 38 Abs.1 Nr.4 WpHG wird begründet durch das in diesem Tatbestand zusätzlich aufgeführte Merkmal der Einwirkung auf den inländischen Börsen- oder Marktpreis eines Vermögenswertes oder auf den Preis eines Vermögenswertes an einem organisierten Markt in einem anderen Mitgliedstaat der Europäischen

403 Landgericht München I, Urteil vom 8.4.2003, BKR 2003, 681, 686.

Union oder in einem anderen Vertragsstaat des Abkommens über den Europäischen Wirtschaftsraum. Insoweit ist § 38 Abs.1 Nr.4 WpHG also kein reiner Blanketttatbestand.

Knüpft ein Straftatbestand die Strafbarkeit an das Eintreten eines bestimmten Erfolges, wie es bei § 38 Abs.1 Nr.4 hinsichtlich der tatsächlichen Preiseinwirkung der Fall ist, kann es sich dabei um eine objektive Strafbarkeitsbedingung[404] handeln. Darunter versteht man Umstände, die materielle Vorsaussetzungen des staatlichen Strafanspruchs sind, aber Unrecht und Schuld, die (bereits) mit der Tathandlung voll gegeben sind, nicht mitbegründen, sondern aus Gründen beschränkender Straföokonomie gegeben und daher nicht vom Vorsatz umfasst sein müssen[405]. Anders gesagt, sind grundsätzlich alle Fälle des verwirklichten Handlungsunrechts strafwürdig, hiervon werden aber aus Gründen der Straföökonomie diejenigen ausgenommen, die nicht zu dem Eintritt der jeweiligen objektiven Strafbarkeitsbedingung geführt haben. Eine Einordnung der Preiseinwirkung nach § 38 Abs.1 Nr.4 WpHG als objektive Strafbarkeitsbedingung erscheint zunächst denkbar, angesichts der Tatsache, dass nach der alten Rechtslage gemäß § 88 BörsG alle Fälle einer abstrakten Gefährdung – unabhängig vom Eintritt einer Preiseinwirkung – für strafwürdig erachtet wurden. Hiergegen spricht jedoch die Begründung des Gesetzgebers, der die tatsächliche Einwirkung als gegenüber der Ordnungswidrigkeit qualifizierendes Merkmal einordnet und ausdrücklich klarstellt, dass eine strafbare Kursmanipulation voraussetzt, dass sich der Tätervorsatz auch auf die Einwirkung des Börsen- oder Marktpreises erstreckt[406]. Diese Ansicht kommt auch in dem Wortlaut von § 38 Abs.1 Nr.4 WpHG zum Ausdruck. Dort heißt es, dass ein Täter das in § 39 Abs.1 Nr.1 oder Nr.2 WpHG erfasste Handlungsunrecht eines Verstoßes gegen § 20a WpHG begehen „und dadurch" auf einen Börsen- oder Marktpreis einwirken muss. Der Vorsatz des Täters muss sich damit gleichermaßen auf das Handlungsunrecht, wie auf das unmittelbar gleichgestellte Erfolgsunrecht beziehen. Der typische Wortlaut zur Bezeichnung einer objektiven Strafbarkeitsbedingung stellt dagegen zunächst die Strafbarkeit einer bestimmten Tat fest und schränkt diese dadurch ein, dass die Strafbarkeit nur eintreten soll, „wenn" dadurch oder dabei ein bestimmter weiterer Umstand eintritt.

Aufgrund des Hinzutretens einer Preiseinwirkung erlangt der Unrechtsgehalt einer Tat nach § 38 Abs.1 Nr.4 WpHG i.V.m. § 39 Abs.1 Nr.1 oder Nr.2 WpHG insgesamt eine qualitativ eigenständige Bedeutung[407]. Damit wurde der ur-

404 Dies ist der Fall bei den §§ 231, 323a StGB.
405 Tröndle/Fischer, § 16 StGB Rz. 32.
406 Regierungsentwurf 4. FMFG, BT-Drs. 14/8017, S. 98.
407 Park, BB 2003, 1513, 1514.

sprüngliche Gefährdungstatbestand des § 88 BörsG mit der Neufassung in ein Erfolgsdelikt umgestaltet[408].

2) Von §§ 38 Abs.1 Nr.4, 39 Abs.1 Nr.1 u. 2 WpHG i.V.m. § 20a WpHG erfasste Märkte

Wie bereits erläutert, findet das Manipulationsverbot des § 20a WpHG als rein verwaltungsrechtliche Norm nur in Deutschland Anwendung. Da deutsches Verwaltungsrecht demnach kein im Ausland eingetretenes Erfolgsunrecht sanktionieren kann, wird die Blankett-Strafvorschrift des § 38 Abs.1 Nr.4 WpHG in § 38 Abs.2 WpHG auch auf entsprechende ausländische Verbote erweitert. Die Frage, welche Taten mit Auslandsbezug demzufolge nach deutschem Recht bestraft werden können, wurde bereits in Kapitel 3 / Abschnitt IV/3 erörtert.

3) Der objektive Tatbestand von §§ 38 Abs.1 Nr.4, 39 Abs.1 Nr.1 u. 2 WpHG i.V.m. § 20a WpHG

a) Einwirkung auf die Preisbildung

Der Gesetzgeber des 4. Finanzmarktförderungsgesetzes schweigt sich in seiner Begründung zu § 38 Abs.1 Nr.4 WpHG[409] darüber aus, wann eine Einwirkung auf den inländischen Börsen- oder Marktpreis eines Vermögenswertes oder auf den Preis eines Vermögenswertes an einem organisierten Markt in einem EU-Mitgliedstaat oder einem EWR-Vertragsstaat vorliegen soll. Die Literatur geht hierbei offensichtlich einhellig davon aus, dass eine Einwirkung eine feststellbare Preisveränderung oder eine feststellbar manipulationsbedingt unterbliebene Preisbewegung voraussetzt[410]. Zugleich werden damit verbundene Nachweisschwierigkeiten kritisiert[411]. Diese Schwierigkeiten, nachzuweisen, dass eine Tathandlung nach § 20a Abs.1 Nr.1 oder Nr.2 WpHG kausal zu einer bestimm-

408 Park, BB 2001, 1513, 1514.

409 Regierungsentwurf 4. FMFG, BT-Drs. 14/8017, S. 98 u. 99.

410 Park, BB 2003, 1513, 1514; Sorgenfrei, wistra 2002, 321, 329.; Tripmaker, wistra 2002, 288, 292; Möller, WM 2002, 309, 316; Pananis, Anwalts-Handbuch Strafrecht, Kap. K Rz. 45; Rössner, AG 2003, R 16, R 17.

411 Altenhain, BB 2002, 1874, 1876; Park, BB 2003, 1513, 1514; Sorgenfrei, wistra 2002, 321, 329; Tripmaker, wistra 2002, 288, 292; Möller, WM 2002, 309, 316; Pananis, Anwalts-Handbuch Strafrecht, Kap. K Rz. 45; Rössner, AG 2003, R 16, R 17.

ten, feststellbaren Kursentwicklung geführt hat, beruhen auf der Tatsache, dass die einer Kursentwicklung zugrunde liegenden Faktoren äußerst vielfältig sind und sich in ihren einzelnen Ursachenbeiträgen für den jeweils konkret zustande gekommenen Kurs in der Regel nicht getrennt voneinander betrachten lassen[412]. Nur im Idealfall verkörpern Aktienkurse den Wert aller mit der Unternehmensbeteiligung verbundenen Gewinnaussichten. Zu einer Abweichung hiervon führt bereits der Einflussfaktor der für den Erwerb oder die Veräußerung von Vermögenswerten anfallenden Transaktionskosten. Neben dieser noch berechenbaren Größe fließen auch unberechenbare Größen wie das Verhalten der Marktteilnehmer in die Kursbildung ein. Wie in den „besten Zeiten" des Neuen Marktes kommt es häufig dazu, dass sich Anleger von einer allgemeinen „Hochstimmung" beeinflussen lassen und Aktien nur erwerben, weil andere Anleger dies bereits vor ihnen getan haben. Hierdurch kommt es häufig zur Bildung von „Blasen", wodurch sich ein Kurs weit von dem eigentlichen Wert der Unternehmensbeteiligung entfernen kann. Solche Blasen können schnell in sich zusammenbrechen, wenn sich die Anleger in entgegengesetzter Richtung von einer allgemeinen „Verkaufshysterie" anstecken lassen. Allein derartige Verhaltensweisen können also zu heftigen Kursschwankungen führen. Der Nachweis einer kausalen „Einwirkung" auf den Börsenpreis eines bestimmten Vermögenswertes durch eine bestimmte Handlung setzt voraus, dass diese Handlung conditio sine qua non für die konkrete Entwicklung des Börsenpreises darstellt. Ohne die Vornahme der Handlung müsste sich der Börsenpreis also nachweisbar anders entwickelt haben. Damit ist der tatsächliche Börsenpreis mit einem hypothetischen, errechneten Börsenpreis bei Wegfall der konkreten Handlung zu vergleichen. Handelt es sich bei dieser Handlung um eine unrichtige Ad-hoc-Mitteilung, die unter § 20a Abs.1 Nr.1 WpHG fällt, so lässt sich der Zeitpunkt der Vornahme der Handlung exakt bestimmen. Auch die zu diesem Zeitpunkt tatsächlich erfolgte Kursentwicklung lässt sich – insbesondere anhand der Daten der Handelsüberwachungsstelle – genau nachvollziehen. Gerade wenn eine besonders volatile, d.h. besonderen Kursschwankungen unterworfene Aktie betroffen ist, wird die Errechnung eines hypothetischen Börsenpreises für den Fall, dass die unrichtige Ad-hoc-Mitteilung unterblieben, oder mit zutreffendem Inhalt ausgegeben worden wäre, in der Regel scheitern. Wie die Marktstimmung und damit die irrationalen Faktoren für das Anlegerverhalten in einem solchen Fall ausgefallen wären, lässt sich schlicht nicht berechnen[413].

---

412 Vgl. Rössner, AG 2003, R16, R 17; Ziouvas/Walter, WM 2002, 1483, 1487; Sorgenfrei, wistra 2002, 321, 329; Tripmaker, wistra 2002, 288, 292.

413 Nicht nachvollziehbar erscheint vor diesem Hintergrund die Anmerkung des 1. Strafsenates des BGH in seinem zum sogenannten „Scalping" ergangenen Urteil vom 6.11.2003 (1 StR 24/03; Vgl. hierzu auch Kapitel 7 / Abschnitt III), dass für

Angesichts dieser Beweisschwierigkeiten wurde in der Literatur[414] erwogen, das Merkmal der „Einwirkung auf den Börsenpreis“ anders zu bestimmen. Für den Nachweis einer „Einwirkung“ könnte es ausreichen, einen einzigen Anleger festzustellen, der nachweisbar aufgrund der Manipulationshandlung ge- oder verkauft hat, da jeder Abschluss den Kurs beeinflusse. Eine solche Beeinflussung soll aber nur theoretisch, nicht jedoch praktisch, d.h. bis zu den Kommastellen, die noch errechnet werden und an der Börse interessieren, zu einer Kursbeeinflussung führen[415]. Etwas anderes könne allenfalls für Abschlüsse großen Volumens gelten[416]. Dieser Ansatz wurde als „originell“, aber „wenig erfolgsversprechend“ bezeichnet, weil er daran scheitere, dass ein auf diese Weise festgestelltes Erfolgsunrecht eine Verurteilung aus einem Straftatbestand mit einer maximalen Strafdrohung von 5 Jahren Freiheitsstrafe kaum rechtfertige[417]. Diese Kritik muss sich jedoch entgegen halten lassen, dass nach der alten Rechtslage mit § 88 BörsG bereits ein Handlungsunrecht ohne jeglicher Kurseinwirkung – egal wie minimal eine solche ausgefallen wäre – mit einer maximalen Strafdrohung von 3 Jahren bedroht war. Zudem orientiert sich die Überlegung, dass bereits die Beeinflussung einer einzelnen Anlageentscheidung bei deren Umsetzung und Einfließen in die Bildung eines Börsenkurses ausreichen soll, um eine „Einwirkung“ auf den betreffenden Börsenpreis anzunehmen, zumindest eng an dem geschützten Rechtsgut der Zuverlässigkeit und Wahrheit der Börsenpreisbildung. Wie bereits erläutert, bezieht sich die Zuverlässigkeit der Börsenpreisbildung auf das vorschrifts- und ordnungsgemäße Zustandekommen von Börsenpreisen. Wird also gegen eine börsenrechtliche Vorschrift, die bei der Feststellung von Börsenpreisen zu beachten ist[418], verstoßen, liegt bereits ein nicht ordnungsgemäß zustande gekommener Börsenpreis vor, so dass von einer Beeinträchtigung der Zuverlässigkeit der Börsenpreisbildung ausgegangen werden kann. Entscheidend für das Vorliegen einer Kursmanipulation soll die Schaffung eines künstlichen Preises sein, der bei unbeeinflusstem Zusammen-

---

die Beurteilung, ob tatschächlich durch eine manipulative Handlung eine Kurseinwirkung eingetreten sei, „keine überspannten Anforderungen“ gestellt werden dürften, „weil der Tatbestand des § 38 Abs.1 Nr.4 WpHG ansonsten weitgehend leerliefe“. Die Sicherung eines Anwendungsbereiches kann nicht als Kriterium für die Auslegung einer Strafnorm herangezogen werden.

414 Ziouvas/Walter, WM 2002, 1483, 1487.

415 Ziouvas/Walter, WM 2002, 1483, 1487.

416 Ziouvas/Walter, WM 2002, 1483, 1487.

417 Rössner, AG 2003, R 16, R 17.

418 Das betrifft auch Vorschriften, die den Handel und zulässige Handelsweisen selbst regeln.

spiel von Angebot und Nachfrage so nicht zustande gekommen wäre[419]. Nach dieser Begriffsbestimmung kann es bereits ausreichen, wenn durch eine unrichtige Angabe, das Unterlassen einer richtigen Angabe oder eine andere Täuschungshandlung eine Anlageentscheidung beeinflusst wird und diese bei ihrer Umsetzung in einen Börsenkurs einfließt. Dass es zu einer erheblichen, anhand des konkret errechneten und insbesondere gerundeten Börsenpreises feststellbaren Einwirkung gekommen ist, erscheint damit nicht zwingend.

Für die Auslegung des Merkmals der „Einwirkung" auf einen Börsen- oder Marktpreis in § 38 Abs.1 Nr.4 WpHG kann allerdings der Wortlaut der Norm selbst herangezogen werden. Auch wenn das durch das Manipulationsverbot geschützte Rechtsgut als „Zuverlässigkeit und Wahrheit der Börsenpreis*bildung*" bezeichnet wird, geht der Wortlaut des § 38 Abs.1 Nr.4 WpHG nicht von einer Einwirkung auf diesen Preisbildungsprozess, sondern erst auf dessen Endprodukt, den letztlich festgestellten Börsenpreis aus. Wie auch in Kapitel 4 / Abschnitt II dargestellt, ist für das durch das Manipulationsverbot geschützte Rechtsgut vor allem die enorme wirtschaftliche Bedeutung des Börsenpreises als Endprodukt des Preisfeststellungsverfahrens entscheidend. Soll dieser letztlich Anknüpfungspunkt des Schutzes sein, kann eine nach § 20a WpHG verbotene Einwirkung auf den Preisbildungsprozess solange nicht für eine Verwirklichung des § 38 Abs.1 Nr.4 WpHG ausreichen, wie es nicht zu einer darauf beruhenden, nachweisbaren Beeinflussung des letztlich festgestellten Preises selbst gekommen ist. Eine „Einwirkung" kann danach erst angenommen werden, wenn die Tathandlung eine tatsächliche Auswirkung auf den Börsenpreis hat. Lässt sich eine solche nachweisen, genügt allerdings jede auch noch so minimale Veränderung des Börsenpreises. Ein weiteres Erheblichkeitserfordernis - neben der Bewertungserheblichkeit von Angaben i.S.v. § 20a Abs.1 Nr.1 WpHG - wurde durch den Gesetzgeber im Rahmen der „Einwirkung" nicht vorgesehen. Eine Einwirkung kann in jede Kursrichtung, also „nach oben" wie „nach unten" stattfinden und auch die Beibehaltung eines Preises kann eine „Einwirkung" darstellen, wenn sich ohne die Manipulationshandlung eine Preisänderung eingestellt hätte[420]

Dieser Auslegung entspricht auch die durch den Gesetzgeber des 4. Finanzmarktförderungsgesetzes angegebene ratio legis: Der mit § 38 Abs.1 Nr.4 WpHG bezweckte strafrechtliche Schutz der redlichen Preisbildung zielt darauf ab zu verhindern, dass Kurs- und Marktpreismanipulationen das Vertrauen in den Kapitalmarkt erschüttern und damit das Funktionieren eines wesentlichen

419 Lenzen, Unerlaubte Eingriffe in die Börsenkursbildung, S. 3; Ziouvas, ZGR 2003, 113, 130.

420 Park, BB 2003, 1513, 1514; Sorgenfrei, wistra 2002, 321, 329.

Bereichs der geltenden Wirtschaftsordnung gefährden[421]. Diese ratio legis rechtfertigt eine Strafbarkeit nur dann, wenn es tatsächlich zu einer Veränderung des das Börsenpublikum interessierenden, gerundeten Börsenpreises gekommen ist[422].

b) Strafbarkeit gemäß §§ 38 Abs.1 Nr.4, 39 Abs.1 Nr.1 u. 2 WpHG i.V.m. § 20a WpHG wegen eines Unterlassen i.S.v. § 13 StGB ?

Gemäß § 13 Abs.1 StGB kann sich derjenige strafbar machen, der es unterlässt, einen Erfolg abzuwenden, der zum Tatbestand eines Strafgesetzes gehört, wenn er rechtlich dafür einzustehen hat, dass der Erfolgt nicht eintritt, und wenn das Unterlassen der Verwirklichung des gesetzlichen Tatbestandes durch ein Tun entspricht. Es stellt sich daher die Frage, ob und gegebenenfalls in welchen Fällen eine Strafbarkeit nach §§ 38 Abs.1 Nr.4, 39 Abs.1 Nr.1 u. 2 WpHG i.V.m. § 20a WpHG aufgrund eines Unterlassens im Sinne von § 13 StGB in Betracht kommt. Wie ausgeführt, gehört das mit dem 4. Finanzmarktförderungsgesetz eingeführte Merkmal der Einwirkung auf einen Börsen- oder Marktpreis in § 38 Abs.1 Nr.4 WpHG als Erfolgsunwert zum objektiven Tatbestand von §§ 38 Abs.1 Nr.4, 39 Abs.1 Nr.1 u. 2 WpHG i.V.m. § 20a WpHG. Damit ist im Gegensatz zur ehemaligen Rechtslage nach § 88 BörsG eine gemäß § 13 StGB strafbare unterlassene Abwendung einer Einwirkung auf einen Börsenpreis denkbar.

Voraussetzung einer Anwendbarkeit von § 13 StGB ist zunächst eine Garantenstellung des potentiellen Täters. Diese Garantenstellung ist in Bezug auf das geschützte Rechtsgut zu sehen. Dabei wird zwischen Beschützer- und Bewachergaranten unterschieden[423]. Betrachtet man hier das vorrangig geschützte Rechtsgut der Zuverlässigkeit und Wahrheit der Börsenpreisbildung bzw. im Hinblick auf das Merkmal der tatsächlichen Einwirkung das Endprodukt des Preisbildungsprozesses, den errechneten Börsenpreis, so erscheint fraglich, in welchen Fällen eine Garantenstellung bejaht werden kann.

Bewachergaranten haben die Verantwortlichkeit für bestimmte Gefahrenquellen und daraus resultierende Sicherungspflichten gegenüber jedermann. Sie haben dafür zu sorgen, dass durch die zu überwachende Gefahrenquelle kein Schaden für ein Rechtsgut droht. Typische Bewachergarantenpflichten resultieren aus Verkehrssicherungspflichten sowie der Pflicht zu Beaufsichtigung Drit-

421 Regierungsentwurf 4. FMFG, BT-Drs. 14/8017, S. 98.
422 So im Ergebnis bereits Ziouvas/Walter, WM 2002, 1483, 1487.
423 Tröndle/Fischer § 13 StGB Rz. 5 ff.

ter[424]. Solche Arten von „Gefahrenquellen", von denen aus ein Schaden für das Rechtsgut der Zuverlässigkeit und Wahrheit der Börsenpreisbildung bzw. für das Produkt „Börsenpreis" drohen kann, sind im alltäglichen Börsenhandel kaum denkbar. Zu einem Bewachergaranten werden kann allerdings auch derjenige, der aufgrund eines pflichtwidrigen gefährdenden Vorverhaltens eine Gefahr für ein Rechtsgut geschaffen hat und aus diesem Grund verpflichtet ist, die Verwirklichung dieser Gefahr in einer Rechtsgutverletzung zu verhindern. Dieses als „Ingerenz" bezeichnete, pflichtwidrige und gefährdende Vorverhalten[425] erscheint denkbar für den Fall, dass unerkannt und damit vorsatzlos eine Handlung nach § 20a Abs.1 Nr.1 oder 2 WpHG begangen wird und dadurch die Möglichkeit zu einer Preiseinwirkung entsteht. Erkennt der Täter dies nachträglich, so könnte er bei der Annahme einer durch Ingerenz begründeten Garantenstellung zu einer Korrektur oder Offenlegung zur Verhinderung einer durch sein Verhalten beeinflussten Preisfeststellung verpflichtet sein.

Hier ist zum einen zwischen § 20a Abs.1 Nr.1 und Nr.2 WpHG zu differenzieren. Zum anderen ist zu berücksichtigen, dass § 13 StGB die Strafbarkeit eines Unterlassens an die weitere Voraussetzung knüpft, dass das Unterlassen der Erfolgsabwendung der Verwirklichung des Tatbestandes durch ein Tun entspricht. Das Unterlassen muss dazu dem gesamten Unrechtsgehalt aktiver Tatbestandsverwirklichung so nahe kommen, dass es sich dem Unrechtstypus des Tatbestandes einfügt[426]. Das ist nur bei Tatbeständen schlichter Erfolgsverursachung in der Regel der Fall[427]. Dort wird nur der Erfolg, nicht aber das zum Erfolg führende Handeln näher im Tatbestand umschrieben. Ist die Tathandlung selbst jedoch genauer beschrieben, wie in den Tatalternativen von § 20a Abs.1 Nr.1 und 2 WpHG, muss im Einzelfall untersucht werden, ob das Unterlassen der Erfolgsabwendung dem tatbestandlich umschriebenen Tun entspricht.

Im Hinblick auf § 20a Abs.1 Nr.1 WpHG müsste hierfür das Unterlassen einer Berichtigung vorangehend gemachter (unvorsätzlich) unrichtiger Angaben dem „Machen unrichtiger Angaben" entsprechen. Gegen eine solche Entsprechung einer unterlassenen Berichtigung und eines „Machens unrichtiger Angaben" i.S.v. § 20a Abs.1 Nr.1 WpHG spricht die folgende Erwägung: Könnte über § 13 StGB eine unterlassene Berichtigung als einem „aktiven Machen unrichtiger Angaben" gleichstehend bereits dann nach § 20a Abs.1 Nr.1, 1.Alt WpHG strafbar sein, wenn es zu einem Einwirkungserfolg i.S.v. § 38 Abs.1 Nr.4 WpHG kommt, so bestünde die Gefahr, dass das Erfordernis einer Mitteilungs-

424 Vgl. Tröndle/Fischer § 13 StGB Rz. 5c.
425 Tröndle/Fischer § 13 StGB Rz. 5c u. 11.
426 Tröndle/Fischer § 13 StGB Rz. 17 m.w.N.
427 Tröndle/Fischer § 13 StGB Rz. 17.

pflicht kraft Rechtsvorschrift nach § 20a Abs.1, Nr.1, 2.Alt. WpHG umgangen würde, wobei dies letztlich allein von der Nachweisbarkeit einer Einwirkung auf den Börsenpreis und damit der Anwendbarkeit des § 38 Abs.1 Nr.4 WpHG abhinge. Wird eine Berichtigung unerkannt gemachter, unrichtiger Angaben unterlassen und fehlt es an einer gesetzlichen Berichtigungspflicht[428], so ist dieses Handeln nicht tatbestandsmäßig i.S.v. § 20a Abs.1 Nr.1 WpHG. Bei der Verwirklichung der ersten Alternative durch aktives Tun fehlt es an einem vorsätzlichen Handeln, eine Verwirklichung der zweiten Alternative scheitert an dem Erfordernis einer gesetzlichen Mitteilungspflicht. Erst durch das Hinzukommen des Merkmals der „Einwirkung auf den Börsenpreis" und die grundsätzliche Anwendbarkeit von § 13 StGB käme es zu einer Erweiterung des Tatbestandes, wenn die unterlassene Berichtigung aufgrund einer Garantenpflicht aus Ingerenz unter § 20a Abs.1 Nr.1, 1.Alt. WpHG fiele. Es ist aber dogmatisch nicht zu begründen, dass erst die Verwirklichung einer Erfolgsqualifikation eine Verwirklichung des Grunddeliktes ermöglicht.

Auch die zweite Tatbestandsalternative in § 20a Abs.1 Nr.2 WpHG beschreibt das tatbestandliche Handeln, das bei einer Strafbarkeit nach § 38 Abs.1 Nr.4 WpHG zum Erfolg geführt haben muss. Der Täter muss hier eine „sonstige Täuschungshandlung vornehmen". Ein nach § 13 StGB zu einer möglichen Strafbarkeit führendes Unterlassen muss daher einer Täuschungshandlung entsprechen. Hier ist zunächst die allgemein kritisierte und zu verfassungsrechtlichen Bedenken führende Unbestimmtheit der zweiten Tatbestandsalternative von § 20a WpHG zu berücksichtigen[429]. Da der Ansatz des Gesetzgebers zu § 88 Nr.2 BörsG, die zweite Alternative solle anhand der ersten Alternative einengend ausgelegt werden können[430], auch auf das neugefasste Manipulationsverbot übertragen werden kann, sind auch die zu § 88 Nr.2 BörsG gefundenen Ergebnisse übertragbar: Eine Verwirklichung von § 20a Abs.1 Nr.2 WpHG muss den Wertungen von § 20a Abs.1 Nr.1 WpHG entsprechen. Da in § 20a Abs.1 Nr.1 WpHG ein (echtes) Unterlassen ausdrücklich das Vorliegen einer gesetzlichen Mitteilungspflicht voraussetzt, ist dies auch für eine Täuschung durch Unterlassen nach § 20a Abs.1 Nr.2 WpHG zu fordern. Eine weitergehende Aufklärungspflicht aufgrund einer Garantenstellung nach § 13, der im Rahmen von § 38 Abs.1 Nr.4 WpHG grundsätzlich anwendbar ist, würde die von § 20a Abs.1 Nr.1

428 Das kommt nur für nicht ad-hoc-mitteilungspflichtige Täter in Betracht. Denn nach der Neufassung des § 15 WpHG durch das 4. FMFG sind Ad-hoc mitgeteilte falsche Angaben auch mittels ad-hoc-Mitteilung zu berichtigen, auch wenn die Berichtigung kein erhebliches Kurspotenzial aufweist (§ 15 Abs.1 S.5 WpHG).

429 Ob § 20a Abs.1 Nr.2 WpHG den Anforderungen an die Bestimmtheit nach Art. 103 Abs.2 GG genügt, wird in Kapitel 6 / Abschnitt III/2 näher untersucht.

430 Regierungsentwurf 2. WiKG, BT-Drs. 10/318.

WpHG vorgegebene Wertung unterlaufen. Zu bedenken ist auch, dass sich § 20a Abs.1 Nr.1 WpHG auf informationsbezogene und § 20a Abs.1 Nr.2 WpHG auf sonstige Manipulationshandlungen, insbesondere aufgrund tatsächlicher oder vermeintlicher Handelsaktivitäten, bezieht[431]. Tatsächliche oder vermeintliche Handelsaktivitäten sind aber nur durch ein aktives Tun denkbar, insbesondere bei vermeintlichen Handelsaktivitäten bezieht sich der Schwerpunkt der Vorwerfbarkeit, nach welchem Tun von Unterlassen abgegrenzt werden kann[432], auf das aktive Vorspiegeln einer vermeintlichen Handelsaktivität und nicht auf das Unterlassen eines tatsächlichen Handels. Hat – was praktisch kaum denkbar sein dürfte – ein solches Verhalten (bei Vorliegen einer Einwirkungsabsicht) zu einer Täuschung geführt, und bestünde aufgrund dessen eine Garantenpflicht aus Ingerenz zur Verhinderung einer Kursmanipulation, so kann eine Verhinderung allenfalls durch eine Offenlegung der vorangegangenen Täuschung und damit durch eine schlichte Mitteilung von dieser erfolgen. Wird der Garantenpflicht nicht entsprochen, so liegt wiederum eine unterlassene Mitteilung vor. Für diese muss ebenfalls die Wertung des § 20a Abs.1 Nr.1, 2.Alt. WpHG herangezogen werden, wonach eine unterlassene Mitteilung nur tatbestandsmäßig sein kann, wenn eine Rechtsvorschrift eine Mitteilungspflicht begründet.

Neben Bewachergaranten können auch Beschützergaranten einer Pflicht zur Abwehr eines tatbestandsmäßigen Erfolges unterliegen. Beschützergaranten obliegt eine Obhutspflicht für das jeweils betroffene Rechtsgut, für dessen Bestand und Sicherheit sie zu sorgen haben[433]. Eine Pflicht, dafür zu sorgen, dass ein Börsenpreis ordnungsgemäß zustande kommt, könnte allenfalls die jeweiligen Kursmakler treffen. Nach der Abschaffung der amtlichen Makler im Rahmen des 4. Finanzmarktförderungsgesetzes, kommen hier die Skontroführer in Betracht, die gemäß § 26 BörsG n.F. eigens zugelassen werden müssen. Diesen Skontroführern werden in § 27 BörsG besondere Pflichten auferlegt die auf eine ordnungsgemäße Börsenpreisfeststellung abzielen. Damit kann eine Garantenstellung der Skontroführer bejaht werden. Eine Strafbarkeit aufgrund einer unterlassenen Abwendung einer Kurseinwirkung käme beispielsweise in Betracht, wenn ein Skontroführer erkennt, dass ein Auftrag nicht ordnungsgemäß erteilt wurde, weil er auf ein in unzulässiger Weise vorab zwischen den Parteien abgestimmtes Geschäft („(improper) matched order“) oder ein reines Scheingeschäft abzielt[434], und dennoch wissentlich einen falschen Kurs festsetzt. Betrachtet man hier allerdings den Schwerpunkt der Vorwerfbarkeit eines solchen Verhaltens, so

431 Vgl. zu dieser Unterscheidung auch Kapitel 7 / Abschnitt I.
432 Tröndle/Fischer Vor § 13 StGB Rz. 11.
433 Tröndle/Fischer § 13 StGB Rz. 5b.
434 Zu dem Begriff „(improper) matched order“ und der Fallgestaltung bei Scheingeschäften wird auf die Erläuterungen in Kapitel 7 verwiesen.

liegt dieser bereits in der aktiven und vorsätzlichen Festsetzung eines falschen Kurses. Damit handelt es sich um die aktive Vornahme einer sonstigen Täuschungshandlung im Sinne von § 20a Abs.1 Nr.2 WpHG und nicht um ein möglicherweise strafbares Unterlassen.

Zusammenfassend ist nach alledem festzustellen, dass trotz der Einführung des Erfolgsdeliktes gemäß § 38 Abs.1 Nr.4 WpHG i.V.m. § 39 Abs.1 Nr.1 u. 2 WpHG, eine Verwirklichung durch Unterlassen nach § 13 StGB nur in wenigen Ausnahmefällen in Betracht kommen wird.

4) *Der subjektive Tatbestand von §§ 38 Abs.1 Nr.4, 39 Abs.1 Nr.1 u. 2 WpHG i.V.m. § 20a WpHG*

Wie bereits für eine Verwirklichung der Ordnungswidrigkeit nach § 39 Abs.1 Nr.1 oder Nr.2 WpHG setzt auch eine Straftat nach § 38 Abs.1 Nr.4 WpHG voraus, dass im Hinblick auf die nach § 20a Abs.1 Nr.1 bzw. Nr.2 WpHG verbotenen Handlungen mit Vorsatz gehandelt wurde. Dies ergibt sich für den Straftatbestand aus § 15 StGB (i.V.m. § 1 Abs.1 EGStGB). Ausreichend ist auch hier ein Handeln mit dolus eventualis.

Für die Verwirklichung der Einwirkung auf den Börsenpreis nach § 38 Abs.1 Nr.4 WpHG als besondere Folge einer Tat nach § 39 Abs.1 Nr.1 oder Nr.2 WpHG i.V.m. § 20a WpHG könnte gemäß § 18 StGB bereits ein Handeln mit Fahrlässigkeit genügen. Allerdings bezieht sich § 18 StGB auf Tatbestände, die eine schwerere Strafe an die Verursachung eines besonderen Erfolges durch die grundtatbestandsmäßige Handlung. Nach dem Wortlaut von § 38 Abs.1 Nr.4 WpHG dagegen ist die Herbeiführung der Preiseinwirkung ausdrücklich im Zusammenhang mit der ebenfalls vorsätzlich zu begehenden Tathandlung nach § 39 Abs.1 Nr.1 oder Nr.2 WpHG zu sehen. Denn der Täter muss gerade durch das verbotswidrige Verhalten auf den Preis „einwirken" und diesen nicht lediglich als Folge seines Verhaltens „verursachen". Entsprechend stellte auch der Gesetzgeber des 4. Finanzmarktförderungsgesetzes in seiner Begründung ausdrücklich klar, dass die Verwirklichung des § 38 Abs.1 Nr.4 WpHG vorsätzliches Handeln des Täters erfordert, wobei dolus eventualis ausreichen soll[435]. Das ist für einen zugrundeliegenden Verstoß gegen § 20a Abs.1 Nr.1 WpHG denkbar. § 20a Abs.1 Nr.2 WpHG setzt jedoch ein Handeln mit Einwirkungsvorsatz voraus, wofür zumindest ein Handeln mit direktem Vorsatz erforderlich ist, welcher in der Regel schwerer nachzuweisen sein wird, als ein Handeln mit Einwir-

---

435 Regierungsentwurf 4. FMFG, BT-Drs. 14/8017, S. 98.

kungsabsicht i.S.v. dolus directus 1. Grades[436]. Damit wird sich auch eine Verwirklichung von § 38 Abs.1 Nr.4 WpHG i.V.m. § 39 Abs.1 Nr.2 WpHG in der Regel nur bei Vorliegen von dolus directus 1. Grades hinsichtlich der erfolgten Einwirkung nachweisen lassen.

5) Sanktion

Gegenüber der ursprünglichen maximalen Strafdrohung von 3 Jahren Freiheitsstrafe in § 88 BörsG wurde der Strafrahmen in der Neufassung in §§ 38 Abs.1 Nr.4, 39 Abs.1 Nr.1 u. 2 WpHG i.V.m. § 20a WpHG auf eine maximal angedrohte Freiheitsstrafe von 5 Jahren erhöht. Damit wurde der Strafrahmen an die – ebenfalls in § 38 WpHG erfasste – Strafbarkeit von Insiderhandelsverstößen angepasst. Der Gesetzgeber sah hierin nahe verwandte Phänomene, so dass die Erhöhung der Strafdrohung für Kursmanipulationen insbesondere im Hinblick auf das erhebliche Schadenspotential für das Vertrauen in die Funktionsfähigkeit der Markteinrichtungen angemessen sei[437]. Auch nach neuem Recht ist die Anordnung des Verfalls des durch einen Täter oder Teilnehmer aus der Tat Erlangten gemäß § 73 f. StGB möglich[438].

436 Vgl. hierzu die Ausführungen zum Einwirkungsvorsatz bei § 88 BörsG in Kapitel 5 / Abschnitt I/5.

437 Regierungsentwurf 4. FMFG, BT-Drs. 10/8017, S. 98.

438 Vgl. hierzu bereits die Ausführungen in Kapitel 5 / Abschnitt I/6.

Kapitel 6: Einzelfragen zu einem Verbot der Kursmanipulation

Im folgenden soll zunächst näher auf wesentliche Regelungselemente eines Verbotes von Kursmanipulationen eingegangen werden, die sowohl nach alter, als auch nach neuer Rechtslage ungeklärte Fragen aufwerfen. In objektiver Hinsicht werden die Reichweite des Merkmals der „unrichtigen Angaben" sowie mögliche Kriterien zur Feststellung der Bewertungserheblichkeit solcher Angaben erörtert. Im Anschluss dargestellt werden verfassungsrechtliche Bedenken angesichts der jeweils zweiten Tatalternative von § 88 BörsG und § 20a WpHG, deren ausreichende Bestimmtheit fragwürdig ist, sowie der umstrittene Versuch des Gesetzgebers, dieses Problem mittels einer Verordnungsermächtigung zu lösen. Zuletzt wird auf die Frage einer Verjährung von Taten nach § 88 BörsG und §§ 38 Abs.1 Nr.4, 39 Abs.1 Nr.1 u. 2 WpHG i.V.m. § 20a WpHG eingegangen, wobei insbesondere der Fall von mittels Ad-hoc-Mitteilung gemachter „unrichtiger Angaben" untersucht wird.

I) „Unrichtige Angaben" i.S.v. § 88 Abs.1 Nr.1 BörsG und § 20 Abs.1 Nr.1, 1.Alt WpHG

1) Meinungsäußerungen, Werturteile und Prognosen

a) Meinungsäußerungen, Werturteile und Prognosen als „Angaben"

Dem Gesetzgeber des 2. WiKG zufolge sollen sich „unrichtige Angaben" i.S.v. § 88 BörsG auf „Umstände" beziehen, die entgegen der tatsächlichen Lage als vorhanden oder nicht vorhanden bezeichnet werden[439]. Da hier der Ausdruck „Umstände" und nicht „Tatsachen" verwendet wurden, wird die Ansicht vertreten, dass „Angaben" über Tatsachen hinaus reichen. Auch Werturteile, künftige Tatsachen und Prognosen sollen erfasst werden können[440] . Ob dies generell der

439 Regierungsentwurf 2. WiKG, BT-Drs. 10/318, S. 46 und 24.

440 Schäfer/Ledermann, § 88 BörsG Rz. 8; Lenzen, Unerlaubte Eingriffe in die Börsenkursbildung, S. 233 f.; Groß, § 88 BörsG Rz. 3; Rössner/Worms in Assmann/Schütze, § 9 Rz. 8 und § 8 Rz. 69 (Worms); Joecks, wistra 1986, 142, 145; Erbs/Kohlhaas-Fuhrmann § 88 BörsG Rz. 7; Otto, WM 1988, 729,737; Weber, NZG 2000, 113, 114; Schmitz, wistra 2002, 208, 210.

Fall ist, oder nur unter bestimmten Voraussetzungen bejaht werden kann, war und ist im einzelnen umstritten. Der Gesetzgeber des 4. FMFG behielt ausdrücklich die Tathandlung des § 88 Nr.1 BörsG in dem neugefassten Tatbestand § 20a Abs.1 S.1 Nr.1 WpHG bei[441]. Damit kann die zu § 88 Nr.1 BörsG entstandene Auslegungsproblematik auch auf die neue Rechtslage nach § 20a Abs.1 S.1 Nr.1 WpHG übertragen werden. Eine nähere Bestimmung durch den Gesetzgeber erfolgte nicht und auch die Ermächtigung zur Konkretisierung des Verbotstatbestandes mittels zu erlassender Rechtsverordnungen nach § 20a Abs.2 WpHG ermöglicht keine nähere Bestimmung des Merkmals der „Unrichtigen Angaben" im Sinne von § 20a Abs.1 S.1 Nr.1 WpHG, sofern es nicht um Handlungen geht, die durch eine Verordnung nach § 20a Abs.2 Nr. 3 WpHG ausdrücklich vom Tatbestand ausgenommen sein sollen. Im folgenden wird die Problematik anhand von § 88 BörsG dargestellt, da sich die der überwiegende Teil der Ansichten in der Literatur noch zur alten Rechtslage gebildet hat. Die hierbei gefundenen Ergebnisse lassen sich jedoch auf § 20a WpHG übertragen.

Nach einer Ansicht[442] sollen Werturteile und Prognosen nur dann auch „Angaben" sein können, wenn sie einen Tatsachenkern enthalten, also selbst „Tatsachen" darstellen, oder sich zumindest aus einem Tatsachenkern plausibel ableiten lassen. Als Beispiel für eine Aussage mit Tatsachenkern angeführt wird die Prognose, dass eine Aktie im Wert steigen werde, weil der Emittent gesund sei und von einer starken Wirtschaftsgruppe gestützt werde[443]. Daraus wird geschlossen, dass eine Angabe bereits dann auf zugrunde liegende tatsächliche Umstände und damit auf einen Tatsachenkern verweist, wenn ökonomische Werturteile verwendet werden[444]. Jedes Werturteil soll das Vorhandensein bestimmter Informationen implizieren können[445], zumal Manipulatoren ihren Aussagen in der Regel durch die Beifügung eines solchen Tatsachenkerns mehr Nachdruck verliehen und nur dann die Möglichkeit hätten, auf die Meinungsbildung der Anleger und damit den Börsenkurs Einfluss zu nehmen, wenn ihnen

---

441 Regierungsentwurf 4. FMFG, BT-Drs. 14/8017, S. 89.

442 Schäfer/Ledermann § 88 BörsG Rz. 8; Schwark § 88 BörsG Rz. 5; Joecks, wistra 1986, 142, 145; Erbs/Kohlhaas-Fuhrmann § 88 BörsG Rz. 7; Otto, WM 1988, 729, 737; Weber, NZG 2000, 113, 114; Schmitz, wistra 2002, 208, 210.

443 Lenzen, Unerlaubte Eingriffe in die Börsenkursbildung, S. 234, die sich auf die bei Dallinger, MDR 1973, 18 zitierte Entscheidung des BGH v. 17.10.1972 (Az.: 5 StR 281/72) beruft, wobei dieser allerdings nicht auf die Prognose einer Wertsteigerung, sondern auf die Behauptung eines kapitalkräftigen Unternehmens, dessen Aktien jedenfalls gegenwärtig ihren geforderten Preis wert seien, abstellt.

444 Lenzen, Unerlaubte Eingriffe in die Börsenkursbildung, S. 233 f.

445 Lenzen, Unerlaubte Eingriffe in die Börsenkursbildung, S. 234; Schneider/Burgard, ZIP 1999, 381, 384.

ein hohes Maß an Fachkompetenz zugesprochen würde[446]. Dies soll gerade auch für Prognosen gelten, da diese zumindest so vermittelt würden, als ob ihnen Tatsachen zugrunde lägen[447]. Es könne deshalb davon ausgegangen werden, dass in den meisten Fällen ein Tatsachenkern und damit „Angaben" i.S.v. § 88 Nr.1 BörsG vorliegen[448], bzw. dass es auf das Vorliegen eines Tatsachenkerns nicht ankommt[449].

Diesen Annahmen ist zweierlei entgegen zu halten. Zum einen kann nicht allein aufgrund der Fachkompetenz eines Täters angenommen werden, dass er seinen Meinungsäußerungen stets Tatsachen zugrunde legen wird und damit auf einem Tatsachenkern beruhende „Angaben" i.S.v. § 88 Nr.1 BörsG macht, auch wenn das Laienpublikum vielleicht so denken mag. Ließe man in diesen Fällen die Fachkompetenz eines Täters über die Tatbestandsverwirklichung entscheiden, würde § 88 BörsG insoweit entgegen seinem Wortlaut zum Sonderdelikt umfunktioniert, bei dem für einen potentiellen Täter die Fachkompetenz ein besonderes (Tatbestands-)Merkmal darstellt[450]. Gegen das Verbot verstößt aber nach dem Wortlaut, „wer" unrichtige Angaben macht. Damit kommt jeder Mensch als Täter in Betracht, ohne dass in bestimmten Fällen besondere persönliche Eigenschaften erforderlich sind bzw. über eine Tatbestandsverwirklichung entscheiden. Die Fachkompetenz eines Manipulators kann daher nur für die Beurteilung der Bewertungserheblichkeit seiner Äußerungen eigenständige Bedeutung erlangen.

Zum anderen verkennt die oben dargestellte Ansicht das Erfordernis des „Tatsachenkerns". Entscheidend für die Annahme, dass Angaben nur vorliegen, wenn sie auf einem Tatsachenkern beruhen, ist, dass das Merkmal der „Unrichtigkeit" die Möglichkeit einer Überprüfung impliziert[451]. Ginge man hierüber hinaus, wären die Grenzen zulässiger Auslegung im Rahmen des Wortsinnes und damit das Bestimmtheitsgebot in Art. 103 Abs.2 GG und § 1 StGB[452] überschritten. Denn das Bestimmtheitsgebot verbietet es, eine Strafvorschrift über ihren eindeutigen, einer Auslegung nicht zugänglichen Wortlaut hinaus allein im

446 Lenzen, Unerlaubte Eingriffe in die Börsenkursbildung, S. 234.
447 Groß, § 88 BörsG Rz. 3.
448 Lenzen, Unerlaubte Eingriffe in die Börsenkursbildung, S. 234.
449 Groß, § 88 BörsG Rz. 3.
450 Zum Begriff des Sonderdeliktes vgl. Tröndle/Fischer, Vor § 13 StGB Rz. 35.
451 Vgl. auch Möhrenschlager, wistra 1983, 17, 18, der in dem Merkmal der „Unrichtigkeit" eine Tatbestandseinschränkung gegenüber der ursprünglichen, auch auf künftige Absichten, Meinungen und (Wert-)Urteile anwendbaren Fassung sieht, sowie Erbs/Kohlhaas-Fuhrmann, § 88 BörsG Rz. 7, der „unrichtige Angaben" als „nachprüfbare ... Aussagen über Tatsachen" definiert.
452 Vgl. Tröndle/Fischer § 1 StGB Rz. 10.

Hinblick auf den Normzweck anzuwenden[453]. Eine Überprüfung auf „richtig" oder „unrichtig" ist nur dort möglich, wo einem Beweis zugängliche Tatsachen betroffen sind. Diese müssen durch den Manipulator falsch, d.h. nicht der nachprüfbaren Wirklichkeit entsprechend dargestellt werden. Gibt der Täter eine Meinungsäußerung oder eine Prognose ab, so ist zwischen einer rein subjektiven Einschätzung und Bewertung, die allein seinem Beurteilungsspielraum unterliegt und keine Nachprüfbarkeit auf „richtig" oder „falsch" zulässt und einer aus einem Tatsachenkern abgeleiteten Äußerung zu unterscheiden. Leitet er seine Äußerung aus einem Tatsachenkern ab, so setzt er für seine subjektive Einschätzung erkennbar bestimmte Tatsachen voraus. Stützen diese seine Einschätzung nicht, obwohl er dies vorgibt, so ruft er durch seine Einschätzung eine Fehlvorstellung über die seiner Einschätzung zugrunde liegenden Tatsachen hervor, nicht aber über die Richtigkeit oder Unrichtigkeit seiner Einschätzung selbst. Damit liegt es auf der Hand, dass nicht jedes Werturteil das Vorhandensein bestimmter Informationen impliziert, selbst dann nicht, wenn es sich um das Werturteil eines Fachmanns handelt. Vielmehr muss erkennbar sein, auf welchen Tatsachenkern sich das Werturteil stützt, da nur dann eine Fehlvorstellung über den Tatsachenkern hervorgerufen werden kann.

Ein weiteres Argument für diese erforderliche Einschränkung im Hinblick auf den Begriff der „Unrichtigen Angaben" ergibt sich aus dem Wortlaut von § 88 BörsG, welcher insoweit in der Neufassung des § 20a WpHG beibehalten wurde: Die zweite Tatbestandsalternative spricht jeweils von „sonstigen" auf Täuschung berechneten Mitteln (§ 88 BörsG) oder Täuschungshandlungen (§ 20a WpHG). Daraus ist zu schließen, dass es sich auch bei der jeweils ersten Tatalternative um ein zur Täuschung geeignetes Verhalten handeln muss[454]. Die Möglichkeit einer Täuschung setzt wiederum voraus, dass eine Fehlvorstellung über Tatsachen hervorgerufen werden kann. Auch unter diesem Gesichtspunkt ist also ein bestimmter Tatsachenkern erforderlich, über den ein von diesem nicht mehr ableitbares Werturteil oder eine nicht mehr darauf zu stützende Prognose die Erklärungsadressaten täuscht.

Festzuhalten ist damit, dass „Angaben" i.S.v. § 88 Nr.1 BörsG über reine Tatsachenangaben hinaus auch Meinungsäußerungen, Prognosen und Werturteile erfassen können, allerdings nur, wenn diese wiederum auf einem erkennbaren Tatsachenkern beruhen und eine diesbezügliche Fehlvorstellung hervorgerufen werden kann. Darüber hinaus können Meinungsäußerungen, Werturteile und

453 Tröndle/Fischer § 1 StGB Rz. 10.
454 Vgl. auch Schmitz, wistra, 2002, 208, 210.

Prognosen ohne Tatsachenkern aufgrund ihres Inhaltes[455] auch nicht unter § 88 Nr.2 BörsG fallen. Dort ist ausdrücklich von auf „Täuschung" berechneten Mitteln und damit von der Möglichkeit einer Fehlvorstellung über Tatsachen die Rede. Dass diese Tatalternative nach dem Wortlaut („sonstige") und nach dem Gesetzgeber[456] unter Berücksichtigung der ersten Alternative auszulegen ist, so dass Äußerungen, die nicht unter „unrichtige Angaben" nach Nr.1 fallen, auch nicht unter Nr.2 fallen können[457], ist zutreffend, hierauf kommt es aber gar nicht mehr an.

b) Wann sind Meinungsäußerungen, Prognosen und Werturteile „unrichtige" Angaben?

Von § 88 BörsG erfasste Meinungsäußerungen, Prognosen und Werturteile mit Tatsachenkern sind unrichtig, wenn sie auf einer unrichtigen oder unvollständigen Tatsachenbasis beruhen oder sich aus der zugrundeliegenden Tatsachenbasis nicht plausibel ableiten lassen[458], da hier die vermeintlich plausible Ableitung letztlich zu einer Fehlvorstellung über die zugrundegelegte Tatsachenbasis führt. Bei Werturteilen und Prognosen soll eine Unrichtigkeit zudem angenommen werden können, wenn die Bewertung schlechterdings nicht mehr vertretbar ist, oder wenn Prognosen nicht hinreichend auf Tatsachen gestützt sind[459]. Bei einer Berücksichtigung der zuvor dargelegten Begrenzung des Tatbestandes von § 88 BörsG auf solche Werturteile und Prognosen, die einen erkennbaren Tatsachenkern besitzen, ist diese Ansicht – jedenfalls in dieser pauschalen Form – abzulehnen. Ob eine Bewertung an sich vertretbar ist, kann aufgrund des zuzugestehenden Beurteilungsspielraumes[460] sowie des Bestimmtheitsgebotes nicht darüber entscheiden, ob „unrichtige" Angaben vorliegen, solange sich die Vertretbarkeit nicht ausschließlich auf die Ableitung aus dem zugrunde gelegten Tatsachenkern bezieht. Es ist auch nicht ersichtlich, welche all-

---

455 Besonders umstritten ist das sog. Scalping, bei dem in der Regel durch einen Analyst Bewertungen abgegeben werden, mit der Absicht, die dadurch bewirkte Kursbeeinflussung gewinnbringend zu nutzen. Diese Fallgestaltung wird in Kapitel 7 / Abschnitt III näher untersucht.

456 Regierungsentwurf 2. WiKG, BT-Drs. 10/318, S. 46.

457 Lenzen, Unerlaubte Eingriffe in die Börsenkursbildung, S. 234; vgl. auch Erbs/Kohlhaas-Fuhrmann § 88 BörsG Rz. 16.

458 Groß, § 88 BörsG Rz. 3; Schäfer/Ledermann, § 88 BörsG Rz. 8; Lenzen, Unerlaubte Eingriffe in die Börsenkursbildung, S. 234; Schwark, § 88 BörsG Rz. 5.

459 Lenzen, Unerlaubte Eingriffe in die Börsenkursbildung, S. 234; Joecks, wistra 1986, 142, 146; Schäfer/Ledermann § 88 BörsG Rz. 8; Worms in Assmann/Schütze, § 8 Rz. 70.

460 Vgl. auch Pananis, Anwalts-Handbuch Strafrecht, Kap. K Rz. 39.

gemeinen Kriterien über die Vertretbarkeit einer Prognose entscheiden sollten. Darüber hinaus werden Prognosen, die nicht hinreichend auf Tatsachen gestützt sind, bereits tatbestandlich nicht erfasst. „Prognosen", die letztlich rein subjektive Einschätzungen darstellen und denen keine erkennbare Tatsachenwürdigung zugrunde liegt können nach der hier vertretenen Ansicht bereits keine „Angabe" i.S.v. § 88 Nr.1 BörsG sein. Auf die Frage, ob solche Prognosen als richtig oder falsch zu beurteilen sind, kommt es nicht mehr an.

2) Können auch unvollständige Angaben „unrichtig" sein?

Wie bereits ausgeführt, ist von der Unrichtigkeit einer Angabe auszugehen, wenn nicht vorhandene Umstände als vorhanden oder vorhandene Umstände als nicht vorhanden bezeichnet werden. Dabei kommt es nicht darauf an, ob die Umstände, auf die sich die unrichtige Angabe bezieht, vorteilhaft oder nachteilig sind[461]. Unproblematisch lässt sich die Unrichtigkeit einer Angabe also feststellen, wenn sie sich auf behauptete Tatsachen bezieht, deren Nicht-Zutreffen nachgewiesen werden kann. Anders verhält es sich aber, wenn das Gesagte zwar zutreffend ist, aber daneben Wesentliches ungesagt bleibt und sich die gesamte Angabe unter Einbeziehung des Ungesagten für den Erklärungsempfänger möglicherweise anders darstellen würde. Dann stellt sich die Frage, ob eine derartig unvollständige Angabe als „halbe Wahrheit" noch als „richtig" bezeichnet werden kann, oder ob die gesamte Angabe schon als „unrichtig" i.S.v. § 88 Nr.1 BörsG zu werten ist, weil die Unvollständigkeit der Unrichtigkeit gleichgestellt werden kann.

Der Gesetzgeber des 2. WiKG führt in seiner Begründung zu § 264a StGB – auf die er für die Auslegung der „Unrichtigen Angaben" i.S.v. § 88 BörsG verweist – aus, dass sich die Bestimmung der Unrichtigkeit der Angaben an die verwandte Vorschrift des Kreditbetruges gemäß § 265b StGB anlehne[462]. Nach diesem sind auch unvollständige Angaben strafbar. Eine Angabe ist unvollständig, „wenn die mit ihr mitgeteilten Umstände zwar richtig sind, der Gesamteindruck der Angabe durch das Auslassen erheblicher Umstände jedoch ein falsches Bild vermittelt."[463] Dass von § 264a StGB – und entsprechend auch von § 88 BörsG – auch solche unvollständigen Angaben als unrichtig erfasst sein sollen, bedurfte nach Ansicht des Gesetzgebers keiner ausdrücklichen Klarstellung, da von diesem Tatbestand – bzw. diesen Tatbeständen – jeweils auch das Ver-

461 Groß, § 88 BörsG Rz. 3.
462 Regierungsentwurf zum 2. WiKG, BT-Drs. 10/318, S. 24.
463 Regierungsentwurf zum 2. WiKG, BT-Drs. 10/318, S. 24.

schweigen erheblicher Umstände mit Strafe bedroht werde[464]. Der Gesetzgeber stellte unvollständige Angaben also nicht mit unrichtigen Angaben i.S.v. § 88 Nr.1, 1.Alt. BörsG gleich, sondern er wertete die die Unvollständigkeit begründenden, nicht mitgeteilten Umstände als unterlassene Angaben i.S.v. § 88 Nr.1, 2.Alt. BörsG.

Auch in der Literatur wird die Ansicht vertreten, dass § 88 BörsG auch unvollständige Angaben erfasst, wenn durch diese ein falsches Gesamtbild vermittelt wird[465] oder wenn die verschwiegenen Umstände die Angaben nachteilig beeinflussen würden[466]. Dabei wird jedoch davon ausgegangen, dass hierdurch der Tatbestand des § 88 Nr.1, 1.Alt. BörsG verwirklicht werde[467], d.h. unvollständige Angaben also mit „unrichtigen Angaben" gleichzusetzen seien. Diese herrschende Ansicht in der Literatur wird lediglich mit einem Urteil des OLG Frankfurt aus dem Jahre 1994 begründet[468]. Dieses Urteil betrifft den Fall einer Prospekthaftungsklage, mithin die Geltendmachung eines Schadensersatzanspruchs nach §§ 45, 46 BörsG (alte Fassung)[469]. Die Klage richtete sich gegen die federführenden Konsortialbank bei der Emission von Anleihen, die die Kläger nach der Veröffentlichung des Börsenzulassungsprospektes erworben hatten. Das Gericht bestätigte einen Schadensersatzanspruch der Kläger nach § 45 BörsG gegen die Beklagte, weil diese als federführende Konsortialbank einen unrichtigen Börsenzulassungsprospekt herausgegeben habe, aufgrund dessen die Kläger Anleihen erworben haben. Dabei seien für die Frage, ob der Emissionsprospekt unrichtig war, nicht nur die darin wiedergegebenen Einzeltatsachen von Belang, sondern wesentlich sei auch, welches Gesamtbild durch die Aussagen des Prospektes von den Verhältnisses und der Vermögens-, Ertrags- und Liquiditätslage des Emittenten-Unternehmens dem interessierten Publikum vermittelt wurden. Dem Gericht zufolge liegt eine Unrichtigkeit (i.S.v. § 45 BörsG) auch dann vor, wenn die Informationen über die finanzielle Situation der Gesellschaft so ungenau und zweideutig sind, dass sie bei Dritten falsche Vorstellungen über das Unternehmen hervorrufen. Für einen unrichtigen Gesamteindruck können daher auch unterlassene Angaben Bedeutung erlangen, wenn bei ihrer Aufnahme in

464 Regierungsentwurf zum 2. WiKG, BT-Drs. 10/318, S. 24.

465 Schäfer/Ledermann, § 88 BörsG Rz. 8; Groß, § 88 BörsG Rz. 3.

466 Schmitz, wistra 2002, 208, 210.

467 Erbs/Kohlhaas-Fuhrmann § 88 BörsG Rz. 7 u. 15; Groß, § 88 BörsG Rz. 3; Schäfer/Ledermann, § 88 BörsG Rz. 8; Schwark, § 88 BörsG Rz. 5; Weber NJW 2000, 562, 563; ähnlich: Schlüchter, S. 138.

468 OLG Frankfurt a.M., WM 1994, 291 ff.

469 Die Haftung bei unrichtigem Börsenprospekt nach § 45 BörsG a.F. findet sich in § 43 n.F. wieder, der mögliche Haftungsausschluss nach § 46 BörsG a.F. ist in dem neuen § 44 BörsG geregelt.

den Prospekt ein solcher Eindruck vermieden worden wäre. Für die Feststellung des Gesamteindruckes sei nach der Rechtsprechung des Bundesgerichtshofes auf einen durchschnittlichen Anleger abzustellen, der zwar eine Bilanz zu lesen versteht, aber kein überdurchschnittliches Fachwissen aufweist. Der von der Beklagten erstellte Prospekt habe wesentliche Informationen nicht enthalten und aufgrund dieser Unvollständigkeit ein unrichtiges Gesamtbild vermittelt, so dass die Beklagte bereits wegen unrichtiger Angaben hafte und es auf die Voraussetzungen einer Haftung wegen Unvollständigkeit nicht mehr ankomme[470]. Diese Überlegungen des OLG Frankfurt, ab wann unvollständige Einzelangaben ein trügerisches Gesamtbild vermitteln und insgesamt als unrichtige Angabe zu werten sind, lassen sich jedoch aus einer Reihe von Gründen weder auf § 88 Nr.1 BörsG noch auf dessen Nachfolgeregelung in § 20a Abs.1, S.1 Nr.1 WpHG übertragen.

Gegen eine Bestimmung des Merkmals „unrichtiger Angaben" in § 88 BörsG und § 20a WpHG nach der Rechtsprechung des OLG Frankfurt a.M. zur Börsenprospekthaftung nach § 45 BörsG a.F. spricht zunächst der unterschiedliche Regelungshintergrund dieser Normen. Sinn und Zweck der Vorschriften über die Prospektpflicht und die damit verbundene Haftung für Unrichtigkeit und Unvollständigkeit ist es, dem Anlegerpublikum eine sachlich zutreffende Information über die Finanz- und Geschäftslage des Emittenten und seine geschäftliche Planung zu geben. Wertpapierprospekte haben dabei eine weit reichende Bedeutung für die Anlageentscheidungen des Publikums[471] und sind regelmäßig alleinige Entscheidungsgrundlage. Dies rechtfertigt die hohen Anforderungen an ihre Richtigkeit und Vollständigkeit und das Erfordernis, dass diese dem interessierten Publikum nicht nur im einzelnen zutreffende Angaben vermittelt, sondern auch ein richtiges Gesamtbild von den Verhältnissen des Emittenten-Unternehmens. Anders verhält es sich bei dem Regelungshintergrund von § 88 BörsG und § 20a WpHG. Das in diesen Normen enthaltene Manipulationsverbot soll die ordnungsgemäße Feststellung der Börsenpreise garantieren und damit die Funktionsfähigkeit der Kapitalmärkte sichern. Wie im Rahmen der Rechtsgutproblematik dargestellt, erfolgt ein Anlegerschutz jeweils nur mittelbar als Rechtsreflex. Da § 45 BörsG eine Haftungsnorm zugunsten des Anlegerpublikums ist, wurde hier für die Auslegung des Begriffs „unrichtige Angaben" vom OLG Frankfurt a.M. zutreffend auf einen durchschnittlichen Anleger ohne besonderes Fachwissen und den diesem vermittelten Gesamteindruck abgestellt. Demgegenüber schützen § 88 BörsG und § 20a WpHG die Zuverlässigkeit und Wahrheit der Feststellung von Börsenpreisen. Ob diese beeinträchtigt wird, kann

---

470 OLG Frankfurt a.M., WM 1994, 291, 295.
471 Schlüter, S. 479.

sich grundsätzlich nur nach den geltenden Regeln für die Preisfeststellung und das Verhalten als Marktteilnehmer richten, jedoch nicht nach dem – nur mittelbar geschützten – Anlegerpublikum. Dieses ist für die einer Anlageentscheidung vorausgehenden Information auch nicht allein auf einzelne – regelmäßig in Form von Ad-hoc-Mitteilungen – gemachte Angaben angewiesen, sondern kann sich aufgrund des Börsenprospektes, veröffentlichter Quartalsberichte und sämtlicher Ad-hoc-Mitteilungen des betreffenden Unternehmens über dessen Situation informieren. Aus diesem Grund ist eine Auslegung „unrichtiger Angaben" i.S.v. § 88 BörsG und § 20a WpHG, die auf einen dem Anlegerpublikum vermittelten Gesamteindruck abstellt, verfehlt.

Das gilt besonders für den äußerst praxisrelevanten Fall der Ad-hoc-Mitteilungen über nicht öffentlich bekannte, kursbeeinflussende Tatsachen, zu denen börsennotierte Unternehmen gemäß § 15 WpHG verpflichtet sind. Ziel solcher Ad-hoc-Mitteilungen ist es, die sogenannte „Bereichsöffentlichkeit" herzustellen. Darunter wird allein die Information der professionellen Handelsteilnehmer, nicht die des breiten Anlegerpublikums verstanden[472]. Denn allein die professionellen Handelsteilnehmer müssen die der Ad-hoc-Mitteilung zugrundeliegende Information über ein börsennotiertes Unternehmen rechtzeitig erhalten, um so ihre Geschäftstätigkeit entsprechend auszurichten und damit das Zustandekommen eines ordnungsgemäßen, dieser Information entsprechenden Börsenpreises zu gewährleisten. Das breite Anlegerpublikum ist nicht unmittelbar zum Handel zugelassen, sondern kann seine Anlageentscheidungen nur über einen zum Handel zugelassenen Intermediär umsetzen. Werden Ad-hoc-Mitteilungen ausgelegt, ist also allein der eingeschränkte Adressatenkreis des § 15 WpHG zu berücksichtigen[473]. Wurden mittels Ad-hoc-Mitteilung richtige Einzelangaben gemacht, die insgesamt unvollständig sind, weil wesentliche Umstände nicht erwähnt wurden, kann daher nicht auf den Gesamteindruck abgestellt werden, der bei einem durchschnittlichen Anleger entstehen dürfte, da dieser nicht Adressat der Ad-hoc-Mitteilung ist. Auch wenn dieser Ansicht nach Inkrafttreten des 4. Finanzmarktförderungsgesetzes entgegen gehalten werden könnte, dass nach der Neuregelung des § 15 Abs.6 WpHG nunmehr ein Schadensersatzanspruch aufgrund fehlerhafter Ad-hoc-Mitteilungen möglich sei und somit nicht mehr allein auf professionelle Handelsteilnehmer, sondern auch die geschädigten Anleger abzustellen sei[474], gilt im Ergebnis nichts anderes. Denn unabhängig vom gewählten Empfängerhorizont kann bei ad-hoc-Mitteilungen nur auf die jeweils mitgeteilten Tatsachen und nicht auf ein dadurch vermitteltes Gesamtbild abge-

472 LG München I, Urteil v. 28.6.2001, ZIP 2001, 1814, 1815.
473 LG München I, ZIP 2001, 1814, 1815 u. 1816.
474 Vgl. Rössner/Bolkart, ZIP 2002, 1471, 1473.

stellt werden. Ad-hoc-Mitteilungen bieten keine Gesamtübersicht über die Vermögenslage eines Unternehmens[475]. Sie brauchen beispielsweise nur die wesentlichen Gesichtspunkte eines Geschäfts, nicht jedoch vertragliche Details zu veröffentlichen. Insoweit sind sie nicht mit einem Prospekt vergleichbar[476]. Dies zeigt sich auch an der Vorgabe des ehemaligen Bundesaufsichtsamtes für den Wertpapierhandel, dass Ad-hoc-Mitteilungen grundsätzlich auf eine Länge von 10 bis 20 Schreibmaschinenzeilen à 80 Zeichen beschränkt werden sollen[477]. Müssten Unternehmen bei der Herausgabe von Ad-hoc-Mitteilungen stets darauf achten, dass diese zusätzlich von der gegenwärtigen wirtschaftlichen Situation des Unternehmens ein zutreffendes Gesamtbild vermitteln, weil sonst auch richtig mitgeteilte Tatsachen als „unrichtig" i.S.v. § 88 BörsG bzw. § 20a WpHG gewertet werden können, würde sich jede Ad-hoc-Mitteilung im Umfang zu einem Prospekt auswachsen, womit sowohl die Unternehmen, als auch der Kapitalmarkt, der auf schnelle und kurze Informationen angewiesen ist, überfordert wären. Zudem stünde zu befürchten, dass ad-hoc-Mitteilungen dann anstelle von zu Informationszwecken ad hoc mitgeteilter Fakten vornehmlich haftungsausschließende Einschränkungen enthielten, mit denen sich die Unternehmen vor den nicht zu überblickenden Haftungsrisiken „unvollständiger" Ad-hoc-Mitteilungen schützen müssten. Eine mit solchen praktischen Schwierigkeiten verbundene Auslegung der Manipulationsverbote würde deren Schutzgüter, die geregelte Feststellung der Börsenpreise und die Funktionsfähigkeit der Kapitalmärkte mehr gefährden, als schützen.

Dieser praktische Hintergrund der Ad-hoc-Mitteilungen als Hauptanwendungsfall von § 88 Nr.1 BörsG und § 20a Abs.1 S.1 Nr.1 WpHG verbietet es gleichermaßen, auf die beispielsweise bei dem Tatbestand des Betruges nach § 263 StGB geführte Diskussion über eine Täuschung mittels eines durch zutreffende Angaben vermittelten Gesamteindruckes zurückzugreifen[478]. Wie dargelegt, dienen Ad-hoc-Mitteilungen einer möglichst schnellen Information des Kapitalmarktes über neue kursrelevante Tatsachen und können ihrer Natur nach keinen Anspruch auf Vollständigkeit erheben. Aufgrund dieser kapitalmarktrechtlichen Besonderheiten ist daher für § 88 Nr.1 BörsG und für § 20a Abs.1 S.1 Nr.1 WpHG eine Gleichstellung richtiger Einzelangaben, die insgesamt nur ein unvollständiges Bild vermitteln, mit „unrichtigen Angaben" auszuschließen. Selbst wenn eine Börsenprospekthaftung also wegen „unrichtiger An-

475 LG München I, ZIP 2001, 1814, 1815 f.

476 LG München I, ZIP 2001, 1814, 1815 f.

477 FTD v. 22.5.2000.

478 Eine mögliche Täuschung mittels wahrer Tatsachen ist nach verbreiteter Ansicht bei § 263 StGB zu bejahen, wenn es der Täter darauf anlegt, gerade dadurch einen Irrtum hervorzurufen (vgl. Tröndle/Fischer § 263 StGB Rz. 6 m.w.N.).

gaben“ aufgrund einer unvollständigen Gesamtdarstellung in Betracht kommt, ist eine Sanktionierung dieser unvollständigen Darstellung nicht als „unrichtige Angabe“ nach § 88 Nr.1, 1.Alt BörsG bzw. nach § 20a Abs.1, S.1, Nr.1, 1.Alt. WpHG möglich. Unvollständige Angaben werden von § 88 BörsG und § 20a WpHG nur aufgrund der unterlassenen Angaben erfasst, welche die Unvollständigkeit begründen. Voraussetzung einer Sanktion ist hier, dass bewertungserhebliche Umstände entgegen bestehender Rechtsvorschriften und damit entgegen einer rechtlichen Mitteilungspflicht verschwiegen werden.

Eine solche Mitteilungspflicht kann sich für Ad-hoc-Mitteilungen aus § 15 WpHG ergeben. Nur wenn die unterlassenen Angaben selbst kursrelevante, nicht öffentlich bekannte Tatsachen aus der Sphäre des Emittenten darstellen und daher selbst unter die Ad-hoc-Mitteilungspflicht nach § 15 WpHG fallen, können sie zu einer Sanktion nach § 88 BörsG oder § 20a WpHG führen[479]. Fehlt es an einer rechtlichen Mitteilungspflicht, scheidet eine Verwirklichung der ersten Tatalternative von § 88 BörsG und § 20a WpHG aus. In Betracht kommt nur eine Ahndung wegen der Anwendung auf Täuschung berechneter Mittel nach § 88 Nr.2 BörsG oder der Vornahme einer sonstigen Täuschungshandlung nach § 20a Nr.2 WpHG. Hier ist zu berücksichtigen, dass der Gesetzgeber des § 88 BörsG davon ausging, dass § 88 Nr.2 BörsG anhand des § 88 Nr.1 BörsG auszulegen ist. Wird das Unterlassen (zusätzlicher) Angaben mangels Mitteilungspflicht nicht von § 88 Nr.1, 2.Alt. BörsG erfasst, so liegt hierin eine eindeutige gesetzgeberische Wertung. Denn der Gesetzgeber hat es letztlich in der Hand, durch die Normierung von Mitteilungspflichten die Reichweite von § 88 Nr.1, 2.Alt. BörsG festzulegen. Wollte man nicht unter § 88 Nr.1 BörsG fallende, unterlassene Angaben nun unter § 88 Nr.2 BörsG subsumieren, würde man die Wertung des Gesetzgebers umgehen. Denn dann käme es nur auf ein trügerisches Gesamtbild an und alle unterlassene Mitteilungen, die nicht gegen eine Rechtspflicht verstoßen, könnten trotz der Nichtanwendbarkeit von § 88 Nr.1 BörsG nach der Nr.2 bestraft werden. Damit ist nach der hier vertretenen Ansicht festzustellen, dass § 88 Nr.1 BörsG für Informationsgestützte Manipulationen mittels unrichtiger oder unterlassener Angaben eine abschließende Regelung getroffen hat. Gleiches gilt für § 20a Abs.1 S.1 Nr.1 WpHG, auf den diese Wertungen übertragen werden können. Wie bereits bei der Besprechung des Tatbestandes von § 38 Abs.1 Nr.4 WpHG festgestellt, kommt auch eine Verwirklichung aufgrund einer Garantenstellung gemäß § 13 StGB nicht in Betracht, selbst wenn durch ein Unterlassen der Erfolg einer Kurseinwirkung herbeigeführt wurde.

479 Nach der Neuregelung des § 15 WpHG durch das 4. FMFG sind allerdings unrichtige Ad-hoc-Mitteilungen auch dann mittels Ad-hoc-Mitteilung zu berichtigen, wenn die Berichtigung selbst nicht mehr kursrelevant ist, § 15 Abs.1, S. 4 WpHG.

II) Die Bewertungserheblichkeit und die Geeignetheit zur Preiseinwirkung von Angaben i.S.v. § 88 BörsG und § 20a WpHG

Sowohl § 88 Nr.1 BörsG als auch § 20a Abs.1 Nr.1 WpHG betreffen unrichtige Angaben und pflichtwidriges Verschweigen im Hinblick auf Umstände, die „für die Bewertung" der erfassten Vermögenswerte „erheblich" sind. Wie bereits bei der Darstellung dieser Tatbestände erläutert, soll die Feststellung einer Bewertungserheblichkeit von Umständen nach der Verkehrsauffassung[480] als der Auffassung des mit den Angaben im Einzelfall angesprochenen und am Börsen- oder Marktpreis interessierten Personenkreises[481] erfolgen. Das Erfordernis der Bewertungserheblichkeit soll dabei zu einem Ausscheiden von Bagatellfällen führen[482], also zu einer Tatbestandseinschränkung auf den für das Schutzgut erforderlichen Rahmen. Die Neufassung des § 20a Abs.1 Nr.1 WpHG enthält neben der Bewertungserheblichkeit als weiteres eingrenzendes objektives Tatbestandsmerkmal das Erfordernis, dass die unrichtigen Angaben oder das pflichtwidrige Verschweigen zur Preiseinwirkung „geeignet" sein müssen. Der Unterschied zwischen der Bewertungserheblichkeit und der Geeignetheit zur Preiseinwirkung ergibt sich bereits aus dem Wortlaut von § 20a Abs.1 S.1 Nr.1 WpHG: Während sich die Bewertungserheblichkeit auf die mitgeteilten oder pflichtwidrig verschwiegenen Umstände und damit den Inhalt der tatbestandsmäßigen Angaben bezieht, knüpft die Geeignetheit zur Preiseinwirkung an die Angaben oder das Verschweigen selbst an und geht damit über deren bloßen Inhalt hinaus.

1) Die Bewertungserheblichkeit von Angaben i.S.v. § 88 Nr.1 BörsG und § 20a Abs.1 S.1 Nr.1 WpHG

Für § 88 Nr.1 BörsG wurden neben der vom Gesetzgeber vorgegebenen Verkehrsauffassung keine weiteren allgemeinen Kriterien zur Feststellung einer Bewertungserheblichkeit gefunden. Der Begriff blieb weitgehend unklar, so dass sich Zweifel an seiner ausreichenden Bestimmtheit im Sinne von Art. 103 Abs.2

480 So der Gesetzgeber in: Regierungsentwurf 2. WiKG, BT-Drs. 10/318, S. 46.

481 Erbs/Kohlhaas-Fuhrmann, § 88 BörsG Rz. 8; Lenzen, Unerlaubte Eingriffe in die Börsenkursbildung, S. 224; Nack in Müller-Gugenberger/Bieneck, § 68 Rz. 16; Möhrenschlager wistra 1983, 17, 18.

482 Regierungsentwurf 2. WiKG, BT-Drs. 10/318, S. 46.

GG ergaben[483]. Dieser Situation wollte der Gesetzgeber des 4. FMFG abhelfen, indem er in § 20a Abs.2 Nr.1 WpHG die Möglichkeit vorgab, durch das Bundesministerium der Finanzen oder die Bundesanstalt für Finanzdienstleistungsaufsicht mittels Rechtsverordnung nähere Bestimmungen zu bewertungserheblichen Umständen zu erlassen. Eine hierauf beruhende Rechtsverordnung zur Konkretisierung des Verbotes der Kurs- und Marktpreismanipulation (KuMaKV) des Bundesfinanzministeriums ist zum 28.11.2003 in Kraft getreten[484]. Bewertungserhebliche Umstände werden darin als Tatsachen und Werturteile[485] definiert, die geeignet sind, auf die Anlageentscheidung eines vernünftigen Anlegers mit durchschnittlicher Börsenkenntnis Einfluss zu nehmen (§ 2 Abs.1 KuMaKV). Tatsachen, die gemäß § 15 Abs.1 Satz 1 WpHG zu veröffentlichen sind, sollen ebenso wie nach § 10 oder § 35 WpÜG publizitätspflichtige Entscheidungen und Kontrollerwerbe „regelmäßig" bewertungserhebliche Umstände darstellen (§ 2 Abs.2 KuMaKV). Schließlich enthält § 2 Abs.3 KuMaKV eine Aufzählung von zehn Fallgruppen, bei denen „insbesondere" bewertungserhebliche Umstände vorliegen „können"[486]. Diese Beispielsliste entspricht inhalt-

483 Vgl. Sorgenfrei, wistra 2002, 321, 323; Auf die Frage nach einer verfassungsgemäßen Bestimmtheit von § 88 Nr.1 BörsG und § 20a Abs.1 S.1 Nr.1 WpHG wird im folgenden Abschnitt III/1 näher eingegangen.

484 BGBl I/2003, 2300; Vgl. auch BR-Drs. 639/03 (Beschluss des Bundesrates über seine Zustimmung zur Verordnung mit Änderungen).

485 Zu einer Erfassung von Werturteilen durch § 88 Nr.1 BörsG und § 20a Abs.1 Nr.1 WpHG vgl. die Erläuterungen des vorangehenden Abschnitts I/1. Der Verordnungsgeber selbst führt hierzu noch in der Begründung seines Entwurfes der KuMaKV (Entwurf v. 17.7.2003, S. 9 f., abrufbar unter: www.rws-verlag.de (Volltexte)) aus, dass er Werturteile „der Vergangenheit" meint, da die Angaben „über Existenz und Inhalt dieser Werturteile dem Beweis zugänglich sind". In der Begründung der schließlich am 28.11.2003 in Kraft getretenen Verordnung fehlt diese Einschränkung auf die Vergangenheit, die Angaben über Existenz und Inhalt der Werturteile sollen aber dennoch dem Beweis zugänglich sein, so dass nur der Fall einer Angabe in Bezug auf ein fremdes Werturteil und dessen wörtlichen Inhalt gemeint sein kann. (Vgl. S. 9f. der Begründung).

486 Diese sind: (1) Änderungen in den Jahresabschlüssen und Zwischenberichten und den hieraus üblicherweise abgeleiteten Unternehmenskennzahlen; (2) Änderungen der Ausschüttungen (insbesondere Sonderausschüttungen, eine Dividendenänderung oder die Aussetzung der Dividende); (3) Bedeutende Kooperationen, Erwerb oder Veräußerung von wesentlichen Beteiligungen sowie Abschluss, Änderung oder Kündigung von Beherrschungs- und Gewinnabführungsverträgen und sonstigen bedeutenden Vertragsverhältnissen; (4) Übernahme-, Erwerbs- und Abfindungsangebote, soweit nicht von Absatz 2 [von § 2 KuMaKV] erfasst; (5) Kapital- und Finanzierungsmaßnahmen; (6) Liquiditätsprobleme, Überschuldung oder Verlustanzeige nach § 92 des Aktiengesetzes; (7) Bedeutende Erfindungen, Erteilung oder Verlust bedeutender Patente und Gewährung wichtiger Lizenzen; (8) Rechts-

lich den im Ad-hoc-Publizitätsleitfaden der Deutschen Börse AG[487] genannten Fällen ad-hoc-mitteilungspflichtiger Tatsachen[488]. Damit ergibt sich eine „regelmäßige“ Bewertungserheblichkeit dieser Umstände bereits aus dem Verweis auf ad-hoc-mitteilungspflichtige Tatsachen nach § 2 Abs.2 KuMaKV. Fraglich ist jedoch, ob der Verordnungsgeber mit diesen „näheren Bestimmungen“[489] zur Bewertungserheblichkeit dem von ihm in der Verordnungsbegründung selbst gesteckten Ziel, „den Marktteilnehmern Leitlinien dafür an die Hand zu geben, welche Handlungen oder Unterlassungen als Kurs- oder Marktpreismanipulation im Sinne des § 20a Abs.1 WpHG einzustufen sind“[490], tatsächlich näher gekommen ist. Zum einen schafft er bereits neue Unklarheiten, indem er die Bestimmung bewertungserheblicher Umstände selbst relativiert. Publizitätspflichtige Umstände i.S.v. § 2 Abs.2 KuMaKV sind nur „regelmäßig“ bewertungserheblich und auch die in § 2 Abs.3 KuMaKV genannten Fälle „können“ lediglich bewertungserheblich sein, müssen es also nicht. Wenn nicht jede publizitätspflichtige Tatsache zwingend auch bewertungserheblich ist[491], kann sich eine nähere Bestimmung dieses Tatbestandsmerkmals auch nicht mit dem Verweis auf die nach § 15 WpHG und §§ 10, 35 WpÜG zu veröffentlichenden Tatsachen begnügen. Zum anderen lässt auch die allgemeine Definition der Bewertungserheblichkeit in § 2 Abs.1 KuMaKV einen nicht unerheblichen Bewertungsspielraum offen[492]. Welche Tatsachen oder Werturteile geeignet sind, auf die Anlageentscheidung eines vernünftigen Anlegers mit durchschnittlicher Börsenkenntnis Einfluss zu nehmen, lässt sich ebenso schlecht bestimmen, wie der Begriff der Bewertungserheblichkeit selbst. Es wird lediglich ein einziger unbestimmter Begriff durch eine Vielzahl unbestimmter Begriffe ersetzt[493]. Die vom

---

streitigkeiten und Kartellverfahren von besonderer Bedeutung; (9) Veränderungen in personellen Schlüsselpositionen des Unternehmens; (10) Strategische Unternehmensentscheidungen, wie der Rückzug aus oder die Aufnahme von neuen Kerngeschäftsfeldern oder die Neuausrichtung des Geschäfts.

487 Abgedruckt in WM 1994, 2038, 2048.

488 Rückert/Kuthe, BKR 2003, 647, 647 (in Bezug auf den wortgleichen Verordnungsentwurf).

489 So die Bezeichnung des Inhaltes der Verordnungsermächtigung in § 20a Abs.2 WpHG.

490 Begründung der Verordnung zur Konkretisierung des Verbotes der Kurs- und Marktpreismanipulation, S. 8.

491 Zu denken ist hier an die erweiterte Ad-hoc-Mitteilungspflicht in § 15 Abs.1, S.5 WpHG für die nicht kursrelevante Berichtigung einer unrichtigen Ad-hoc-Mitteilung.

492 Rückert/Kuthe, BKR 2003, 647, 647 (in Bezug auf den insoweit wortgleichen Verordnungsentwurf).

493 Vgl. Sorgenfrei, wistra 2002, 321, 325.

Verordnungsgeber beabsichtigte „Orientierungshilfe“[494] gibt er damit weder den straf- oder bußgeldbedrohten Marktteilnehmern, noch den zur Rechtsanwendung berufenen Gerichten. Vielmehr scheint es, als habe der Verordnungsgeber selbst etwas die Orientierung verloren. Während er sich im Verordnungswortlaut (§ 2 Abs.1 KuMaKV) noch auf den „vernünftigen Anleger mit durchschnittlicher Börsenkenntnis“ festlegt, soll es nach seiner Begründung der (nur noch) „durchschnittlich verständige“ (allerdings) „börsenkundige Anleger“ sein, der einen Umstand „vernünftigerweise“ in seine Anlageentscheidung miteinbeziehen würde[495]. Dass zwischen einer nur durchschnittlichen Börsenkenntnis und einer Börsenkundigkeit ein ebenso gewaltiger Unterschied bestehen kann, wie zwischen einem vernünftigen und einem nur durchschnittlich verständigen Anleger, muss hier nicht erörtert werden. Damit bleibt festzustellen, dass die Verordnung des Bundesfinanzministeriums zur Bestimmung der Bewertungserheblichkeit von Umständen i.S.v. § 20a Abs.1 Nr.1 WpHG außer der – ebenfalls nicht eindeutigen – Bezugnahme auf publizitätspflichtige Umstände nicht viel beiträgt.

Eine Konkretisierung des Merkmals der „Bewertungserheblichkeit“ von Umständen hat sich zunächst an dem Begriff selbst sowie an dem von § 88 BörsG und § 20a WpHG geschützten Rechtsgut der Zuverlässigkeit und Wahrheit der Börsenpreisbildung zu orientieren. Der Begriff der „Bewertungserheblichkeit“ erfordert als Bezugsgröße die Festlegung einer Person bzw. einer Personengruppe, für deren Bewertung ein bestimmter Umstand erheblich ist. Der allgemeine Verweis auf einen mehr oder weniger börsenkundigen, vernünftigen Anleger hilft hier nicht viel weiter. Denn die Anlegerschaft ist keineswegs homogen. Eine grobe Trennlinie ist bereits zwischen privaten und institutionellen Anlegern zu ziehen[496], die in der Regel mit unterschiedlicher Börsenkenntnis ausgestattet sind, unterschiedliche Anlagestrategien verfolgen[497] und daher unterschiedliche Umstände in ihre Bewertung eines Finanztitels und damit ihre Anlageentscheidungen einbeziehen. Eine Festlegung des zugrunde zu legenden Anlegerkreises ist daher unerlässlich. Da die von privaten Anlegern in eine Bewertung einbezogenen Faktoren in der Regel häufiger aus schwer nachzuvollziehenden Umständen wie Emotionen, Gewohnheiten und allgemeine Marktstimmungen bestehen, als die von institutionellen Anlegern, scheint der Blickwinkel des institutionellen Anlegers für die Bestimmung einer Bewertungserheblichkeit vorzugswürdig.

494 Begründung des Entwurfes einer Verordnung zur Konkretisierung des Verbotes der Kurs- und Marktpreismanipulation (Stand 6/2003), S. 10.

495 Begründung der Verordnung zur Konkretisierung des Verbotes der Kurs- und Marktpreismanipulation, S. 10.

496 Vgl. Sorgenfrei, wistra 2002, 321, 324.

497 Soweit private Anleger überhaupt eine Anlagestrategie aufbauen und nicht ausschließlich auf Anlageberatung oder Analystenurteile u.ä. vertrauen.

Denn letztlich geht es darum, dass der potentielle Täter einer Kursmanipulation aus einer ex-ante Perspektive beurteilen kann, ob sich der vergleichsweise heranzuziehende Anleger von einem Umstand beeinflussen lassen wird oder nicht. Zudem ist zu berücksichtigen, dass das Merkmal der Bewertungserheblichkeit „Bagatellfälle" aus dem objektiven Tatbestand ausscheiden lassen soll. Es geht also um eine Reduzierung des Tatbestandes auf diejenigen Fälle, in denen tatsächlich eine Rechtsgutgefährdung in Betracht kommt. Eine Gefährdung der Zuverlässigkeit und Wahrheit der Bildung eines Börsen- oder Marktpreises setzt voraus, dass eine Beeinflussung derjenigen Anleger möglich ist, die typischerweise in einen bestimmten Vermögenswert investieren. Würde man hier generalisierend auf einen „durchschnittlich vorsichtigen Anleger" abstellen, ließe man beispielsweise außer Betracht, dass bei Derivaten und ähnlichen spekulativen Titeln der für die Verkehrsauffassung relevante Personenkreis durchaus nicht durchschnittlich vorsichtig ist[498]. Der für die Verkehrsauffassung relevante Personenkreis ist also nach dem typischerweise in den betroffenen Vermögenswert investierenden Anlegerkreis zu bestimmen.

Die Frage, ob ein Umstand für die Bewertung des nach der Verkehrsauffassung entscheidenden Personenkreises auch erheblich ist, lässt sich durch die Frage danach, ob der heranzuziehende Anleger den betreffenden Umstand vernünftigerweise in seine Anlageentscheidung miteinbeziehen würde[499], konkretisieren, aber noch nicht beantworten. Hier müssen den Marktteilnehmern zumindest Umstände genannt werden, die nach der Auffassung des Gesetzgebers typischerweise in Anlageentscheidungen einfließen und daher auch als verlässliche Vergleichsgrundlage und Beurteilungsmaßstab herangezogen werden können. Der Verweis auf ad-hoc-mitteilungspflichtige Tatsachen nach § 15 Abs.1 S.1 WpHG erscheint hier auf den ersten Blick hilfreich. Denn die dort genannten Tatsachen, die wegen ihrer Auswirkungen auf die Vermögens- oder Finanzlage oder auf den allgemeinen Geschäftsverlauf des Emittenten geeignet sind, den Börsenpreis zugelassener Wertpapiere erheblich zu beeinflussen, müssen bereits per definitionem für die Bewertungen und Investitionsentscheidungen der betreffenden Anleger erheblich sein, um auch für eine Preisbeeinflussung geeignet sein zu können[500]. Dass ad-hoc-mitteilungspflichtige Tatsachen geeignet sein müssen, einen Börsenpreis „erheblich" zu beeinflussen, für § 88 Nr.1 BörsG und § 20a Abs.1 Nr.1 WpHG dagegen keine derartige Erheblichkeitsschwelle über-

498 Sorgenfrei, wistra 2002, 321, 325.

499 So das Bundesfinanzministerium in seiner Begründung des Entwurfs einer Verordnung zur Konkretisierung des Verbotes der Kurs- und Marktpreismanipulation vom 17.7.2003 (Stand 6/2003), S. 10.

500 Auszunehmen sind hier ad-hoc-mitteilungspflichtige Berichtigungen unwahrer ad-hoc-Mitteilungen nach § 15 Abs.1, S. 5 WpHG, die nicht kursrelevant sind.

schritten sein muss, ist dabei unschädlich. Denn daraus folgt lediglich, dass alle zu einer erheblichen Preisbeeinflussung geeigneten Tatsachen auch bewertungserheblich sind, umgekehrt aber nicht alle bewertungserheblichen Tatsachen auch zu einer „erheblichen" Preisbeeinflussung geeignet sein müssen. Allerdings kann der Verweis auf § 15 Abs.1 S.1 WpHG zur Bestimmung möglicher bewertungserheblicher Umstände deshalb nicht ausreichen, da auch bewertungserhebliche Umstände denkbar sind, die bei einer Beeinflussung von Anlageentscheidungen nicht zu einer erheblichen Preiseinwirkung führen, für eine Verwirklichung von § 88 Nr.1 BörsG bzw. § 20a Abs.1 S.1 Nr.1 WpHG aber ausreichen. Zudem kommen auch bewertungserhebliche Umstände in Betracht, die nicht aus der Sphäre eines Emittenten resultieren, wie beispielsweise eine Erwartung an die Entwicklung der gesamten Branche, veröffentlichte Einschätzungen von Kreditinstituten, oder die Marktenge bzw. Volatilität eines Finanztitels[501]. Insbesondere aber ist die nähere Bestimmung einer Eignung zur Preisbeeinflussung nach § 15 Abs.1 S.1 WpHG in der Literatur umstritten, gefestigte Rechtsprechung hierzu besteht nicht[502]. Die bloße Bezugnahme auf § 15 WpHG zur Bestimmung der Bewertungserheblichkeit nach § 88 Nr.1 BörsG und § 20a Abs.1 Nr.1 WpHG würde damit lediglich das Problem verlagern. Anstelle über die Bewertungserheblichkeit von Umständen nach § 88 Nr.1 BörsG und § 20a Abs.1 Nr.1 WpHG wäre über die Geeignetheit zur Kursbeeinflussung i.S.v. § 15 Abs.1 S.1 WpHG zu streiten. Für den Normadressaten ist daher nach wie vor schwer erkennbar, welches Verhalten strafbar ist und welches nicht[503]. Daher ist der Gesetzgeber gefordert, einen hinreichend bestimmten und aussagekräftigen Beurteilungsmaßstab sowie zuverlässige Anhaltspunkte für eine Bewertungserheblichkeit – insbesondere auch außerhalb des Anwendungsbereiches von § 15 WpHG – zu etablieren.

2) Die Geeignetheit zur Preiseinwirkung i.S.v. § 20a Abs.1 Nr.1 WpHG

Wie bereits erläutert, bezieht sich die Geeignetheit zur Preiseinwirkung als zweites objektiv einschränkendes Merkmal in § 20a Abs.1 S.1 Nr.1 WpHG nicht auf die mitgeteilten oder verschwiegenen Umstände, sondern auf die Angabe oder das Verschweigen selbst. Damit kommen zur Bestimmung der Eignung zur Preiseinwirkung neben den betroffenen Umständen weitere Faktoren in Betracht, wie beispielsweise die Art und Weise der Verbreitung oder die Stellung des Ur-

501 Sorgenfrei, wistra 2002, 321, 324 mit weiteren Beispielen.
502 Sorgenfrei, wistra 2002, 321, 324.
503 Vgl. Sorgenfrei, wistra 2002, 321, 324.

hebers einer Angabe. Nicht herangezogen werden kann das Merkmal der Eignung zur erheblichen Preisbeeinflussung in § 15 Abs.1 S.1 WpHG. Trotz des identischen Wortlautes besteht hier der wesentliche Unterschied darin, dass in § 15 Abs.1 S.1 WpHG eine Tatsache zur Preisbeeinflussung geeignet sein muss, in § 20a Abs.1 Nr.1 WpHG dagegen eine unrichtige Angabe oder ein pflichtwidriges Verschweigen. Wie bereits vorangehend erläutert, kann eine unter § 15 Abs.1 S.1 WpHG fallende Tatsache nur dann geeignet sein, eine erhebliche Preisbeeinflussung vorzunehmen, wenn sie die Anleger zur Tätigung von Wertpapiergeschäften in dem Wertpapier des betreffenden Emittenten bringen kann[504]. Denn eine Kursveränderung kann nur durch das Anlageverhalten der Anleger herbeigeführt werden[505]. Damit entspricht die Eignung zur Preisbeeinflussung i.S.v. § 15 Abs.1 S.1 WpHG – abgesehen von der zusätzlichen Erheblichkeitsschwelle im Hinblick auf die Preiseinwirkung – im Grunde der Bewertungserheblichkeit i.S.v. § 88 Nr.1 BörsG und § 20a Abs.1 S.1 Nr.1 WpHG. Die Eignung zur Preiseinwirkung i.S.v. § 20a Abs.1 S.1 Nr.1 WpHG steht dagegen als weiteres einschränkendes Tatbestandsmerkmal neben dem der Bewertungserheblichkeit und muss damit nach anderen Kriterien bestimmt werden. Auch hier ist vom Wortlaut selbst auszugehen. Eine unrichtige Angabe oder eine pflichtwidrig unterlassene Mitteilung über bewertungserhebliche Umstände kann nur dann geeignet sein, auf einen Börsen- oder Marktpreis einzuwirken, wenn die Möglichkeit besteht, dass über die Beeinflussung von entsprechenden Anlageentscheidungen eine Preisbeeinflussung herbeigeführt wird. Dies setzt die Bewertungserheblichkeit der in unrichtiger Weise mitgeteilten oder pflichtwidrig verschwiegenen Umstände notwendigerweise voraus. Daher ist die Bewertungserheblichkeit Voraussetzung der Eignung zur Preisbeeinflussung. Zudem können unrichtige Angaben oder ein pflichtwidriges Verschweigen von bewertungserheblichen Umständen nur zu einer Anlageentscheidung führen, oder auf eine solche einwirken, wenn ein potentieller Anleger Erklärungsadressat der Angabe ist, oder von dem Verschweigen bzw. der Nicht-Mitteilung bestimmter Umstände Kenntnis hat und Schlüsse daraus ziehen kann. Das Erfordernis der Eignung zur Preisbeeinflussung erlangt daher insbesondere dann neben der Bewertungserheblichkeit eigenständige Bedeutung, wenn die Adressaten einer Mitteilung bewertungserheblicher Umstände nicht potentielle Anleger sind. Ein etwas drastisches, aber deutliches Beispiel mag der Vorstand des börsennotierten Unternehmens sein, der seiner Großmutter am Sterbebett von in Wirklichkeit nicht erteilten Großaufträgen für das von ihm geführte Unternehmen erzählt, um ihr seinen beruflichen Erfolg zu verdeutlichen. Ob ein Unternehmen Großaufträge

504 Klitzing, S. 133 f.; Kümpel, WM 1996, 653, 655.
505 Klitzing, S. 133; Kümpel, WM 1996, 653, 655.

erhält, ist in der Regel erheblich für die Bewertung seiner Anteile. Nach alter Rechtslage würde hier eine Strafbarkeit nach § 88 Nr.1 BörsG nur an dem fehlenden Einwirkungsvorsatz des Vorstandes scheitern. Nach neuer Rechtslage fällt dieser Fall dagegen aufgrund der fehlenden Eignung der Angaben zur Preisbeeinflussung bereits nicht unter den objektiven Tatbestand von § 20a Abs.1 S.1 Nr.1 WpHG. Auch wenn die Praxisrelevanz des eben genannten Beispiels verschwindend gering ist, zeigt es dennoch, dass eine Beschränkung des Tatbestandes auf diejenigen Fälle, in denen überhaupt eine Rechtsgutverletzung in Betracht kommt, geboten ist. Eine Einwirkung auf einen Börsenpreis liegt zudem erst vor, wenn es zu einer Veränderung des das Börsenpublikum interessierenden, gerundeten Börsenpreises kommt[506]. Voraussetzung hierfür ist – je nach Marktliquidität, Handelsvolumen und Volatilität des betreffenden Vermögenswertes – eine gewisse quantitative Beeinflussung von Anlageentscheidungen. Das erfordert wiederum eine gewisse Verbreitung einer unrichtigen Angabe unter den betreffenden Anlegern[507]. Entscheidend für die objektive Eignung zur Preiseinwirkung ist also, dass zumindest auch potentielle Anleger von einer unrichtigen Angabe oder einem pflichtwidrigen Verschweigen i.S.v. § 20a Abs.1 S.1 Nr.1 BörsG Kenntnis erlangen können und dass – je nach betroffenem Vermögenswert und Kapitalmarkt – auch eine hinreichende quantitative Beeinflussung von Anlageentscheidungen möglich ist, wofür es bei unrichtigen Angaben einer gewissen Verbreitung bedarf.

Für den in der Praxis wohl relevantesten Fall von fehlerhaften oder unterlassenen ad-hoc-mitteilungspflichtigen Tatsachen kann bei Vorliegen der Voraussetzungen von § 15 Abs.1, S.1 WpHG nicht nur von einer Bewertungserheblichkeit der Tatsachen, sondern auch von der objektiven Eignung der betreffenden Ad-hoc-Mitteilung zur Börsenpreisbeeinflussung i.S.v. § 20a Abs.1 S.1 Nr.1 WpHG ausgegangen werden. Für andere Umstände ist dagegen nicht nur die Bewertungserheblichkeit, sondern auch die objektive Eignung zur Preisbeeinflussung eigenständig festzustellen. Dabei kann neben dem Adressatenkreis und der Verbreitung einer Angabe auch die Stellung von deren Urheber von Bedeutung sein[508]. Denn ein und dieselbe Aussage über bewertungserhebliche Um-

506 Vgl. die Erläuterung zu dem Merkmal der „Einwirkung“ in Kapitel 5 / Abschnitt III/3/a).

507 Vgl. auch Lenzen, Unerlaubte Eingriffe in die Börsenkursbildung, S. 28f., der zufolge der Erfolg einer Kursmanipulation durch „Scalping“(zu dem Begriff vgl. Kapitel 7 / Abschnitt III) u.a. von der Art und Weise der Verbreitung abhängt.

508 Vgl. auch Lenzen, Unerlaubte Eingriffe in die Börsenkursbildung, S. 28 f., die für den Erfolg einer Kursmanipulation durch „Scalping“ neben der Art und Weise der Verbreitung auch die Person, die als Quelle einer Nachricht in Erscheinung tritt, für entscheidend hält.

stände kann völlig unterschiedlich bewertet werden, je nachdem, wer der Urheber der Angabe ist. So wird beispielsweise die Mitteilung, dass ein Unternehmen aufgrund seiner derzeitigen finanziellen Situation in der Lage ist, ein kleineres Konkurrenzunternehmen zu übernehmen und dadurch seine wirtschaftliche Stellung im Markt auszubauen, auf ganz unterschiedliche Resonanz stoßen, je nachdem, ob sie von einem Vorstandsmitglied des Emittenten selbst, einem bekannten Analysten oder Wirtschaftsjournalisten oder einem „einfachen" Privatanleger stammt. Würde man allerdings die Position des Täters uneingeschränkt zur Beurteilung der Geeignetheit einer von ihm stammenden Angabe zur Preiseinwirkung heranziehen, liefe man Gefahr, aus § 20a Abs.1 S.1 Nr.1 WpHG insoweit einen Sonderpflichttatbestand zu machen, bei dem letztlich die Tätigkeit oder Position des Täters als besonderes persönliches Merkmal über eine Verbotsübertretung und damit die mögliche Begehung einer Ordnungswidrigkeit oder Straftat entscheidet. Der „einfache" Privatanleger dürfte sich dann ganz andere Angaben „erlauben", als ein bekannter Analyst. Diese Interpretation wäre allerdings mit dem Wortlaut von § 20a Abs.1 S.1 Nr.1 WpHG, der als Verbot jedermann in gleicher Weise betrifft, nicht vereinbar. Daher kann die Position oder besondere Sachkunde eines Täters nur dann als weiteres Kriterium zur Beurteilung der Eignung zur Preiseinwirkung herangezogen werden, wenn die Angabe durch die Position des Täters bedingt ist, weil er beispielsweise als Analyst bestimmte Unternehmensbewertungen abgibt, oder wenn er sich bei seiner Aussage auf seine Position oder Sachkunde beruft und diese damit zum Inhalt seiner Angabe macht. Ist dies nicht der Fall, dürfen persönliche Eigenschaften des Täters zur Beurteilung, ob der objektive Verbotstatbestand verwirklicht wurde, nicht berücksichtigt werden.

Während die Erheblichkeit für die Bewertung eines Titels gerade auch von subjektiven Einschätzungen und damit in höherem Maße von Unwägbarkeiten abhängt, ist die Eignung zur Preisbeeinflussung anhand von objektiven Kriterien bestimmbar. Auch hier wäre eine weitere Konkretisierung durch den Gesetzgeber wünschenswert, sie erscheint zur Gewährleistung einer ausreichenden Bestimmtheit i.S.v. Art. 103 Abs.2 GG jedoch nicht so dringlich geboten, wie die nähere Bestimmung von Kriterien einer Bewertungserheblichkeit. Insbesondere können für die Feststellung einer Eignung zur Preiseinwirkung tatsächliche Kursveränderungen als Indiz herangezogen werden, wobei sich die Eignung zur Preisbeeinflussung allerdings für den Täter bereits ex-ante feststellen lassen muss.

III) Zur verfassungsgemäßen Bestimmtheit der Tatbestände von § 88 BörsG und § 20a Abs.1 i.V.m. Abs.2 WpHG

Das Grundgesetz stellt in Art. 103 Abs.2 GG mit dem Gebot „nullum crimen sine lege“ die Anforderung auf, dass eine Tat nur bestraft wird, wenn ihre Strafbarkeit vor der Begehung der Tat gesetzlich bestimmt war. Dieses verfassungsrechtliche Bestimmtheitsgebot ist von Bedeutung für die Manipulationsstraftatbestände in § 88 BörsG und § 38 Abs.1 Nr.4 WpHG i.V.m. §§ 39 Abs.1 Nr.1 u. 2, 20a WpHG und gilt zudem auch für das Ordnungswidrigkeitenrecht[509] und damit für §§ 39 Abs.1 Nr.1 u.2, 20a WpHG.

Eine ausreichende Bestimmtheit von § 88 BörsG im Hinblick auf die Anforderungen von Art. 103 Abs.2 GG und § 1 StGB i.V.m. § 1 Abs.1 EGStGB[510] wurde sowohl wegen des Tatbestandsmerkmals der Bewertungserheblichkeit in § 88 Nr.1 BörsG[511], als auch – vornehmlich – wegen der generalklauselartigen Fassung von § 88 Nr.2 BörsG[512] bezweifelt. Entsprechende Zweifel wurden auch gegenüber der Neufassung des Manipulationsverbotes in § 20a Abs.1 S.1 Nr.1 und 2 WpHG i.V.m. §§ 39 Abs.1 Nr.1 und 2; 38 Abs.1 Nr.4 WpHG geäußert[513]. Der Wortlaut des § 88 BörsG unterscheidet sich von dem des § 20a Abs.1 WpHG nicht in Bezug auf die Ansatzpunkte dieser Kritik. Das Merkmal der Bewertungserheblichkeit wurde auch in der Neufassung beibehalten, die zweite Tatbestandsalternative in § 20a Abs.1 WpHG spricht von „sonstigen Täuschungshandlungen“, während § 88 Nr.2 WpHG „sonstige auf Täuschung berechnete Mittel“ erfasst. Daher kann die an § 88 BörsG geäußerte Kritik weitgehend auf das neugefasste Manipulationsverbot übertragen werden, so dass hier die Bestimmtheit dieser Tatbestände zunächst einheitlich behandelt werden soll. Im Anschluss ist noch gesondert zu untersuchen, ob bei Vorliegen einer Verordnung aufgrund der Verordnungsermächtigung in § 20a Abs.2 WpHG die Beurteilung der Bestimmtheit des neugefassten Tatbestandes anders ausfallen kann.

---

509 Moosmayer, wistra 2002, 161, 167.

510 § 1 StGB stimmt wörtlich mit Art. 103 Abs.2 GG überein und findet gem. § 1 Abs.1 EGStGB auch auf Nebenstrafrecht wie § 88 BörsG oder § 38 Abs.1 Nr.4 WpHG Anwendung.

511 Sorgenfrei, wistra 2002, 321, 324; Tripmaker, wistra 2002, 288, 292; Vgl. auch Altenhain, BB 2002, 1874, 1876 und Park, BB 2003, 1513, 1514.

512 Schwark, § 88 BörsG Rz. 6; Park, BB 2001, 2069, 2071; Vgl. auch Rössner/Worms in Assmann/Schütze, § 9 Rz. 9; Scheu, S. 101f.; Schröder, Aktienhandel und Strafrecht, S. 60f.

513 Park, BB 2003, 1513, 1516; Sorgenfrei, wistra 2002, 321, 325.

1) Die Bestimmtheit von § 88 Nr.1 BörsG und § 20a Abs.1 S.1 Nr.1 WpHG

Die an einer hinreichenden Bestimmtheit von § 88 Nr.1 BörsG und § 20a Abs.1 S.1 Nr.1 WpHG in der Literatur geäußerten Zweifel beziehen sich auf das Merkmal der „Bewertungserheblichkeit" von Umständen, die Inhalt unrichtiger oder pflichtwidrig unterlassener Angaben sind. Ob die Verwendung dieses konkretisierungsbedürftigen Merkmals zu einer verfassungswidrigen Unbestimmtheit von § 88 Nr.1 BörsG und § 20a Abs.1 S.1 Nr.1 WpHG führen kann, ist nach den vom Bundesverfassungsgericht zu Art. 103 Abs.2 GG aufgestellten Kriterien zu beurteilen. So hat das Bundesverfassungsgericht klar gestellt, dass der Gesetzgeber im Straf- und Ordnungswidrigkeitenrecht nicht völlig darauf verzichten kann, allgemeine Begriffe zu verwenden, die nicht eindeutig umschrieben werden können und die in besonderem Maße der Auslegung durch den Richter bedürfen[514]. Sonst würden die Gesetze zu starr und kasuistisch und könnten dem Wandel der Verhältnisse oder der Besonderheit des Einzelfalls nicht mehr gerecht werden[515]. Der erforderlich Grad der gesetzlichen Bestimmtheit soll von der Besonderheit des Tatbestandes und den zu der gesetzlichen Regelung führenden Umständen abhängen. Dabei müssen die Voraussetzungen einer Strafe oder eines Bußgeldes um so präziser bestimmt sein, je schwerer die angedrohte Sanktion ist[516]. § 88 Nr.1 BörsG sieht eine Strafdrohung von maximal 3 Jahren Freiheitsstrafe vor, § 20a Abs.1 S.1 Nr.1 WpHG führt bei einer tatsächlichen Preiseinwirkung über § 38 Abs.1 Nr.4 WpHG zu einer maximalen Strafdrohung von 5 Jahren Freiheitsstrafe. Diese Strafdrohungen erfordern in besonderer Weise, dass die Voraussetzungen für die Verwirkung einer entsprechenden Freiheitsstrafe ausreichend bestimmt sind, so dass jedermann sein Verhalten entsprechend einrichten kann. Das Merkmal der Bewertungserheblichkeit lässt sich im Hinblick auf Inhalt und Reichweite nicht aus sich selbst heraus oder anhand des übrigen Gesetzeswortlautes klar bestimmen, insbesondere weil hierfür Erheblichkeitsgrenzen und – bedingt durch die nicht homogene Anlegerschaft, die einen Rückgriff auf einen durchschnittlichen Anleger unmöglich macht – ein eindeutiger Bewertungshorizont festgelegt werden müssten[517]. Wann bewertungserhebliche Umstände vorliegen und eine Strafbarkeit in Betracht kommt, ist somit nicht für jedermann in allen in Betracht kommenden Fällen allein anhand des Gesetzeswortlautes von § 88 Nr.1 BörsG und § 20a Abs.1 S.1 Nr.1 WpHG vorhersehbar. Eine solche Vorhersehbarkeit wird aber von Art. 103 Abs.2 GG gefor-

514 BVerfGE 41, 314, 319f.
515 BVerfGE 14, 245, 251; 41, 314, 319f.
516 BVerfGE 14, 245, 251; 41, 314, 320.
517 Vgl. hierzu die Ausführungen zur Bewertungserheblichkeit im vorangehenden Abschnitt II/1.

dert[518]. Allerdings kann eine Norm erst dann als verfassungswidrig durch das Bundesverfassungsgericht verworfen werden, wenn eine Auslegung der Norm in einer dem Bestimmtheitsgebot entsprechenden Weise nicht möglich ist[519]. Der Gesetzgeber von § 88 Nr.1 BörsG hat es in seiner Begründung für überflüssig gehalten, näher auf das Merkmal der Bewertungserheblichkeit einzugehen. Er stellt lediglich klar, dass die Verkehrsauffassung maßgeblich sein soll, „ohne dass dies einer Erwähnung im Tatbestand bedürfte"[520]. Der Gesetzgeber von § 20a Abs.1 S.1 Nr.1 WpHG bezieht sich bei seiner Stellungnahme zu dieser Norm ohne weitere Begründung auf die Übernahme des Tatbestandsmerkmals der Bewertungserheblichkeit von § 88 Nr.1 BörsG[521]. Die in § 20a Abs.2 Nr.1 WpHG vorgesehene Verordnungsermächtigung für eine nähere Bestimmung bewertungserheblicher Umstände lässt zwar den Schluss zu, dass der Gesetzgeber des 4. FMFG das Bedürfnis einer weiteren Konkretisierung der „Bewertungserheblichkeit" gesehen hat, eine Begründung hierzu gibt er jedoch nicht[522]. Ein zur Auslegung heranzuziehender gesetzgeberischer Wille ist den Gesetzesmaterialien damit nicht zu entnehmen. Auch die Möglichkeit eines das Problem erschöpfend lösenden Rückgriffs auf andere straf- und kapitalmarktrechtliche Normen besteht nicht[523]. Insbesondere schließt ein Verweis auf ad-hoc-mitteilungspflichtige Tatsachen i.S.v. § 15 Abs.1 S.1 WpHG nur emittentenbezogene, nicht aber sonstige möglicherweise bewertungserhebliche Umstände ein. Wie bereits erläutert, hilft auch die am durch das Bundesfinanzministerium aufgrund von § 20a Abs.2 Nr.1 WpHG erlassene Rechtsverordnung für eine nähere Konkretisierung der „Bewertungserheblichkeit" - außer der Bezugnahme auf ad-hoc-mitteilungspflichtige Tatsachen - nicht weiter. Da sich die Zahl der sonstigen möglicherweise bewertungserheblichen Umstände gerade im Hinblick auf emotionale Anlageentscheidungen von Privatanlegern nicht abschließend eingrenzen lässt und damit von einer unbestimmten Weite ist, kann eine verfassungsgemäße, an Art. 103 Abs.2 GG orientierte Auslegung nur in äußerst restriktiver Weise erfolgen[524]. Nur wenn Umstände mit anerkannt starkem Kursbeeinflussungspotential, wie beispielsweise im Falle von ad-hoc-mitteilungspflichtigen Tatsachen i.S.v. § 15 Abs.1 S.1 WpHG betroffen sind, kann mit hinreichender Sicherheit von einer Bewertungserheblichkeit ausgegangen werden, so dass in diesen Fäl-

518 Vgl. BVerfGE 41, 314, 319; 78, 374, 382f.
519 Sorgenfrei, wistra 2002, 321, 324; Vgl. auch BVerfGE 41, 314, 319.
520 Regierungsentwurf 2. WiKG, BT-Drs. 10/318, S. 46.
521 Regierungsentwurf 4. FMFG, BT-Drs. 14/8017, S. 89.
522 Vgl. Regierungsentwurf 4. FMFG, S. 90: Im Hinblick auf die Verordnungsermächtigung in § 20a Abs.2 WpHG werden nur deren Nr.2 und 3 erläutert.
523 Vgl. Sorgenfrei, wistra 2002, 321, 324f.
524 Vgl. Sorgenfrei, wistra 2002, 321, 325.

len für jedermann eine mögliche Verwirklichung des Tatbestandes von § 88 Nr.1 BörsG bzw. § 20a Abs.1 S.1 Nr.1 WpHG auch ausreichend bestimmt vorhersehbar ist.

Eine restriktive Auslegung des Merkmals der „Bewertungserheblichkeit" ist also erforderlich, aber zugleich auch ausreichend für eine verfassungsgemäße Bestimmtheit der Tatbestände. Allerdings ist zur Gewährleistung eines umfassenden Rechtsgüterschutzes eine weitergehende Konkretisierung insbesondere durch die Festlegung von in der Regel als bewertungserheblich einzustufenden Umständen durch den Gesetzgeber selbst geboten. Anzumerken ist hier noch, dass eine möglicherweise bestehende – im folgenden noch genauer zu untersuchende – verfassungswidrige Unbestimmtheit von § 88 Nr.2 BörsG und § 20a Abs.1 S.1 Nr.2 WpHG für den Bestand der ersten Tatalternative keine Auswirkung hat, auch wenn quasi die Generalklausel entfiele und nur noch der konkretisierende Sonderfall der jeweiligen Nr.1 übrig bliebe. Diese Tatalternative kann auch ohne der zweiten Tatalternative in sinnvoller Weise Bestand haben und ihren Zweck erfüllen.

2) Die Bestimmtheit von § 88 Nr.2 BörsG und § 20a Abs.1 S.1 Nr.2 WpHG

Wie eingangs erläutert, sollen die Tatbestandsalternativen in § 88 Nr.2 BörsG und § 20a Abs.1 S.1 Nr.2 WpHG gemeinsam auf ihre verfassungsgemäße Bestimmtheit hin untersucht werden. Zwar sieht § 20a Abs.2 Nr.2 WpHG vor, dass mittels Verordnung nähere Bestimmungen zu dem Vorliegen einer „sonstigen Täuschungshandlung" i.S.v. § 20a Abs.1 S.1 Nr.2 WpHG möglich sind, eine solche Verordnung ist jedoch erst zum 28.11.2003 und damit weit über ein Jahr nach § 20a WpHG[525] in Kraft getreten. Für den Zeitraum zwischen dem Inkrafttreten des § 20a WpHG und der Verordnung gemäß § 20a Abs.2 WpHG ist das neugefasste Manipulationsverbot daher allein anhand seines Wortlautes zu beurteilen. Die bloße Möglichkeit einer konkretisierenden Verordnung oder deren Vorliegen als Entwurf spielt dabei keine Rolle.

Die in § 88 Nr.2 BörsG enthaltene Tatbestandsalternative war ursprünglich alleiniger Tatbestand und wurde erst aufgrund der Neufassung des § 88 BörsG durch das 2. WiKG um die Tatalternative in § 88 Nr.1 BörsG ergänzt. Der Gesetzgeber erkannte dabei zwar die Möglichkeit von Anwendungsschwierigkeiten aufgrund der Unschärfe des § 88 Nr.2 BörsG, hielt diese aber für behebbar, wenn bei einer Auslegung des Tatbestandsmerkmals „auf Täuschung berechnete Mittel" der erhöhte Unrechtsgehalt der in Nr.1 erfassten Tathandlung berück-

525 § 20a WpHG trat mit dem 4. Finanzmarktförderungsgesetz zum 1. 7. 2002 in Kraft.

sichtigt werde[526]. § 88 Nr.2 BörsG sollte nur „ergänzend“ beibehalten werden, um ungerechtfertigte Strafbarkeitslücken zu vermeiden[527]. Beschlussempfehlung und Bericht des Rechtsausschusses zum Entwurf des 2. WiKG nennen das Beispiel der Maklerbestechung und die Vornahme „bestimmter Scheingeschäfte“ für unter § 88 Nr.2 BörsG fallende Handlungen. Die Gefahr, dass übliche seriöse Börsentechniken und Finanzoperationen dem Tatbestand unterfallen, hielt der Rechtsausschuss dabei ausdrücklich für nicht gegeben[528]. In Anlehnung an die Begründung des Gesetzgebers wurden mögliche Zweifel an der verfassungsgemäßen Bestimmtheit von § 88 Nr.2 BörsG auch in der Literatur vielfach mit dem Verweis auf die mögliche Auslegung der Tatalternative in § 88 Nr.1 BörsG sowie anhand des Rechtsgutes für unbegründet erklärt[529]. Dem Bestimmtheitsgebot sollte insbesondere genügt werden können, wenn die häufigsten Tathandlungen von § 88 Nr.1 BörsG erfasst würden, so dass die Nr.2 nur noch für einige wenige Begehungsformen offen bliebe[530].

Wie bereits im Hinblick auf § 88 Nr.2 BörsG erläutert, führt eine konkretisierende Auslegung dieses Tatbestandes anhand von § 88 Nr.1 BörsG zu einer notwendigen Begrenzung der erfassten Fälle auf Täuschungen über bewertungserhebliche Umstände. Bei Täuschungen durch Unterlassen muss zudem eine Tätigkeitspflicht aufgrund einer Rechtsvorschrift bestehen. Im übrigen kann § 88 Nr.2 BörsG keine Fälle rein informationsbezogener Manipulationshandlungen erfassen, die nicht unter § 88 Nr.1 BörsG fallen, da sonst die Konkretisierung durch § 88 Nr.1 BörsG im Wege einer Erweiterung dieses Tatbestandes durch § 88 Nr.2 BörsG wieder unterlaufen würde. Damit ließe sich der objektive Tatbestand des § 88 Nr.2 BörsG konkretisiert umschreiben als „die Anwendung von Mitteln, die auf Täuschung durch Tun über bewertungserhebliche Umstände oder auf Täuschung über bewertungserhebliche Umstände durch Unterlassen entgegen einer bestehenden Rechtsvorschrift berechnet sind, soweit es sich nicht um rein informationsbezogene Handlungen i.S.v. § 88 Nr.1 BörsG handelt“. Entsprechendes gilt für eine konkretisierende Auslegung von § 20a Abs.1 S.1 Nr.2 WpHG anhand von § 20a Abs.1 S.1 Nr.1 WpHG. Der objektive Verbotstatbestand von § 20a Abs.1 S.1 Nr.2 WpHG könnte demnach konkretisiert umschrieben werden, als „sonstige Täuschungen über bewertungserhebliche Umstände durch Tun oder durch Unterlassen entgegen bestehender Rechtsvor-

---

526 Regierungsentwurf 2. WiKG, BT-Drs. 10/318, S. 45 f.

527 Regierungsentwurf 2. WiKG, BT-Drs. 10/318, S. 45 f.

528 Beschlussempfehlung und Bericht des Rechtsausschusses zu dem Regierungsentwurf des 2. WiKG, BT-Drs. 10/5058, S.37 f.

529 Schröder, Aktienhandel und Strafrecht, S. 60; Schlüchter, 2. WiKG, S. 149; Erbs/Kohlhaas – Fuhrmann, § 88 BörsG Rz. 2; Schwark, § 88 BörsG Rz. 6.

530 Schwark, § 88 BörsG Rz. 6.

schriften, wenn dieses Handeln geeignet ist, auf den inländischen Börsen- oder Marktpreis eines vermögenswertes oder auf den Preis eines Vermögenswertes an einem organisierten Markt in einem anderen Mitgliedstaat der Europäischen Union oder in einem anderen Vertragsstaat des Abkommens über den Europäischen Wirtschaftsraum einzuwirken, soweit es sich nicht um rein informationsbezogene Handlungen i.S.v. § 20a Abs.1 S.1 Nr.1 WpHG handelt". Bei einer derart eingrenzenden Auslegung der zweiten Tatalternative von § 88 BörsG und § 20a WpHG wäre zudem die erforderliche restriktive Auslegung des Begriffes der Bewertungserheblichkeit zu beachten. Im Ergebnis ließe sich damit ein ausreichend abgrenzbarer Tatbestand finden, dessen Verwirklichung für den einzelnen Bürger den Anforderungen von Art. 103 Abs.2 GG entsprechend ausreichend bestimmt vorhersehbar ist.

Im Ergebnis lassen sich mit einer solchermaßen eingrenzenden Auslegung die Zweifel an einer ausreichenden Bestimmtheit der Normen dennoch nicht völlig ausräumen, da letztlich allein das Bundesverfassungsgericht die Kompetenz zur Verwerfung einer nicht hinreichend bestimmten, gegen Art. 103 Abs.2 GG verstoßenden und damit verfassungswidrigen Norm hat[531]. Viel wesentlicher ist jedoch, dass mit einer eingrenzenden Auslegung nicht viel gewonnen ist. Denn die Realität sieht anders aus, als es der Gesetzgeber des 2. WiKG, der § 88 Nr.2 BörsG lediglich ergänzend beibehalten wollte, vorhergesehen hat. § 88 Nr.2 BörsG und sein Nachfolgetatbestand in § 20a Abs.1 S.1 Nr.2 WpHG sollen auf eine Vielzahl von als sanktionswürdig eingestuften Manipulationstechniken Anwendung finden. Auf die einzelnen Manipulationstechniken und ihre mögliche Erfassung durch § 88 BörsG und § 20a WpHG wird im folgenden Kapitel 7 dieser Untersuchung näher eingegangen. Hier ist jedoch bereits anzumerken, dass einige Manipulationstechniken, die nach dem Willen des Gesetzgebers, einer Ansicht in der Literatur und zum Teil auch nach der Rechtsprechung des BGH unter § 20a Abs.1 S.1 Nr.2 WpHG fallen sollen, nicht von diesem Tatbestand erfasst werden können, wenn er den oben genannten Anforderungen entsprechend eingrenzend auszulegen ist. Als Beispiel ist hier das sogenannte „Scalping" zu nennen, bei welchem die durch eine Empfehlung ausgelöste Kursschwankung gewinnbringend für eigene Geschäfte des Empfehlenden genutzt wird[532]. Hier wird die Ansicht vertreten, dass der Anlageempfehlende darüber täuscht, dass er die Empfehlung mit der Absicht der Preiseinwirkung abgibt. Eine reine Empfehlung wird bereits nicht von § 88 Nr.1 BörsG und § 20a Abs.1 S.1 Nr.1 WpHG erfasst. Sie kann daher auch nicht als auf Täuschung be-

531 Sofern es sich um nachkonstitutionelles Recht handelt, vgl. Art. 93 Abs.1 Nr. 2 GG und Art. 100 Abs.1 GG.

532 Vgl. hierzu näher in Kapitel 7 / Abschnitt III.

rechnetes Mittel oder sonstige Täuschungshandlung i.S. der jeweils zweiten Tatalternative erfasst werden. Denn dann würde die durch die jeweilige Nr.1 vorzunehmende Konkretisierung unterlaufen.

Der Reformbedarf im Hinblick auf eine zu konkretisierende Fassung von § 20a Abs.1 S.1 Nr.2 WpHG ist damit offensichtlich[533]. Der Gesetzgeber steht derzeit vor dem Dilemma, dass entweder eine eingrenzende Auslegung der Norm dazu führt, dass wichtige Fallgruppen einer Manipulation nicht erfasst werden können, oder eine nicht eingegrenzte unbestimmte Reichweite der Norm diese durch das Bundesverfassungsgericht als verfassungswidrig verwerfen lässt, so dass der Tatbestand des § 20a Abs.1 S.1 Nr.2 WpHG bis zu einer verfassungsgemäßen Neufassung völlig entfiele. Ob sich diese Situation ab dem 28.11.2003 mit dem Inkrafttreten der Verordnung zur Konkretisierung des Verbotes der Kurs- und Marktpreismanipulation gemäß § 20a Abs.2 WpHG geändert hat, wird im folgenden Abschnitt erörtert.

3) Die Bestimmtheit von § 20a Abs.1 S.1 Nr.2 WpHG i.V.m. einer Verordnung gemäß § 20a Abs.2 Nr.2 u. 3 WpHG

Bei Blankett-Tatbeständen kann eine Norm auch durch eine Rechtsverordnung hinreichend bestimmt werden i.S.v. Art. 103 Abs.2 GG. Denn auch Rechtsverordnungen können ein hinreichend bestimmtes „Gesetz" i.S.v. Art. 103 Abs.2 darstellen, wenn sie den Voraussetzungen des Art. 80 Abs.1 GG genügen[534]. Das Bundesverfassungsgericht stellt an die inhaltliche Bestimmtheit einer Ermächtigungsnorm für Eingriffs- und zumal für Strafgesetze strenge Anforderungen[535]. Der Gesetzgeber muss die Ermächtigung zur Strafandrohung unzweideutig aussprechen und dabei Inhalt, Zweck und Ausmaß der Ermächtigung so genau umreißen, dass die Voraussetzungen der Strafbarkeit und die Art der Strafe für den Bürger schon aus der Ermächtigung und nicht erst aus der auf sie gestützten Verordnung voraussehbar sind[536]. Wenn die Blankettnorm – wie § 38 Abs.1 Nr.4 WpHG – zusätzlich die Verhängung einer Freiheitsstrafe vorsieht, so ist eine Festlegung der Voraussetzungen der Strafbarkeit in der Rechtverordnung ausgeschlossen[537].

Diesen Anforderungen wird die Neufassung des § 20a Abs.2 WpHG nicht gerecht. Dies gilt insbesondere für die Alternativen in § 20a Abs.2 Nr.2 und 3

533 Vgl. hierzu Kapitel 9.
534 BVerfGE 14, 174, 185; Moosmayer, wistra 2002, 161, 168.
535 BVerfGE 14, 174, 185.
536 BVerfGE 14, 174, 186.
537 Moosmayer, wistra 161, 168.

WpHG, also für die Festlegung, wann eine „sonstige Täuschungshandlung" vorliegt, sowie für die Bestimmung von Handlungen und Unterlassungen, die in keinem Fall einen Verstoß gegen das Verbot des Satzes Abs.1 S.1 darstellen. In § 20a Abs.1 S.1 Nr.2 WpHG besteht die gesamte objektive Tathandlung aus der Vornahme sonstiger Täuschungshandlungen. Allein über den objektiven Tatbestand bestimmend ist damit der Begriff der Täuschungshandlung. Gerade dessen nähere Bestimmung wird durch die Verordnungsermächtigung in § 20a Abs.2 Nr.2 WpHG aber vollständig dem Verordnungsgeber überlassen. Das kommt der vollständigen Bestimmung über den objektiven Tatbestand gleich, was nicht mehr als reine Tatbestandskonkretisierung gewertet werden kann. Auch die Möglichkeit zu einer anderweitigen Konkretisierung der Täuschungshandlung ist nicht ersichtlich. Zwar hat die Rechtsprechung zu § 263 StGB wesentliche Aussagen über die Voraussetzungen für das Vorliegen einer Täuschungshandlung getroffen[538], diese können jedoch nicht auf § 20a Abs.1 S.1 Nr.2 WpHG übertragen werden[539]. Denn in § 263 StGB ist der Gesetzgeber allein von einer Täuschung über Tatsachen ausgegangen, gerade die Gesetzgebung will jedoch auch Gerüchte als unverbürgte Nachrichten unter die Täuschungshandlung fallen lassen[540] sowie Empfehlungen und damit reine Werturteile[541]. Verlässt sich ein Normadressat also auf die zum Täuschungsbegriff nach § 263 Abs.1 StGB gewonnenen Ergebnisse, kann er gerade nicht erkennen, dass auch Gerüchte[542] oder reine Werturteile zu einer möglichen Strafbarkeit führen können.

Die in § 20a Abs.2 Nr.2 und Nr.3 WpHG enthaltene Verordnungsermächtigung geht daher weit über eine noch zulässige, bloße Spezifizierung des Straftatbestandes[543] in § 34 Abs.1 Nr.4 WpHG i.V.m. §§ 39 Abs.1 Nr.2, 20a Abs.1 S.1 Nr.2 WpHG hinaus. Zwar hat das Bundesverfassungsgericht festgestellt, dass die Möglichkeit einer Spezifizierung durch Rechtsverordnung insbesondere gerechtfertigt sein kann, wenn wechselnde und mannigfaltige Einzelregelungen erforderlich werden können[544], das ist jedoch vorliegend nicht der Fall. Denn die vom Gesetzgeber angedachten und vom Verordnungsgeber als unter § 20a WpHG fallenden Manipulationstechniken sind äußerst überschaubar. Der Kapi-

---

538 Vgl. die Nachweise bei Tröndle/Fischer, § 263 StGB Rz. 6 ff.

539 A.A.: BGH Urteil v. 6.11.2003 (1 StR 24/03), abrufbar unter www.bundesgerichtshof.de. Diese zum sogenannten „Scalping" ergangene Entscheidung des BGH wird in Kapitel 7 / Abschnitt III näher erläutert.

540 Regierungsentwurf 4. FMFG, BT-Drs. 14/8017, S. 90.

541 Das ist beim sogenannten „Scalping" der Fall, vgl. hierzu Kapitel 7 / Abschnitt III.

542 Gerüchte sind selbst keine Tatsachen, sondern jeweils nur die mitgeteilte Vermutung einer Tatsache. Vgl. hierzu Kapitel 7 / Abschnitt II.

543 Vgl. BVerfGE 14, 174, 187; 14, 245, 251; 23, 265, 270; 75, 329, 342.

544 BVerfGE 75, 329, 342 m.w.N.

talmarkt ändert sich auch nicht so schnell und umfangreich, dass ständige Neuregelungen erforderlich wären. Jedenfalls wäre es für den Gesetzgeber ohne weiteres möglich gewesen, die von ihm in seiner Gesetzesbegründung genannten Fälle einer „Täuschungshandlung"[545] zur Konkretisierung dieses Tatbestandes als Regelbeispiele einzufügen. Zudem ist der Verordnungsgeber ähnlich träge wie der Gesetzgeber. Da er erst über ein Jahr nach Inkrafttreten des § 20a WpHG eine Verordnung zu dessen Konkretisierung erlassen hat und dabei keine wesentlich neuen Manipulationstechniken erfasst, stünde eher zu befürchten, dass auch der Verordnungsgeber zu erforderlichen wechselnden und mannigfaltigen Einzelfallregelungen nicht mit der nötigen Reaktionsschnelle in der Lage wäre. Darüber hinaus geht die Bestimmung des einzigen objektiven Tatbestandsmerkmals über eine bloße Tatbestandsspezifizierung deutlich hinaus. Zumal der Verordnungsgeber auch Fälle erfasst sehen will, die nicht geeignet sind, eine Täuschungshandlung darzustellen[546]. Nicht zuletzt zeigt die Formulierung des § 20a Abs.2 Nr.3 WpHG besonders deutlich, von welch unzulässiger Weite und damit Unbestimmtheit der Tatbestand des § 20a Abs.1 S.1 WpHG ist: Die Ermächtigung, festzulegen, welche Handlungsweisen *nicht* unter den Verbotstatbestand fallen sollen, zeigt, dass der Gesetzgeber alles verboten sehen will, was nicht ausführlich erlaubt ist[547]. Für eine Verordnungsermächtigung zur Ausgrenzung nicht strafwürdiger Fälle bedeutet das, dass der Gesetzgeber dem Verordnungsgeber überträgt, was eigentlich seine Aufgabe wäre: Die Grenzen der Strafbarkeit festzulegen[548].

Die Verordnungsermächtigung entspricht nach alledem nicht den vom Bundesverfassungsgericht aufgestellten Kriterien und ist als verfassungswidrig einzustufen. Die Verordnung kann auch nicht zur Konkretisierung des § 20a Abs.1 S.1 WpHG herangezogen werden, da sie vielfach über die zur Gewährleistung einer ausreichenden verfassungsgemäßen Bestimmtheit gebotene Auslegung von § 20a Abs.1 S.1 WpHG hinausgeht. Diese Problematik wird in Kapitel 7 ausführlich behandelt.

---

545 Vgl. Regierungsentwurf 4. FMFG, BT-Drs. 14/8017, S. 89 f.

546 Vgl. hierzu die Ausführungen im folgenden Kapitel 7.

547 Altenhain, BB 2002, 1874, 1876.

548 Vgl. auch die Anmerkung von Moosmayer, wistra 2002, 161, 169 (Fn. 97), dass es bedenklich und gleichzeitig symptomatisch sei, dass in der vom Bundestag berufenen Expertenkommission zum 4. FMFG kein Strafrechtler vertreten war.

IV) Fragen zur Verjährung

Die Bestimmung der Verjährung eines Verstoßes gegen das Manipulationsverbot nach alter und neuer Rechtslage war von wesentlicher Bedeutung für zwei der medienträchtigen Fälle von Ermittlungen und Prozessen wegen des Verdachts auf Kursmanipulationen am ehemaligen Neuen Markt. In Betracht kam jeweils eine Verjährung nach den Verjährungsvorschriften des allgemeinen Teils des Strafgesetzbuches, §§ 78 ff StGB, sowie eine wesentlich kürzere presserechtliche Verjährung nach einschlägigem Landespresserecht. So wurde im Fall „Prior“[549] ein erstes Ermittlungsverfahren aufgrund der Veröffentlichung von Empfehlungen in seinem Börseninformationsdienst wegen eingetretener Verjährung als Pressedelikt eingestellt[550]. Auch im Fall „Infomatec“[551] versuchte sich die Verteidigung auf eine eingetretene presserechtliche Verjährung zu berufen[552], in diesem Fall in 1. Instanz allerdings ohne Erfolg[553]. Im folgenden sollen zunächst die regelmäßigen Verjährungsfristen für Verstöße gegen das Manipulationsverbot nach alter und neuer Rechtslage dargestellt werden. Im Anschluss wird die Möglichkeit einer kurzen presserechtlichen Verjährung anhand des praxisrelevanten Falles einer Verbreitung von unrichtigen Angaben über Adhoc-Mitteilungen untersucht.

1) Die Verjährung nach allgemeinen Vorschriften

Die allgemeinen Verjährungsvorschriften des Strafgesetzbuches, §§ 78 ff. StGB, finden gemäß § 1 Abs.1 EGStGB auch auf § 88 BörsG Anwendung. Eine mit einer Höchststrafe von 3 Jahren Freiheitsstrafe oder Geldstrafe bedrohte Tat nach § 88 BörsG ist nur ein Vergehen, da keine Mindeststrafe von 1 Jahr Freiheitsstrafe angeordnet ist, § 12 Abs.1 und 2 StGB, § 1 Abs.1 EGStGB. Sie verjährt gemäß § 78 Abs.3 Nr.4 StGB in 5 Jahren. Gleiches gilt für eine gemäß §§ 38 Abs.1 Nr.4, 39 Abs.1 Nr.1 oder 2, 20a Abs.1 WpHG strafbare Kursmanipulation

549 Die Einstellung erfolgte durch die Frankfurter Staatsanwaltschaft unter Protest des BAWe. (Weber, NJW 2000, 562, 562 (Fn.3 m.w.N.).

550 Weber, NJW 2000, 562, 562.

551 In diesem bei Redaktionsschluss noch nicht abgeschlossenen Verfahren wurden den ehemaligen Vorständen der Infomatec AG unter anderem fehlerhafte ad-hoc-Mitteilungen zur Last gelegt. (Vgl. hierzu die Sachverhaltsdarstellung bei LG München I, ZIP 2001, 1814, 1814 f. zur zivilrechtlichen Entscheidung über die Anordnung des dinglichen Arrestes in das Vermögen der beklagten Vorstände wegen einer Schadensersatzforderung gegen diese).

552 FAZ vom 9. 9. 2003.

553 FAZ vom 12. 9. 2003.

nach der Neuregelung des 4. FMFG. Auch hier ergibt sich gemäß § 75 Abs.3 Nr.4 StGB (i.V.m. § 1 Abs.1 EGStGB) eine 5-jährige Verjährungsfrist. Die mit einer Höchstgeldbuße von 1,5 Mio. Euro bedrohte Ordnungswidrigkeit nach § 39 Abs.1 Nr.1 u. 2 i.V.m. § 20a Abs.1 WpHG verjährt nach § 31 Abs.2 Ziffer 1 OWiG grundsätzlich in drei Jahren. Etwas anderes gilt, soweit Sondervorschriften zu den Verjährungsregeln der §§ 78 ff. StGB aufgrund der Landespressegesetze eingreifen.

2) Die Anwendbarkeit von presserechtlichen Verjährungsregeln

Vor der Neufassung des § 88 BörsG durch das 2. WiKG[554] im Jahr 1986 war die kurze presserechtliche Verjährung in § 88 Abs.2 BörsG a.F. noch ausdrücklich für unanwendbar erklärt worden. An dieser Stelle war einschränkungslos die Anwendbarkeit der §§ 78 ff. StGB angeordnet. Bei der Aufhebung von § 88 Abs.2 BörsG ging der Gesetzgeber davon aus, dass die ursprüngliche Regelung namentlich auf den ursprünglichen § 88 Abs.1 Nr.2 BörsG zugeschnitten war, der durch den neu eingefügten Tatbestand des Kapitalanlagebetruges nach § 264a StGB entbehrlich wurde[555]. Die uneingeschränkte Anwendbarkeit der §§ 78 ff. StGB sei eine „klarstellende Regelung" gewesen. Demnach würde sie auch jetzt noch gelten, allerdings nur für den an die Stelle von § 88 Abs.1 Nr.2 BörsG a.F. getretenen § 264a StGB. Für § 88 BörsG in seiner Fassung durch das 2. WiKG kommt demnach die Anwendbarkeit presserechtlicher Verjährungsregeln in Betracht. Zudem hat der BGH sogar für den Tatbestand des § 264a StGB bejaht, dass er ein Presseinhaltsdelikt[556] darstellen und nach presserechtlichen Regeln verjähren könne[557]. Nichts anderes kann bei Vorliegen der Voraussetzungen eine Presseinhaltsdeliktes für eine Tat nach § 88 BörsG gelten. Presserechtliche Verjährungsregeln können also grundsätzlich auf Taten nach § 88 BörsG und entsprechend auch auf Taten nach § 38 Abs.1 Nr.4 WpHG i.V.m. §§ 39 Abs.1 Nr.1 oder 2, 20a Abs.1 WpHG Anwendung finden[558]. Nach dem

554 2. Gesetz zur Bekämpfung der Wirtschaftskriminalität vom 15.5.1986, BGBl I/1986, 721.

555 Regierungsentwurf 2. WiKG, BT-Drs. 10/318, S. 46.

556 Als „Presseinhaltsdelikt" bezeichnet werden Delikte, die durch die Verbreitung eines Druckwerkes begangen werden, deren Inhalt die Erklärung enthält, die für den betreffenden Straftatbestand erforderlich ist. (Löffler/Wenzel/Sedelmeier – Kühl, Presserecht, § 20 LPG Rz. 26).

557 BGH, Urteil v. 21.12.1994, NJW 1995, 892, 893. Auf diese Entscheidung wird im folgenden noch näher eingegangen.

558 Aus Gründen der Übersichtlichkeit wird im folgenden nur auf § 88 Nr.1, 1.Alt. BörsG Bezug genommen. Die hierzu getroffenen Feststellungen gelten jedoch ent-

jeweils einschlägigen Presserecht ergibt sich damit für Presseinhaltsdelikte eine kurze Verjährungsfrist von 6 Monaten[559].

Da hierbei keine Unterscheidung zwischen Straftaten und Ordnungswidrigkeiten getroffen wird, kommt auch für den neuen Bußgeldtatbestand des § 39 Abs.1 Nr.1 und 2 WpHG i.V.m. § 20a Abs.1 WpHG eine kurze presserechtliche Verjährung in Betracht. Zu berücksichtigen ist dabei jedoch, dass gemäß § 31 Abs.2 Ziffer 4 OWiG bereits regulär in 6 Monaten verjährende Ordnungswidrigkeiten denkbar sind, welche durch eine gleich lange presserechtliche Verjährung keinerlei Privilegierung erfahren würden. Landespressegesetze können dagegen für sogenannte „Pressordnungswidrigkeiten“ [560] eine auf 3 Monate verkürzte Verjährung vorsehen[561]. Auch wenn sich eine solche kurze Verjährung nur auf Presseordnungswidrigkeiten bezieht, kann nicht im Umkehrschluss angenommen werden, dass Presse-Inhalts-Ordnungswidrigkeiten wie Straftaten gemäß 6 Monaten verjähren sollen, da andernfalls regulär in 6 Monaten verjährende Ordnungswidrigkeiten mangels weitergehender Privilegierung ohne ersichtlichen Grund mit Presse-Inhalts-Straftaten gleichgestellt würden[562]. Die analoge Anwendung des 3-monatigen Verjährungsprivilegs für Pressordnungswidrigkeiten auch auf Presse-Inhalts-Ordnungswidrigkeiten ist damit zu bejahen.

3) Ad-hoc-Mitteilungen und Verjährung nach dem Bayerischen Pressegesetz

Liegt ein Presseinhaltsdelikt vor, richtet sich die Verjährung der Tat nach Landespresserecht, wobei zu beachten ist, dass die Verjährung ein bloßes Verfahrenshindernis ist. Daher kommen nicht die am Tatort, sondern die am Sitz des

---

sprechend für das Verbot des § 20a Abs.1 S.1 Nr.1, 1.Alt. WpHG und die diesbezüglichen Blankettnormen in § 38 Abs.1 Nr.4 WpHG und § 39 Abs.1 Nr.1 u. 2 WpHG. Soweit Abweichungen festzustellen sind, wird auf die neue Rechtslage gesondert eingegangen.

559 Vgl. Art. 14 Abs.1 S.1 des Bayerischen Pressegesetzes (BayPrG): „Die Verfolgung der in diesem Gesetz mit Strafe bedrohten Handlungen und derjenigen Taten, welche durch Verbreitung von Druckwerken strafbaren Inhalts begangen werden, verjährt in sechs Monaten.“

560 Im Gegensatz zu Presseinhalts-Ordnungswidrigkeiten sind Presseordnungswidrigkeiten solche Taten, mit denen gegen ein unmittelbar presserechtlich geregeltes Verbot verstoßen und damit ein im Presserecht selbst angedrohtes Bußgeld verwirkt wird.

561 Vgl. Art. 14 Abs.2 BayPrG der für die in Art. 12 BayPrG enthaltenen Ordnungswidrigkeiten eine Verjährung in 3 Monaten vorsieht.

562 Str.; Vgl. Löffler/Wenzel/Sedelmeier-Kühl/Wenzel, Presserecht, § 24 LPG Rz. 34 m.w.N.

Prozessgerichts[563] geltenden Verjährungsbestimmungen zum Zug[564]. Diese Zuordnung ist insbesondere im Fall von Ad-hoc-Mitteilungen entscheidend. Denn mit Ausnahme von Bayern[565] sehen die Landespressegesetze vor, dass presserechtliche Vorschriften, insbesondere eine kurze presserechtliche Verjährung, nicht in Betracht kommen, wenn ein Druckerzeugnis „nur zu Zwecken des Gewerbes und Verkehrs ... dient". Das ist bei einer stets gewerblich bedingten Ad-hoc-Mitteilung der Fall.

In Fällen, die wie Infomatec in Bayern zur Verhandlung gelangen scheint eine presserechtliche Verjährung also nicht an einem solchen Vorbehalt zu scheitern[566]. Einschlägig ist dort Art. 14 BayPrG. Nach diesem verjährt eine Tat, die durch Verbreitung von Druckwerken mit strafbarem Inhalt begangen wird, bereits in 6 Monaten. § 88 BörsG und §§ 38 Abs.1 Nr.4, 39 Abs.1 Nr.1 u. 2 WpHG i.V.m. § 20a WpHG sind auch nicht unter den hiervon in Art. 14 BayPrG ausdrücklich ausgenommenen Taten. Der Lauf der kurzen Verjährungsfrist beginnt mit dem Erscheinen des Druckwerks, Art. 14 Abs.3 S.1 BayPrG. Soweit also falsche Ad-hoc-Mitteilungen und damit „unrichtige Angaben" i.S.v. § 88 Nr.1, 1.Alt BörsG vorliegen, könnte die kurze presserechtliche Verjährung zu einem dauerhaften Verfahrenshindernis führen. Voraussetzung hierfür ist, dass die Herausgabe (falscher) Ad-hoc-Mitteilungen gemäß § 88 Nr.1, 1.Alt BörsG ein unter Art. 14 BayPrG fallendes Presseinhaltsdelikt darstellt. Ein solches liegt nach der noch maßgeblichen Definition des Reichsgerichtes dann vor, wenn eine Straftat durch die Verbreitung eines Druckwerks begangen wird, dessen geistig wirksamer Inhalt die Erklärung enthält, die für den betreffenden Straftatbestand erforderlich ist[567]. Dem ist auch dann noch Genüge getan, wenn diejenigen Umstände, von denen die Strafbarkeit sonst noch abhängt, außerhalb der durch die Presse verbreiteten Erklärung gegeben sind[568]. Ein Druckwerk im Sinne des BayPrG ist jede mittels der Buchdruckpresse oder eines sonstigen Vervielfältigungsverfahrens hergestellte und zur Verbreitung in der Öffentlichkeit bestimmte Schrift.

---

563 Das zuständige Strafgericht bestimmt sich in örtlicher Hinsicht nach dem Gerichtsstand, der für Presseinhaltsdelikt gem. § 7 Abs.2, S.1 StPO im Hinblick auf den Tatort ausdrücklich in dem Bezirk begründet ist, in dem die Druckschrift erschienen ist. Daneben kommt eine Zuständigkeit des Gerichtes, in dessen Bezirk der Angeschuldigte seinen Wohnsitz oder Aufenthaltsort hat (§ 8 StPO) bzw. in dessen Bezirk der Beschuldigte ergriffen wurde (§ 9 StPO), in Betracht.

564 Löffler/Wenzel/Sedelmeier – Kühl/Wenzel, Presserecht, § 24 LPG Rz. 38.

565 Bayerisches Pressegesetz (BayPrG) vom 3.10.1949 in der Fassung der Neubekanntmachung vom 19.4.2000.

566 A.A. das Landgericht Augsburg im Fall Infomatec (FAZ vom 12. 9. 2003). Hierauf wird im folgenden noch näher einzugehen sein.

567 RGSt 66, 145, 147.

568 RGSt 66, 145, 147.

Damit können grundsätzlich auch über das Internet oder ähnliche Medien verbreitete Mitteilungen unter den Schutz bzw. die Privilegierungen des BayPrG fallen. Entscheidend ist also, ob Ad-hoc-Mitteilungen nach der Art und Weise ihrer Verbreitung als Presseinhaltsdelikt gewertet werden können. Das Verfahren zur Veröffentlichung von Ad-hoc-Mitteilungen, welches sich der zwingenden Mitteilung an das Bundesaufsichtsamt und die betreffenden inländischen Börsen anzuschließen hat, ist in § 15 Abs.3 WpHG detailliert vorgeschrieben. Bei einer Veröffentlichung in den Printmedien muss es sich um ein überregionales Börsenpflichtblatt handeln, wodurch eine weite Verbreitung der Insidertatsache sichergestellt werden soll[569]. Neben dieser Publizierung kann die Veröffentlichung auch in einem elektronisch betriebenen Verbreitungssystem erfolgen, das bei Kreditinstituten, börsenzugelassenen Unternehmen und Börsenmaklern weit verbreitet ist, wie beispielsweise das Verbreitungssystem der Nachrichtenagenturen Reuters und der Vereinigten Wirtschaftsdienste. Viele am ehemaligen Neuen Markt notierten Unternehmen nutzten auch die Möglichkeit einer Veröffentlichung über die Deutsche Gesellschaft für ad-hoc-Publizität (DGAP)[570], nach eigenen Angaben einem zentralen Nachrichtendienstleister für finanzmarktrelevante Informationen börsennotierter Unternehmen, der für Unternehmen die Vorabinformation der Börsen und der zuständigen Wertpapieraufsichtsbehörden und im Anschluss hieran die betreffenden Meldungen über angeschlossene Nachrichtenagenturen übernimmt[571]. Der Emittent stellt hierbei Nachrichten über Internet in das Zentralsystem der DGAP ein. Vom DGAP-Zentralrechner gehen die Meldungen direkt an die elektronischen Informationsverbreitungssysteme führender Nachrichtenagenturen und Informationsanbieter[572].

Hier ist wie folgt zu unterscheiden: Hat ein Unternehmen[573] selbst die obligatorische Vorabmitteilung einer (falschen) Ad-hoc-Mitteilung gegenüber dem (ehemaligen) Bundesaufsichtsamt[574] vorgenommen, liegen hierin bereits „unrichtige Angaben" im Sinne von § 88 Nr.1, 1.Alt. BörsG. Hier fehlt es zwar an einer objektiven Geeignetheit zur Preiseinwirkung, da die Vorabmitteilung noch nicht die Qualität als Insidertatsache beseitigt und die Erklärungsadressaten hier keine auf der fehlerhaften Ad-hoc-Mitteilung beruhenden Anlageentscheidungen treffen, wie bereits erläutert ist die objektive Geeignetheit jedoch für eine Strafbarkeit nach § 88 Nr.1 BörsG nicht erforderlich. Damit ist der Tatbestand des

569 Begründung des Regierungsentwurfs 2. FMFG, BT-Drs. 12/6679, S. 49; Assmann/Schneider, WpHG, § 15 Rz. 155.

570 www.dgap.de.

571 Vgl. das Unternehmensprofil auf der Homepage der DGAP: www.dgap.de.

572 Vgl. das Unternehmensprofil auf der Homepage der DGAP: www.dgap.de.

573 Bzw. dessen zuständiges Organ.

574 Jetzt die Bundesanstalt für Finanzdienstleistungsaufsicht (BaFin).

§ 88 Nr.1 BörsG bereits verwirklicht. Die spätere Verbreitung der Mitteilung zur Herstellung der sogenannten Bereichsöffentlichkeit, d.h. zur Information der professionellen Handelsteilnehmer[575] kann hier nicht mehr für eine Qualifikation als Presseinhaltsdelikt herangezogen werden. Sie ist nur noch mitbestrafte Nachtat der Mitteilung gegenüber Bundesaufsichtsamt und betroffenen Börsen. Anders stellt es sich für § 20a WpHG dar. Das Verbot des § 20a Abs.1 S.1 Nr.1 WpHG wird mangels einer Geeignetheit zur Preisbeeinflussung der Angaben nicht verletzt, so dass es für die Beurteilung einer Tat erst auf die spätere Verbreitung der Mitteilung ankommt.

Anders kann die Beurteilung ausfallen, wenn eine Veröffentlichung über das oben beschriebene System der DGAP oder ein ähnliches System erfolgte. Da unrichtige Angaben i.S.v. § 88 Nr.1 BörsG stets einen Adressaten voraussetzen, fehlt es an solchen Angaben, wenn nur ein Computersystem mit Informationen gespeist wird und diese unkontrolliert und automatisch weitergeleitet werden. Auch der Wortlaut von § 88 BörsG ist hier heranzuziehen: Da in § 88 Nr.2 BörsG von „sonstigen" auf Täuschung berechneten Mitteln die Rede ist, muss auch bei Taten nach Nr.1 die Möglichkeit einer Täuschung bestehen. Diese setzt wiederum voraus, dass überhaupt ein (menschlicher!) Erklärungsadressat vorhanden ist, der einer Täuschung unterliegen kann. Bei einer Handlung gegenüber einem Computersystem ist das nicht der Fall. Daher liegt es nahe, das Computersystem als Veröffentlichungs-Werkzeug des jeweiligen Emittenten anzusehen. Ein Kursbetrug kann dann erst mit der veranlassten Weiterleitung der Informationen an einen Erklärungsadressaten begangen werden. Hier ist zu berücksichtigen, dass die eingespeisten Informationen erst an die Börse und die Wertpapieraufsicht geleitet werden und dann erst an die Nachrichtenagenturen. Denn zwischen der Weitergabe an die Börse und das Wertpapieraufsichtsamt und der Veröffentlichung muss ein gewisser Zeitraum liegen, damit die Börse – abhängig von dem Inhalt der Mitteilung – gegebenenfalls die Möglichkeit hat, die Notierung auszusetzen[576]. Diese zunächst erfolgende Weitergabe an nur zwei bestimmte Adressaten stellt noch keine Veröffentlichung dar und könnte damit als unrichtige Angaben i.S.v. § 88 Nr.1 BörsG einen Kursbetrug darstellen, der mangels einer öffentlichen Verbreitung nicht als Presseinhaltsdelikt zu werten ist. Hiergegen kann jedoch der folgende Einwand gebracht werden: Die Einspeisung der Informationen erfolgt nur einmal, lediglich die Weitergabe erfolgt verzögert. Damit liegt nur eine Handlung im natürlichen Sinn vor. Allein mit dieser Informationseinspeisung wurde mangels Täuschungselement § 88 Nr.1 BörsG noch nicht verwirklicht. Erst die automatische Weiterleitung führt zu einer Ver-

575 Vgl. Begründung zum Regierungsentwurf 2. FMFG, BT-Drs. 12/6679, S. 48.
576 Vgl. § 43 BörsG a.F. und § 38 BörsG n.F.

wirklichung von § 88 Nr.1 BörsG aufgrund falscher Angaben. Hier erscheint es nicht vertretbar, eine mehrfache Verwirklichung von § 88 BörsG, zum einen gegenüber Börse und Wertpapieraufsicht, zum anderen gegenüber den Presseagenturen bzw. der über diese erreichten Öffentlichkeit, anzunehmen. Bei der Eingabe der Informationen liegt eine (einzige) Handlung vor, die zusammen mit der Weiterleitung als das Machen von Angaben i.S.v. § 88 Nr.1 BörsG angesehen werden kann. Dadurch, dass ein und dieselbe Angabe mehrere Adressaten erreicht, wird sie jedoch noch nicht mehrfach gemacht im Sinne einer mehrfachen Verwirklichung von § 88 Nr.1 BörsG. Wenn dann bei der Verjährung dahingehend unterschieden würde, dass die Angabe erst gegenüber der Börse und Wertpapieraufsicht und dann gegenüber den Nachrichtenagenturen erfolgte, würde mit einer Handlung ein Delikt verwirklicht[577], aber es stünden zwei Verjährungen im Raum. Zwar wird die Ansicht vertreten, dass die Verbreitung als notwendige Ausführungshandlung des Presseinhaltsdeliktes ein solches dann ausschließt, wenn die der Verbreitung vorangehende Handlung als selbständige Straftat unter Strafe gestellt wird[578], aber das wäre hier nicht der Fall. Denn die einer Verbreitung über DGAP oder einen ähnlichen Dienst vorangehende Handlung, d.h. die Einspeisung der Informationen in das Computersystem, erfüllt den Tatbestand des § 88 Nr.1 BörsG gerade (noch) nicht. Und die getrennte Weitergabe durch das Computersystem zunächst an die Börse, dann an die Agenturen, kann aus einer Handlung des Einspeisens der Informationen nicht zwei – getrennt zu beurteilende – Handlungen machen. Damit ist im Ergebnis auf eine Handlung der Informationsweitergabe und deren letztlich erfolgender öffentlicher Verbreitung abzustellen.

Zu berücksichtigen ist auch, dass die Vorabmitteilung nur zum Zwecke der Gewährleistung eines ordnungsgemäßen Börsenhandels erfolgt. Die von der Vorabmitteilung Kenntnis erlangenden Börsenmitarbeiter dürfen diese Kenntnis als Insider nicht zu entsprechenden Börsengeschäften ausnutzen. Damit führt die Vorabmitteilung auch nicht zu einer Gefährdung des geschützten Rechtsgutes, da hier noch keine unredlich beeinflussten Anlageentscheidungen zu befürchten sind, und es fehlt an der Geeignetheit zur Preisbeeinflussung i.S.v. § 20a Abs.1 S.1 Nr.1 WpHG.

577 Da § 88 BörsG abstraktes Gefährdungsdelikt und nicht Erfolgsdelikt ist, stellt die Weitergabe an verschiedene Adressaten keine verschiedenen Erfolge im Sinne einer mehrfachen Tatbestandsverwirklichung dar. Allein zur Strafbarkeit führende Handlung ist die einmalige Einspeisung der Informationen.

578 Löffler/Wenzel/Sedelmeier – Kühl, Presserecht, § 20 LPG Rz. 39.

a) Öffentliche Verbreitung oder Bereichsöffentlichkeit?

Gegen die Annahme eines Presseinhaltsdeliktes könnte aber sprechen, dass es an einer „Veröffentlichung" fehlt, weil die ad-hoc-Mitteilung nur der sogenannten „Bereichsöffentlichkeit" zugänglich gemacht werden muss. Die Rechtsprechung hat hier entschieden, dass unter der „Bereichsöffentlichkeit" allein die Information der professionellen Handelsteilnehmer und nicht die des breiten Anlegerpublikums zu verstehen ist[579]. Wird also nur die „Bereichsöffentlichkeit" informiert, ist nur ein begrenzter Adressatenkreis betroffen. Darin liegt keine öffentliche Verbreitung, so dass in einem solchen Fall die Annahme eines Presseinhaltsdeliktes ausscheiden muss. Der Annahme einer öffentlichen Verbreitung steht jedoch nichts entgegen, wenn Dienstleister wie die DGAP die Informationen an Nachrichtenagenturen und damit an einen über die Bereichsöffentlichkeit hinausgehenden Adressatenkreis weiterleiten.

b) Druckwerk mit strafbarem Inhalt?

Eine weitere mögliche Einschränkung der Anwendbarkeit presserechtlicher Verjährungsregeln auf Fälle von Manipulationen gemäß § 88 Nr.1 BörsG kann sich aus der Art des Tatvorwurfs ergeben: Richtet sich der Vorwurf nicht auf eine unrichtige Angabe i.S.v. § 88 Nr.1 1.Alt. BörsG, sondern darauf, dass wesentliche Umstände *nicht* mitgeteilt wurden (z.B. erhebliche rechtliche oder geschäftliche Risiken die mit positiv bewerteten Vertragsschlüssen verbunden sind), so kann die Ad-hoc-Mitteilung in der diese Umstände fehlen kein „Druckwerk" mit strafbarem Inhalt darstellen, wenn der tatsächliche Inhalt an sich nicht zu beanstanden ist. Ein Druckwerk bei dem ein bestimmter Inhalt fehlt, kann nicht als Druckwerk mit strafbarem Inhalt angesehen werden[580]. Nach der hier vertretenen Ansicht können unvollständige Angaben auch nicht als unrichtige Angaben i.S.v. § 88 Nr.1, 1.Alt. BörsG gewertet werden, weil „richtig, aber unvollständig" nicht mit „falsch" gleichgesetzt werden kann[581]. Damit ist es für einen Täter gegebenenfalls günstiger, unrichtige Angaben zu machen, die der kurzen presserechtlichen Verjährung unterfallen, als richtige Angaben i.S.v. § 88 Nr.1, 2.Alt. BörsG zu unterlassen und damit unter die lange Verjährung nach §§ 78 ff. StGB zu fallen. Dass mit diesen unterschiedlichen Bewertungen für die beiden Tatalternativen innerhalb des § 88 Nr.1 BörsG trotz ihrer Wesensverwandtheit verschiedene Verjährungen in Betracht kommen, recht-

579 LG München I, ZIP 2001, 1814, 1815.
580 Löffler/Wenzel/Sedelmeier – Kühl, Presserecht, § 20 LPG Rz. 39.
581 Vgl. hierzu Kapitel 6 / Abschnitt I/2.

fertigt sich dadurch, dass für die öffentlich verbreiteten, unrichtigen Angaben eine wesentlich höhere Entdeckungsgefahr und damit auch eine leichtere Entdeckungsmöglichkeit besteht[582], als für das pflichtwidrige Unterlassen von Angaben.

c) Der Vorstand eines börsennotierten Unternehmens als Täter eines Pressedelikts?

Fraglich ist, ob börsennotierte Unternehmen bzw. deren Geschäftsführung als taugliche Täter eines Presseinhaltsdelikts in Betracht kommen. Die Kompetenz des Landesgesetzgebers für die gesetzliche Regelung der kurzen „Presseverjährung" ist höchstrichterlich anerkannt[583]. Sie gehört nach ihrer Eigenart zur Materie des „Presserechts" und unterfällt damit nicht der Bundeskompetenz für das Strafrecht nach Art. 74 Abs.1 Nr.1 GG[584]. Die kurze Verjährung ist als Privileg daher Ausfluss der Pressefreiheit[585]. In den Schutzbereich der Pressefreiheit nach Art. 5 Abs.1, S.2, 1.Alt. GG fallen nur Presseunternehmen und Pressemitarbeiter. Ein Emittent (bzw. dessen Geschäftsführung) kann daher nur von der Pressefreiheit erfasst werden, wenn er wie ein Presseunternehmen tätig wird. Wird die Veröffentlichung über das Computersystem eines Nachrichtendienstleisters wie der DGAP verbreitet, kann dies bejaht werden. Darüber hinaus hat der BGH[586] grundsätzlich das Vorliegen eines Presseinhaltsdeliktes für eine GmbH bejaht, die einen Hochglanzprospekt drucken und an potentielle Anleger verteilen lässt und damit aufgrund falscher Angaben eine Tat nach § 264a StGB begeht[587]. Die Verfassung einer Ad-hoc-Mitteilung und deren Verbreitung über einen Nachrichtendienstleister sind mit dem Druck eines Prospektes und dessen Veröffentlichung vergleichbar. In beiden Fällen handelt es sich nicht um typische Presseunternehmen, die tätig werden.

Des weiteren wird auch die Ansicht vertreten, dass derjenige, der an die Presse eine Information weitergibt, die bei ihrer Veröffentlichung zu einer Strafbarkeit führt, mit dem (aus der Presse stammenden) Verfasser der Nachricht in Mittäterschaft bei Begehung des presserechtlich verjährenden Presseinhaltsde-

582 Vgl. Löffler/Wenzel/Sedelmeier – Kühl/Wenzel, Presserecht, § 24 LPG Rz. 20.
583 BverfGE 7, S. 29 ff. (Leitsatz).
584 Groß, Presserecht, S.346; Löffler/Ricker, Handbuch des Presserechts, S. 430.
585 Vgl. Löffler/Ricker, Handbuch des Presserechts, S. 421.
586 Urteil vom 21.12.1994, NJW 1995, 892, 893.
587 Eine kurze presserechtliche Verjährung scheiterte hier letztlich an einer landespresserechtlichen Ausnahmevorschrift für Veröffentlichungen mit gewerblichem Zweck. Eine solche Ausnahmevorschrift ist – mit Ausnahme des BayPrG – in allen Landespressegesetzen enthalten.

liktes handelt[588]. Dann muss eine Täterschaft hinsichtlich eines Presseinhaltsdeliktes aber erst recht möglich sein, wenn der Täter die Nachricht selbst verfasst und die Presseagenturen diese nur weiterleiten.

d) Der Fall „Infomatec" und die Entscheidung des Landgerichts Augsburg

Im Fall „Infomatec" hat die Verteidigung die Einstellung des Verfahrens gegen die Angeklagten im Hinblick auf den Vorwurf der Kursmanipulation und des Kapitalanlagebetruges beantragt, weil das dauerhafte Verfahrenshindernis der Verjährung nach dem Bayerischen Pressegesetz bestünde[589]. Diesen Antrag hat das Landgericht Augsburg abgelehnt, wobei der Vorsitzende Richter erklärte, dass das Presserecht bei Kursmanipulation und Kapitalanlagebetrug nicht greife. Bei einer gefälschten Ad-hoc-Meldung sei es gerade die Absicht der Straftäter, die Unrichtigkeit der Angaben über einen längeren Zeitraum zu verschleiern. Würde hierfür eine nur sechsmonatige Verjährung gelten, wäre Bayern ein „Eldorado für Anlagebetrüger und Börsenschwindler", was nicht der Wille des Gesetzgebers sein könne[590].

Die Ansicht, dass eine Geltung der presserechtlichen Verjährung nach dem Bayerischen Pressegesetz für Kursmanipulationen und Kapitalanlagebetrug nicht der Wille des Gesetzgebers gewesen sein könne, legt eine teleologische Reduktion des Bayerischen Pressegesetzes nahe. Gegen eine solche Reduktion spricht allerdings, dass der Bundesgerichtshof mit Urteil[591] vom 21.12.1994 bestätigt hat, dass ein Kapitalanlagebetrug mittels unrichtiger Angaben in gedruckten Prospekten einer GmbH grundsätzlich ein Presseinhaltsdelikt darstellt und nur aufgrund des § 4 Abs.2 Nr.2 des – in diesem Fall anwendbaren – Hessischen Pressegesetzes (HessPresseG) nicht unter die presserechtlichen Regeln, insbesondere die der kurzen Verjährung fällt. § 4 Abs.2 Nr.2 HessPresseG nimmt vor allem solche Druckwerke von den presserechtlich erfassten Druckwerken aus, die „nur den Zwecken des Gewerbes und Verkehrs" dienen. Das Bayerische Pressegesetz enthält keinen vergleichbaren Vorbehalt für derartige Druckwerke. Auf diesen Umstand wird in der Literatur hingewiesen[592], und auch der BGH stellte bereits in seinem Urteil vom 21.12.1994 fest, dass sich eine § 4 Abs.2 Nr.2 HessPresseG vergleichbare Regelung in den Pressegesetzen der anderen Bundesländer „mit Ausnahme Bayerns" finde[593]. Eine Änderung des Bayerischen Pressegesetzes er-

588 Löffler/Ricker, Handbuch des Presserechts, S.425.
589 FAZ vom 9. 9. 2003.
590 FAZ vom 12. 9. 2003.
591 Urteil des Bundesgerichtshofs vom 21.12.1994 (2 StR 628/94), NJW 1995, 892f.
592 Groß, Presserecht, S. 358.
593 BGH NJW 1995, 892, 893.

folgte bislang nicht. Eine teleologische Reduktion dahingehend, dass gewerbliche Mitteilungen nach dem Willen des Gesetzgebers von der kurzen Verjährung ausgenommen sein sollen, lässt sich also nicht rechtfertigen. Diese „Lücke" – wenn überhaupt von einer solchen gesprochen werden kann – im Bayerischen Pressegesetz ist bekannt und offensichtlich auch gewollt gewesen, da sich der Landesgesetzgeber hiermit in Abweichung zu allen sonstigen Landespressegesetzen entschieden hat.

e) Zur Berechnung der presserechtlichen Verjährung

Mehrere Veröffentlichungen desselben Inhalts lassen die Verjährungsfrist grundsätzlich für jede Veröffentlichung bzw. Verbreitung getrennt laufen[594]. Auch wenn derselbe Inhalt an anderer Stelle veröffentlicht wird, liegt eine neue Veröffentlichung vor[595]. Anders verhält es sich bei einer sukzessiven Veröffentlichung und Verbreitung. Dort beginnt die Frist nicht gesondert mit jeder Teilhandlung, sondern die Teilhandlungen gehören zu einer „natürlichen Handlungseinheit". Maßgeblich für den Fristbeginn ist dann der erste Akt der Veröffentlichung oder Verbreitung des Druckwerks[596]. Das ist bei einer Veröffentlichung über einen Nachrichtendienstleister wie der DGAP der Fall, wenn die Information nur einmal in dessen Computersystem eingespeist wird und durch diesen dann sukzessive an Nachrichtenagenturen weitergegeben wird. Ob und wie oft bzw. wann die Presseagenturen die Nachricht veröffentlichen, ist für den Emittenten nicht absehbar und kann nicht von seinem Vorsatz umfasst sein.

Bei der Feststellung einer möglichen Verjährung ist weiterhin zu beachten, dass die Vorschriften der §§ 78 b und c StGB (Ruhen und Unterbrechung der Verjährung) als Normen des allgemeinen Teils des Strafgesetzbuches Anwendung finden[597]. Bei einer Strafverfolgungshandlung nach § 78 c StGB tritt also eine Verjährungsunterbrechung ein, allerdings nur wenn sie sich auf eine bestimmte Veröffentlichung bezieht.

594 Groß, Presserecht, S. 362 f.
595 Groß, Presserecht, S. 363; Löffler/Wenzel/Sedelmeier – Kühl/Wenzel, Presserecht, § 24 LPG Rz. 90 u. 93.
596 Groß, Presserecht, S. 363 (m.w.N. der Rspr.).
597 Groß, Presserecht, S. 364.

Kapitel 7: Wesentliche Fallgruppen der Kursbeeinflussung und ihre Sanktion nach neuer und alter Rechtslage

Fehlinformationen des Kapitalmarktes mittels unrichtiger Angaben über bewertungserhebliche Umstände i.S.v. § 88 Nr.1 BörsG und § 20a Abs.1, S.1 Nr.1 WpHG stellten in jüngster Zeit angesichts der medienträchtigen Fälle falscher Ad-hoc-Mitteilungen am Neuen Markt den praxisrelevantesten Teil möglicher Kursmanipulationen dar. Andere Manipulationstechniken können in der Regel nur von § 88 Nr.2 BörsG und § 20a Abs.1 S.1 Nr.2 WpHG als „sonstiges auf Täuschung berechnetes Mittel" bzw. als „sonstige Täuschungshandlung" erfasst werden. Die Bedeutung dieser zweiten Tatalternative hat stark zugenommen. Zunächst hielt der Gesetzgeber des 2. WiKG eine Beibehaltung von § 88 Nr.2 BörsG neben § 88 Nr.1 BörsG nur für „ergänzend" geboten, um „Strafbarkeitslücken" zu verhindern[598]. Als unter § 88 Nr.2 BörsG fallende Manipulationsmöglichkeiten genannt wurden hier nur Scheingeschäfte und eine Bestechung von Kursmaklern[599]. Im Laufe der Zeit wurde jedoch zunächst in der Literatur[600] eine Vielzahl weiterer Techniken zur Kursbeeinflussung identifiziert. Die wesentlichen Techniken sollen in diesem Kapitel dargestellt werden. Dabei wird erörtert, inwieweit eine Sanktion als unzulässige Kursmanipulation nach § 88 BörsG und §§ 38 Abs.1 Nr.4, 39 Abs.1 Nr.1 u. 2 WpHG i.V.m. § 20a WpHG in Betracht kommt. Eine Liste beispielhafter Manipulationsmethoden findet sich auch in dem Vorschlag der europäischen Kommission für eine Richtlinie über Insider-Geschäfte und Marktmanipulation (Marktmissbrauch)[601], allerdings nur im Anhang der Richtlinie zur Konkretisierung des vorgeschlagenen Manipulationsverbotes. Der Gesetzgeber des 4. Finanzmarktförderungsgesetzes sah dementsprechend auch von einer Konkretisierung der zweiten Tatbestandsalternative in § 20a Abs.1 S.1 Nr.2 WpHG ab und zählte lediglich in seiner Begründung Manipulationstechniken auf, die unter diese Tatalternative fallen sollen[602]. Eine

598 Regierungsentwurf 2. WiKG, BT-Drs. 10/318, S. 45 f.

599 Beschlussempfehlung und Bericht des Rechtsausschusses zum Regierungsentwurf eines 2. WiKG, BT-Drs. 10/5058, S. 37.

600 Eine umfangreiche Darstellung findet sich bei Lenzen, Unerlaubte Eingriffe in die Börsenkursbildung, S. 9 ff.

601 Vorschlag der Kommission für eine Richtlinie des europäischen Parlaments und des Rates über Insider-Geschäfte und Marktmanipulation (Marktmissbrauch), KOM (2001) 281 endgültig - 2001/0118 (COD).

602 Regierungsentwurf zum 4. FMFG BT-Drs. 14/8017, S. 89f.

nähere Konkretisierung wurde hier gemäß § 20a Abs.2 WpHG der Exekutive als Verordnungsgeber überlassen.

Neben einer unterlassenen Aufzählung beispielhafter Fallgruppen in der gesetzlichen Regelung des Manipulationsverbotes hat der deutsche Gesetzgeber auch auf eine Legaldefinition des Begriffes der „Kursmanipulation“ verzichtet. Auch die auf der Grundlage von § 20a Abs.2 WpHG erlassene Rechtsverordnung des Bundesfinanzministeriums enthält keine nähere Bestimmung der „Kursmanipulation“. Vielmehr wird dieser Begriff in der amtlichen Überschrift von § 20a WpHG sowie in der Bezeichnung und dem Wortlaut der Rechtsverordnung ohne weitere Inhaltsbestimmung verwendet. Ansätze für eine Definition des Manipulationsbegriffes sind lediglich in der Literatur zu finden. Dort stellt eine Ansicht auf einen „weiten Manipulationsbegriff“ ab, der als Kursmanipulation alle Praktiken erfasst, die einen Preis herbeiführen, der nicht demjenigen entspricht, der bei einem unbeeinflussten Spiel der Marktkräfte erzielt worden wäre[603]. Nach dieser Ansicht führt ein Manipulator in der Regel zielgerichtet eine Falschbewertung eines Titels und damit einen falschen Kurs herbei[604]. Das Spiel der Marktkräfte soll nur bei einem freien Wirken der Kräfte von Angebot und Nachfrage unbeeinflusst sein[605]. Ein anderenfalls als „manipuliert“ anzusehender Preis wird auch als „künstlicher Preis“ bezeichnet[606] und spiegelt nicht die wahre Geschäftslage wieder.

Umstrittene Bestandteile einer engeren Definition der „Kursmanipulation“ sind das Element der Täuschung sowie ein Handeln zum Zweck der Kursbeeinflussung[607] bzw. mit Einwirkungsvorsatz. Beide Elemente sind in § 88 Nr.2 BörsG sowie in § 20a Abs.1 S.1 Nr.2 WpHG enthalten, wobei in letzterem das Erfordernis eines Handelns zur Einwirkung auf einen Börsen- oder Marktpreis erst aufgrund einer entsprechenden Beschlussempfehlung des Finanzausschusses beibehalten wurde[608]. § 88 Nr.1 BörsG und § 20a Abs.1 S.1 Nr.1 WpHG enthalten mit der Fehlinformation über bewertungserhebliche Umstände ebenfalls ein Täuschungselement. Ein Einwirkungsvorsatz wird nur noch bei § 88 Nr.1 BörsG und nicht mehr bei § 20a Abs.1 S.1 Nr.1 WpHG vorausgesetzt. Dies beruht darauf, dass die vorsätzliche Fehlinformation des Kapitalmarktes – gegebenenfalls auch durch pflichtwidrig unterlassene Mitteilungen – als kapitalmarkt-

603 Lenzen, Unerlaubte Eingriffe in die Börsenkursbildung, S. 3 f. m.w.N. insbesondere aus der US-amerikanischen Literatur.

604 Lenzen, Unerlaubte Eingriffe in die Börsenkursbildung, S. 3f.

605 Vgl. Benner in Wabnitz/Janovsky, Kap.4, Rz. 29; Ziouvas, ZGR 2003, 113, 130.

606 Benner in Wabnitz/Janovsky, Kap.4, Rz. 29.

607 Lenzen, Unerlaubte Eingriffe in die Börsenkursbildung, S.3.

608 Beschlussempfehlung des Finanzausschusses zum Entwurf des 4. FMFG, BT-Drs. 14/8600, S. 59.

schädliche Verhaltensweisen auch ohne Vorliegen eines Handelns mit Einwirkungsvorsatz als kapitalmarktschädliche und daher sanktionsbedürftige Verhaltensweisen eingeordnet werden kann[609]. Denn bei einer zur Preiseinwirkung geeigneten Fehlinformation des Marktes stehen irrtumsbedingte Anlageentscheidungen zu befürchten, deren Umsetzung zu einem Preis führt, der nicht mehr einer unbeeinflussten, irrtumsfreien Marktlage entspricht und damit eine Verletzung der „Wahrheit der Preisbildung" darstellt.

Wie sich bei der nachfolgenden Untersuchung wesentlicher Methoden einer Kursbeeinflussung zeigen wird, verhindert das Tatbestandsmerkmal der Täuschung in vielen Fällen die Erfassung von regelungsbedürftigen Handelstechniken als verbotene Kursmanipulation i.S.v. § 88 BörsG und § 20a WpHG. Das subjektive Merkmal des Handelns „zur Einwirkung" i.S.v. § 88 BörsG und „um auf den ... Preis ... einzuwirken" i.S.v. § 20a Abs.1 S.1 Nr.2 WpHG ist dagegen bereits aufgrund seiner umstrittenen Auslegung[610] nicht zur Abgrenzung sanktionsbedürftiger Fälle einer Kursbeeinflussung von zulässigen Handelsmethoden geeignet.

I) Fallgruppenbildung

In der Literatur wurden Fälle möglicher Kursmanipulationen in informationsbezogene (information-based), handelsgestützte (trade-based) und handlungsgestützte Manipulationstechniken (action-based manipulations) eingeteilt[611].

Während ein Börsenpreis bei informationsbezogenen Manipulationen mittels der Verbreitung unrichtiger Informationen[612] erst durch deren Umsetzung durch den fehlinformierten Markt verfälscht wird, wirken handelsgestützte Manipulationen unmittelbar durch ein – echtes oder nur scheinbares – Mitwirken am Handel auf den Börsenpreis ein. Insbesondere durch nachfrageerhöhende (Schein-)Käufe bzw. angebotserhöhende (Schein-)Verkäufe kann dabei unmittelbar auf die Marktlage und damit den diese spiegelnden Börsenkurs Einfluss genommen werden, wobei plötzliche Zunahmen auf Angebots- oder Nachfrageseite über die Informationsfunktion der entsprechenden Börsenpreise auch für die übrigen

609 Kaiser, WM 1997, 1557, 1563; Möller, WM 2002, 309, 316.

610 Vgl. hierzu die entsprechenden Ausführungen zu § 88 BörsG in Kapitel 5 / Abschnitt I/5/b.

611 Lenzen, Unerlaubte Eingriffe in die Börsenkursbildung, S. 33f.; Rudolph/Röhrl in Hopt/Rudolph/Baum, S. 187 f.; Ziouvas, ZGR 2003, 113, 130.

612 Dies kann auch entsprechend durch Verstoß gegen eine Mitteilungspflicht i.S.v. § 88 Nr.1 BörsG und § 20a Abs.1 S.1 Nr.1 WpHG geschehen.

Anleger eine Signalwirkung entfalten und über die entsprechenden Ankaufs- oder Verkaufsreaktionen der Anleger weiter auf den Börsenkurs einwirken können. Im Gegensatz zu den unmittelbar auf einen Preis oder dessen Bildung einwirkenden handels- oder informationsgestützten Manipulationsmethoden liegt ein Fall von handlungsgestützter Manipulation vor, wenn durch unmittelbar auf ein Emittenten-Unternehmen bzw. dessen inneren Wert gerichtete Handlungen dessen wirtschaftliche Position geschwächt oder gestärkt wird und dadurch der Kurs der gehandelten Unternehmensanteile zum Fallen oder Steigen gebracht wird. Als Beispielsfälle solcher handlungsgestützter Manipulationen werden folgende, vor allem aus den USA stammende Fälle geschildert: Um eine Option gewinnbringend ausüben zu können, versetzte ein ehemaliger Angestellter eines Wertpapierhauses die Produkte eines Pharma-Unternehmens mit Rattengift und informierte die Öffentlichkeit hiervon, woraufhin der Kurs wie beabsichtigt sank[613]. Das Management der American Steel and Wire Company tätigte Leerverkäufe[614] auf die eigenen Aktien, bevor es die Stahlwerke des Unternehmens schloss[615]. Ein Unternehmen gibt an Vorstandsmitglieder Aktienoptionen für unbedeutende, aber börsennotierte Tochtergesellschaften aus und steigert deren Gewinn – und damit den Wert der Optionen – anschließend durch Übertragung von Erträgen anderer Konzerngesellschaften[616]. Die jeweils beabsichtigte Wertverringerung oder –anhebung bestimmter Finanztitel zielt nur auf den inneren, tatsächlichen Wert des Unternehmens ab, nicht auf den Kurs, zu dem die Anteile des betreffenden Unternehmens und sonstige von dessen Wert abhängige Finanztitel gehandelt werden. Auch wenn der Markt auf den so veränderten inneren Wert reagiert und die dadurch beeinflusste Orderlage zu einem entsprechend veränderten Kurs führt, liegt keine Kursmanipulation vor. Denn dann ist der Kurs ordnungsgemäß zustande gekommen und die ihm zugrunde liegende Orderlage beruhte auch nicht auf einer Fehlinformation des Marktes. Damit stellen diese Handlungen keine von § 88 BörsG oder § 20a WpHG erfassten Manipulationstechniken dar und sie finden infolgedessen im folgenden keine weitere Berücksichtigung. Eine Strafbarkeit diese Handlungen kommt in kapitalmarktrechtlicher Hinsicht allenfalls unter dem Gesichtspunkt strafbaren Insiderhandels in Betracht[617].

---

613 Zitiert nach Lenzen, WM 2000, 1131, 1134.

614 Zu dem Begriff der "Leerverkäufe" vergleiche die Erläuterung im folgenden Abschnitt VI.

615 Zitiert nach Ziouvas, ZGR 2003, 113, 131.

616 Zitiert nach Ziouvas, ZGR 2003, 113, 131.

617 Lenzen, Unerlaubte Eingriffe in die Börsenkursbildung, S. 242 f.; Ziouvas, ZGR 2003, 113, 131.

Außer einer gegebenenfalls besseren Übersicht und Verständlichkeit des Funktionierens einzelner Manipulationstechniken bringt die vorgenannte Fallgruppeneinteilung keinen weiteren Gewinn. Im folgenden werden die wesentlichen Manipulationstechniken und ihre Strafbarkeit als verbotene Kursmanipulationen nach § 88 BörsG und § 20a WpHG daher einzeln dargestellt. Die einzige vorliegend getroffene Unterscheidung entspricht der Einteilung des Tatbestandes von § 88 BörsG und § 20a Abs.1 S.1 WpHG in zwei unterschiedliche Tatbestandsalternativen. Da nach dem Willen des Gesetzgebers von § 88 BörsG die zweite, allgemein gefasste Alternative anhand der ersten konkretisiert werden sollte[618] und diese Konkretisierung auch für § 20a Abs.1 S.1 Nr.2 WpHG geboten ist, um eine Unbestimmtheit der Norm und einen Verstoß gegen Art. 103 Abs.2 GG zu vermeiden, kann die zweite Tatbestandsalternative keine Fälle erfassen, die von der ersten Alternative bereits aus dem jeweiligen Verbotstatbestand ausgeschlossen werden. Anderenfalls würde die zweite Tatalternative die jeweils erste erweitern und damit die eigene Konkretisierung durch diese unterlaufen. Daher werden informationsbezogene Handlungen nur von § 88 Nr.1 BörsG und § 20a Abs.1 S.1 Nr.1 WpHG erfasst. Die jeweils zweite Tatbestandsalternative kann nur sonstige – nach obiger Einteilung unter die handelsgestützten Manipulationstechniken fallende – Handlungen erfassen[619].

II) Informationsbezogene Handlungen

Wie soeben erläutert, fallen informationsbezogene Handlungen nur unter die Tatbestandsalternative in § 88 Nr.1 BörsG und § 20a Abs.1 S.1 Nr.1 WpHG. Entscheidend ist hier, dass eine Täuschung über den Inhalt der Mitteilung bzw. bei einer unterlassenen Mitteilung über das Bestehen der mitteilungspflichtigen Umstände erfolgt. Die Tatbestandsalternativen von § 88 Nr.1 BörsG und § 20a Abs.1 S.1 Nr.1 WpHG wurden bereits ausführlich erläutert[620]. An dieser Stelle ist damit lediglich zusammenfassend festzustellen, dass § 88 Nr.1 BörsG und § 20a Abs.1 S.1 Nr.1 WpHG nur Angaben über Tatsachen erfassen sowie solche Meinungsäußerungen, Werturteile und Prognosen, die auf einem erkennbaren Tatsachenkern beruhen, so dass eine diesbezügliche Fehlvorstellung hervorgerufen werden kann. Meinungsäußerungen, Tatsachen und Prognosen ohne Tatsachenkern fallen weder unter die erste, noch unter die zweite Tatbestandsalterna-

618 Vgl. Regierungsentwurf 2. WiKG, BT-Drs. 10/318, S. 46.

619 Eine entsprechende Einteilung von § 20a WpHG sieht auch Fleischer, NJW 2002, 2977, 2978f.

620 Vgl. Kapitel 5 Abschnitt I/3 und Abschnitt II/3, sowie Kapitel 6 / Abschnitt I.

tive von § 88 BörsG und § 20a Abs.1 WpHG. Entsprechendes gilt auch für das „Heraufloben" und „Herunterreden" von Kursen durch eine gezielte Abgabe von Anlageempfehlungen durch Wertpapierdienstleistungsunternehmen, Börseninformationsdienste und einzelne Analysten. Haben diese Empfehlungen einen unrichtigen Tatsachenkern, fallen sie unter § 88 Nr.1 BörsG und § 20a Abs.1 S.1 Nr.1 WpHG. Beruhen sie auf richtigen Tatsachen, werden sie dagegen als reine Werturteile nicht erfasst. Auch eine Verwirklichung von § 88 Nr.2 BörsG und § 20a Abs.1 S.1 Nr.2 WpHG scheidet aus, weil diese nicht den Anwendungsbereich der sie konkretisierenden, jeweils ersten Tatalternative erweitern können[621]. Der Gesetzgeber des 4. Finanzmarktförderungsgesetzes wollte ebenso wie das Bundesfinanzministerium als Verordnungsgeber gemäß § 20a Abs.2 WpHG als Kursmanipulation auch das Ausstreuen von Gerüchten erfassen[622]. Der Gesetzgeber erkennt hier zwar , dass es sich bei diesen als „unverbürgte Angaben" nicht um „unrichtige Angaben" i.S.v. § 20a Abs.1 S.1 Nr.1 WpHG handeln kann, subsumiert die Gerüchte deshalb aber einfach unter § 20a Abs.1 S.1 Nr.2 WpHG. Der Verordnungsgeber bestätigt das, mit der Einschränkung, dass dabei ein nicht in adäquater Weise veröffentlichter Interessenkonflikt bestehen muss[623]. Beide Interpretationen der Norm lassen sich mit der für eine verfassungsrechtliche Bestimmtheit gebotenen Auslegung des § 20a WpHG nicht vereinbaren. Als informationsbezogene Handlung fällt das Ausstreuen von Gerüchten nur unter § 20a Abs.1 S.1 Nr.1 WpHG, wenn dabei „unrichtige Angaben" gemacht werden. Das setzt zumindest einen Tatsachenkern voraus. Ein solcher liegt bei einem Gerücht nicht vor, da es sich dabei nur um die Mitteilung von der Vermutung einer Tatsache handelt. § 20a Abs.1 S.1 Nr.2 WpHG ist mangels ausdrücklicher Konkretisierung durch den Gesetzgeber verfassungskonform dahingehend auszulegen, dass nur eine sonstige Täuschung über Tatsachen erfasst wird. Auch das ist bei dem Verbreiten von Gerüchten nicht der Fall, da dort nur der Verdacht einer Tatsache mitgeteilt wird und somit nicht über die Tatsache selbst getäuscht werden kann[624].

---

621 Vgl. auch Lenzen, Unerlaubte Eingriffe in die Börsenkursbildung, S. 236.

622 Regierungsentwurf 4. FMFG, BT-Drs. 14/8017, S. 90; § 3 Abs.3 Nr.2 der Verordnung zur Konkretisierung des Verbotes der Kurs- und Marktpreismanipulation (KuMaKV), BGBl I/2003 S. 2300.

623 § 3 Abs.3 Nr.2 KuMaKV und Begründung zu § 3 a.E. (S. 13).

624 Vgl. auch Volk, BB 66, 68, der es für zweifelhaft hält, ob die mit dem Gerücht als ungewiß hingestellten Tatsachen als Inhalt des Gerüchtes mit dessen Verbreitung behauptet werden.

III) „Scalping“

Bei dem als “Scalping” bezeichneten Verhalten gibt eine Person[625], die aufgrund der ihr zuerkannten Fachkunde im Wertpapierhandel die Möglichkeit hat, mittels einer Empfehlung auf den Kurs eines Wertpapiers einzuwirken, eine Empfehlung zu einem bestimmten Wertpapier ab, um von der durch die Kauf- oder Verkaufsempfehlung ausgelösten Kursschwankung bei eigenen Geschäften mit dem betreffenden Wertpapier entsprechend zu profitieren[626]. Nach einer engeren Definition bedeutet Scalping den Kauf von Wertpapieren in Kenntnis der bevorstehenden Abgabe einer sie betreffenden Bewertung oder Empfehlung, mit der Absicht, den dadurch verursachten Kursgewinn für sich auszunutzen[627]. Allerdings erscheint diese Definition zu eng, da auch wirtschaftlich vergleichbare Verhaltensweisen wie z.B. der Fall schon lange gehaltener Wertpapiere, die erst einige Zeit nach ihrem Erwerb empfohlen und dann – gewinnbringend – veräußert werden[628], oder Empfehlungen mit dem Ziel, den Kurs eines Wertpapiers zu drücken, um so einen günstigen Einstieg zu ermöglichen, in die Fallgruppe des Scalping einbezogen werden sollten.

Der Fall des „Scalping“ wurde in der Öffentlichkeit vor allem durch Verfahren gegen den Börsenjournalisten Egbert Prior und den Analysten Sascha Opel bekannt[629]. Beide hatten von Kurssteigerungen der von ihnen empfohlenen Wertpapiere profitiert, indem sie vor der Empfehlung erworbene Papiere zu dem nach der Empfehlung gestiegenen Kurs veräußerten. Im Fall des Egbert Prior lehnte das LG Frankfurt mit Beschluss vom 9.11.1999 die Eröffnung eines Hauptverfahrens wegen strafbaren Insiderhandels ab, weil es keine hinreichenden Anhaltspunkte dafür sah, dass der Angeschuldigte bei seinen Kaufentscheidungen bereits die Absicht hatte, die gekauften Werte später auch zu empfehlen[630]. Zugleich stellte es jedoch ausdrücklich klar, dass es bei „Scalping“ die Vorschriften gegen Insiderhandel für einschlägig hält. Eine Anwendbarkeit des –

625 In der Regel handelt es sich hier um bekannte Börsenanalysten oder –journalisten.

626 So im wesentlichen die Definition bei Petersen, wistra 1999, 328, 328.

627 LG Frankfurt a.M., Beschluss v. 9.11.1999, NJW 2000, 301, 301; Vgl. Schneider/Burgard, ZIP 1999, 381, 382.

628 Für die Einbeziehung dieses Falles: Lenenbach, ZIP 2003, 243, 243 (Fn. 3); a.A. Schneider/Burgard, ZIP 1999, 381, 389, die diesen Fall nicht unter das nach ihrer Ansicht offenbar allein als Insiderhandel strafbare Scalping fallen lassen, sondern hier lediglich eine Strafbarkeit als Kursmanipulation für möglich halten.

629 Zum Fall „Prior“ vgl. die Entscheidung des LG Frankfurt a.M. v. 9.11.1999, NJW 2000, 301 ff. Zum Fall „Opel“ vgl. das Urteil des LG Stuttgart v. 30. 8. 2002, wistra 2003, 153 ff. und das Urteil des BGH v. 6.11.2003 (1 StR 24/03), abrufbar unter www.bundesgerichtshof.de.

630 LG Frankfurt a.M., Beschluss v. 9.11.1999, NJW 2000, 301, 303.

damals noch geltenden § 88 BörsG – schloss das Gericht ebenso ausdrücklich aus, mit der Begründung, dass eine Strafbarkeit nach § 88 Nr.1, 1.Alt. BörsG die Unrichtigkeit der Angaben voraussetze[631], wofür jegliche Anhaltspunkte fehlten bzw. dass es für eine Strafbarkeit nach § 88 Nr.1 2.Alt. BörsG an einer Pflicht des Analysten zur Mitteilung des vor seiner Empfehlung getätigten Kaufs der empfohlenen Wertpapiere fehle[632]. Auf den Tatbestand des § 88 Nr.2 BörsG ging das Landgericht Frankfurt nicht ein. Vier Jahre später, mit Urteil vom 6.11.2003[633], hob der 1. Strafsenat des Bundesgerichtshofs ein Urteil des Landgerichts Stuttgart[634] gegen den Börsenanalysten Sascha Opel auf, welches diesen u.a. wegen verbotener Insidergeschäfte in Form von Scalping zu einer Freiheitsstrafe von einem Jahr verurteilt und diese zur Bewährung ausgesetzt hatte. Nach Ansicht des 1. Strafsenates handelt es sich bei „Scalping" nicht um verbotenen Insiderhandel, sondern vielmehr um einen Fall der nach § 88 BörsG und § 20a WpHG verbotenen Kursmanipulation, wobei jeweils die zweite Tatbestandsalternative Anwendung finden soll[635].

Welche Bedeutung diesem Urteil des BGH zukommt, lässt sich bei einem Blick auf die vorangegangenen langjährigen Diskussionen über die mögliche Strafbarkeit des „Scalping" erkennen. Die ursprüngliche Diskussion – vornehmlich ausgelöst durch den Fall Egbert Prior – betraf zunächst nur die Frage, ob und mit welcher Begründung Scalping als verbotener Insiderhandel gemäß § 38 Abs.1 Nr.1 WpHG i.V.m. § 14 Abs.1 Nr.1 WpHG strafbar ist. Hauptstreitpunkte in dieser Diskussion waren zwei Tatbestandsmerkmale des strafbaren Insiderhandels: Zum einen setzt § 14 Abs.1 Nr.1 WpHG die Kenntnis des Täters von einer Insidertatsache i.S.v. § 13 Abs.1 WpHG voraus. Zum anderen liegt nur bei einem „Ausnutzen" dieser Tatsache ein Verstoß gegen das Verbot des Insiderhandels gemäß § 14 Abs.1 Nr.1 WpHG vor. In der Literatur[636] und vom LG Frankfurt[637] wurde das Vorliegen einer Insidertatsache i.S.v. § 13 Abs.1 WpHG bejaht. Diese soll darin liegen, dass der Scalper im Zeitpunkt des Erwerbes von Wertpapieren[638] die Absicht hat, die von ihm erworbenen Wertpapiere zu emp-

---

631 Ob die von einem "Scalper" abgegebenen Empfehlungen, die in der Regel reine Wertung seien, überhaupt unter den Begriff der Angaben fallen können, ließ das LG Frankfurt ausdrücklich offen.

632 LG Frankfurt a.M., NJW 2000, 301, 304.

633 Urteil des BGH v. 6.11.2003 (1 StR 24/03), abrufbar unter www.bundesgerichtshof.de.

634 Urteil des LG Stuttgart v. 30. 8. 2002, wistra 2003, 153 – 159.

635 BGH Urteil v. 6.11.2003 (1 StR 24/03), S. 10f. und S. 21 (Leitsatz).

636 Schneider/Burgard, ZIP 1999, 381, 386f.; Assmann, WM 1996, 1337, 1345.

637 LG Frankfurt a.M., NJW 2000, 301, 302.

638 Das LG Frankfurt a.M. (NJW 2000, 301, 301) definierte Scalping nur im engen Sinne als Kauf von Wertpapieren in Kenntnis der eigenen Absicht, diese Wertpa-

fehlen. Die Empfehlungsabsicht des Scalper soll als innere Tatsache eine Insidertatsache darstellen, da nur der Scalper selbst von dieser Empfehlungsabsicht Kenntnis habe, sie also nicht öffentlich bekannt sei. Gegen diese Ansicht wurde zu Recht eingewandt, dass sich die Absicht des Scalper nicht auf eine Tatsache, sondern auf eine Empfehlung bezieht, die wiederum ein reines Werturteil ist, das nicht unter den Tatsachenbegriff des § 13 WpHG fällt[639]. Daher kann auch die der Empfehlung vorgelagerte Absicht zur Abgabe der Empfehlung keine (innere) Insidertatsache darstellen. Hier findet der Wechsel von der „Nicht-Tatsache" (Empfehlung) zur „Tatsache" (innere Absicht zur Empfehlung) allein durch einen Perspektivewechsel von „außen" nach „innen" statt bzw. durch ein zeitliches Vorgreifen auf die der Empfehlung vorangegangene Absicht zu dieser. Dieser Wechsel nivelliert jedoch die nach dem Schutzzeck des Insiderhandelsverbots gebotene Unterscheidung zwischen Tatsachen und Nicht-Tatsachen. Dieser erfasst nur Informationen, die sich mit Fakten untermauern und überprüfen lassen[640]. Es lässt sich nicht durch den Schutzzweck eines solchen Gesetzes rechtfertigen, wenn dieses ausdrücklich keinen Schutz vor bloßen Meinungen vorsieht, aber zu einem Schutz vor der Absicht zur Abgabe einer Meinung herangezogen werden soll[641]. Das LG Frankfurt wandte hiergegen ein, dass sich aus einem Umkehrschluss des § 13 Abs.2 WpHG ergebe, dass auch eine Bewertung eine Insidertatsache sein könne, wenn in sie eine nicht öffentlich bekannte Tatsache eingeflossen sei[642]. Dabei verkennt es jedoch, dass eine solche Bewertung einen Tatsachenkern aufweist, was für die Empfehlung eines Analysten nicht der Fall sein muss. Damit ist der Ansicht zu folgen, dass reine Empfehlungen keine Insidertatsachen darstellen können und deshalb nicht über die Absicht zur Abgabe einer solchen Empfehlung zur (inneren) Insidertatsache gemacht werden dürfen[643]. Auch aus der Diskussion um den zweiten Streitpunkt, das „Ausnutzen" der Insidertatsache i.S.v. § 14 Abs.1 Nr.1 WpHG ergeben sich keine Anhaltspunkte für die Annahme strafbaren Insiderhandels im Falle von Scalping, da diese Diskussion von Ungereimtheiten beherrscht wird. So fehlt es nach einer Ansicht am Ausnutzen einer Absicht, wenn nur eigene Entschlüsse bzw. Absichten ausgeführt werden[644]. Dagegen wird zu Recht angeführt, dass dies eine Be-

---

piere nachfolgend zu empfehlen, um einen dadurch erzielten Kursgewinn für sich auszunutzen.

639 Volk, BB 1999, 66, 69 und ZIP 1999, 787, 787 und 789.

640 Volk, BB 1999, 66, 69.

641 Volk, ZIP 1999, 787, 787 und BB 1999, 66, 69; vgl. auch Lenenbach, ZIP 2003, 243, 245.

642 LG Frankfurt a.M., NJW 2000, 301, 302.

643 Vgl. auch Lenenbach, ZIP 2003, 243, 245.

644 Assmann/Cramer in Assmann/Schneider, § 14 WpHG Rz. 31 m.w.N.

hauptung und keine Begründung ist und dass das Ausnutzen der Kenntnis des Täters von seiner eigenen Absicht auch bei der engstmöglichen Definition – Ausnutzen als finales Handeln – immer noch einen Fall erfasst, der nicht strafbar sein soll[645]: Die Umsetzung der Absicht zur eigenen Kaufentscheidung durch einen Investor, der eine Beteiligung an einem Unternehmen aufbauen möchte[646]. Denn auch dieses Handeln erfolgt gerade zu dem Zweck, sich einen wirtschaftlichen Vorteil zu verschaffen[647]. Weiter unstimmig ist die Fortführung der vorgenannten Ansicht, dass die bloße Umsetzung einer eigenen Absicht ausnahmsweise dann nicht vorliegen soll, wenn ein Scalper die Absicht seiner Empfehlung mittels vorangehendem Erwerb der zu empfehlenden Papiere „ausnutzt". Zur Begründung dieser Ausnahme wird die Konstruktion eines gespaltenen Täters bemüht: Der Täter handle sowohl als Empfehlender, der die Absicht seiner Empfehlung umsetzt, als auch als Anleger, der die Kenntnis von seiner (eigenen!) Empfehlungsabsicht bei seinem Wertpapierkauf ausnutzt[648]. Zu Recht wird hier bemerkt, dass die zu dieser Ausnahme aufgestellte ursprüngliche Regel eine bloße Behauptung ist und auch die Begründung dieser Ausnahme seltsam anmutet, da sie einen „partiell schizophrenen Börsenteilnehmer" voraussetzt, der grundsätzlich nicht weiß, was er denkt[649], außer er will es gerade ausnutzen.

Die Ansicht, dass Scalping als verbotener Insiderhandel strafbar sein kann, schien jedoch abermals durch die Entscheidung des Landgerichts Stuttgart vom 30.8.2002 im Falle Sascha Opel bestätigt zu werden. Dort setzte sich das Gericht mit dem soeben erläuterten Streit um eine notwendige restriktive Auslegung des Merkmals „Insidertatsache" nicht auseinander. Mit der Aufhebung dieses Urteils durch den BGH, weil das zur Last gelegte Verhalten nicht den Tatbestand eines verbotenen Insidergeschäftes nach §§ 13 Abs.1 Nr.3, § 14 Abs.1 Nr.1 WpHG erfülle[650], erging erstmals eine höchstrichterliche Entscheidung zur Beurteilung des Scalping. Der BGH lehnte eine Einordnung als Insidergeschäft mit dem Argument ab, dass das Wissen des Täters um seine Absicht, selbst erworbene Aktien zu empfehlen aufgrund des europarechtlichen Hintergrundes des Insiderver-

---

645 Volk, BB 1999, 66, 68.

646 Vgl. die Begründung des Gesetzgebers: Regierungsentwurf 2. FMFG, BT-Drs. 12/6679, S. 47; sowie Assmann/Cramer in Assmann/Schneider, § 14 WpHG Rz. 27a; Rössner/Bolkart, AG 2003, R300, R302; vgl. auch Schneider/Burgard, ZIP 1999, 381, 387.

647 Volk, BB, 66, 68, der zudem in ZHR 1978, 1, 9f., bereits lange vor Schaffung der strafbewährten Verbote von Insiderhandel und Kursmanipulation die Ansicht vertrat, dass der Begriff des „Ausnutzens" aufgrund der Vielfalt von Deutungsmöglichkeiten überhaupt nicht verwendet werden sollte.

648 Vgl. Schneider/Burgard, ZIP 1999, 381, 387f. m.w.N.

649 Volk, BB 66, 68.

650 BGH Urteil v. 6.11.2003 (1 StR 24/03), S. 8 ff., vgl. auch S. 21 (Leitsatz).

botes nicht als Insidertatsache angesehen werden könne: Das Insiderhandelsverbot müsse konform mit der zugrunde liegenden EG-Richtlinie ausgelegt werden und dieses verwende nicht das Wort „Tatsache", sondern den Begriff der Insiderinformation. Eine Information weise regelmäßig einen Drittbezug auf. Daran fehle es beim Scalping, da eine Verwendung des Begriffs der Information in dem Sinne, dass eine Person sich über einen von ihr selbst gefassten Gedanken informiere, dem Sprachgebrauch fremd sei. Dass der deutsche Gesetzgeber mit der Verwendung des Begriffes der „Tatsache" bewusst von der Richtlinie abweichen wollte, sei nicht ersichtlich[651].

Der BGH stellte zudem ausdrücklich fest, dass Scalping als Kursmanipulation gegen das Verbot des § 20a Abs.1 S.1 Nr.2 WpHG verstoßen bzw. gemäß § 88 BörsG strafbar sein könne[652]. Damit wurde Scalping erstmals durch ein höchstrichterliches Urteil als verbotene Kursmanipulation eingeordnet. In der Literatur war zuvor nur vereinzelt eine mögliche Sanktion des Scalping als Kursmanipulation bejaht worden[653]. Dabei bestand jedoch keine Einigkeit, welche Tatbestandsalternative des § 88 BörsG[654] einschlägig sein könne.

Nach einer Ansicht[655] ist die Abgabe von Empfehlungen im Sinne eines „Hoch- oder Herunterreden" eines Kurses, wie sie typischerweise neben der Ausnutzung des so veränderten Kurses beim Scalping erfolgt, zumeist als „Angabe" i.S.d. § 88 Nr.1 BörsG anzusehen[656]. Eine Strafbarkeit kommt dann nur nach § 88 Nr.1 BörsG[657] in Betracht, wenn von einer „Unrichtigkeit" auszugehen ist[658]. Ein auf Täuschung berechnetes Mittel nach § 88 Nr.2 BörsG könne zwar auch aufgrund der geschickten Verknüpfung wahrer Tatsachen vorliegen, da die Auslegung der Nr.2 jedoch an den von der Nr.1 erfassten Handlungen zu

651 BGH Urteil v. 6.11.2003 (1 StR24/03), S.9 ff.

652 Zu der anwendbaren Rechtslage bei einer Verurteilung nach Änderung der Gesetzeslage durch das 4. FMFG vergleiche die Ausführungen in Kapitel 8.

653 Weber, NZG 2000, 113, 115; Lenenbach, ZIP 2003, 243, 246 f; Lenzen, Unerlaubte Eingriffe in die Börsenkursbildung, S.235.

654 Die zu § 88 BörsG geäußerten Meinungen in der Literatur können entsprechend für eine Beurteilung des neuen § 20a WpHG herangezogen werden.

655 Schröder, Aktienhandel und Strafrecht, S. 73ff.; Lenzen, Unerlaubte Eingriffe in die Börsenkursbildung, S.235.

656 Nach der Ansicht von Lenzen (Unerlaubte Eingriffe in die Börsenkursbildung, S. 235, Fn. 1448) sind Angaben bereits aufgrund der den Empfehlenden zugesprochenen Fachkompetenz zu bejahen, in der Regel würde aber auch ein Tatsachenkern vorliegen, da hierdurch die Überzeugungskraft gesteigert werden könne.

657 Entsprechendes gilt für einen Verstoß gegen § 20a Abs.1 S.1 Nr.1 WpHG.

658 Lenzen, Unerlaubte Eingriffe in die Börsenkursbildung, 235f.

orientieren sei, komme eine Strafbarkeit des Hoch- oder Herunterredens von Kursen (und damit des Scalping) nach § 88 Nr.2 BörsG aber nicht in Betracht[659].

Nach anderer Ansicht[660] kann auch eine nicht auf unrichtigen Tatsachen beruhende und als „unrichtige Angabe" i.S.v. § 88 Nr.1 BörsG (und § 20a Abs.1 S.1 Nr.1 WpHG) strafbare Empfehlung im Wege einer Vermittlung „eines falschen Gesamtbilds"[661] eine Kursmanipulation darstellen, wenn mittels der Wertpapierempfehlung darüber hinweggetäuscht wird, dass der Ratschlag in Wirklichkeit einem empfehlungsgegenläufigen Auf- oder Abbau eigener Wertpapierbestände dient, wobei die Täuschung über diese Zweckbestimmung der Empfehlung, gerade auch Voraussetzung der Verwirklichung einer Kursmanipulation sein soll. Hier wird eine Verwirklichung von § 88 Nr.2 BörsG[662] bejaht. Denn die Empfehlung eines Täters, dessen Berufsstand den Kapitalmarkt mit Informationen, Ratschlägen und Tipps versorge, sei als Täuschung zu werten, wenn sie ohne Hinweis auf einen bestehenden Interessenkonflikt, der die Empfehlung beeinflusse oder beeinflussen könne, erfolge, weil sie von den Kapitalmarktteilnehmern als nicht von Interessenkonflikten beeinflusst verstanden werde[663]. In diese Richtung geht auch die Ansicht des BGH in seinem Urteil vom 6.11.2003: Im Falle eines „Scalping" komme – egal ob eine Empfehlung zutreffend sei oder nicht – eine Verwirklichung von § 88 Nr.2 BörsG bzw. nach neuer Rechtslage 20a Abs.1 S.1 Nr.2 WpHG in Betracht, weil die erforderliche Täuschungshandlung darin liege, dass die Empfehlungen mit dem Ziel der Kursbeeinflussung ausgesprochen wurden. Bei dieser Sachlage komme es nicht darauf an, ob die Aktien auch bei sachgerechter Beurteilung empfehlenswert waren[664]. Der Vorsitzende des 1. Strafsenates stellte allerdings klar, dass es in dem Prozess allein um die Tätigkeit des Angeklagten Opel als Anlageberater ging, nicht um seine Empfehlungen, die er als Journalist und anerkannter Experte für den Neuen Markt an Kleinanleger gegeben hatte[665].

Auf die gegenüber der Ansicht des BGH zu äußernde Kritik wird nachfolgend einzugehen sein. An dieser Stelle ist zunächst klar zu stellen, dass die bereits angedeutete Differenzierung zwischen der Empfehlung eines Anlagebe-

659 Lenzen, Unerlaubte Eingriffe in die Börsenkursbildung, S. 236; Petersen, wistra 1999, 328, 332f.; Schröder, Aktienhandel und Strafrecht, S. 73 ff.

660 Weber, NZG 2000, 113, 115 und NJW 2000, 562, 563; Lenenbach, ZIP 2003, 243, 246.

661 Weber, NJW 2000, 562, 563.

662 Was nach dem neuen Manipulationsverbot entsprechend für § 20a Abs.1 S.1 Nr.2 WpHG gilt.

663 Lenenbach, ZIP 2003, 243, 244.

664 BGH Urteil v. 6.11.2003 (1 StR 24/03), S. 13.

665 Vgl. die Pressemitteilung des BGH zu dem Urteil vom 6.11.2003 (1 StR 24/03), abrufbar unter www.bundesgerichtshof.de.

raters und eines Journalisten oder sonst anerkannten Experten erforderlich ist, da bereits das Gesetz selbst eine solche Differenzierung vorsieht. Denn nur für professionelle Anlageberater stellt das Wertpapierhandelsgesetz in § 32[666] besondere Verhaltensregeln auf. Diese gelten für Wertpapierdienstleistungsunternehmen, mit diesen verbundene Unternehmen, Geschäftsinhaber eines in der Rechtsform eines Einzelkaufmanns betriebenen Wertpapierdienstleistungsunternehmens, die nach Gesetz oder Gesellschaftsvertrag mit der Führung der Geschäfte des (Wertpapierdienstleistungs-)Unternehmens betrauten oder zu dessen Vertretung ermächtigten Personen sowie für Angestellte eines Wertpapierdienstleistungsunternehmens, die mit der Wertpapieranalyse oder der Anlageberatung betraut sind. All diesen Personen verbietet es § 32 WpHG, Anlageempfehlungen[667] abzugeben, wenn und soweit die Empfehlung nicht mit dem Interesse des Kunden übereinstimmt. Insbesondere ist es diesen Personen verboten, Anlageempfehlungen zu dem Zweck abzugeben, für Eigengeschäfte des Wertpapierdienstleistungsunternehmens oder eines mit ihm verbundenen Unternehmens bzw. für den Abschluss von Geschäften für sich oder für Dritte Preise in eine bestimmte Richtung zu lenken (§ 32 Abs.1 Nr.1 und 2, Abs.2 Nr.1 WpHG). Mit dem 4. Finanzmarktförderungsgesetz werden diese Verbote von dem neu gefassten Blankett-Ordnungswidrigkeitstatbestand des § 39 WpHG ausdrücklich erfasst. Nunmehr bedeutet also ein Verstoß gegen die Verbote des § 32 WpHG gem. § 39 Abs.1 Nr.3 i.V.m. § 32 Abs.1 oder 2 WpHG eine Ordnungswidrigkeit, die nach § 39 Abs.4 WpHG mit einer Geldbuße von bis zu zweihunderttausend Euro geahndet werden kann. Begeht die von § 32 WpHG erfasste Tätergruppe ein Scalping, sind bei dessen Sanktion daher die folgenden Erwägungen zu berücksichtigen: Handelt es sich um eine Empfehlung, die unzutreffende Tatsachen oder einen unzutreffenden Tatsachenkern beinhaltet, so handelt es sich um „unrichtige Angaben" i.S.v. § 88 Nr.1, 1.Alt. BörsG und § 20a Abs.1 S.1 Nr.1, 1.Alt. WpHG, so dass sich eine Sanktion nach diesen Normen, bei § 20a WpHG in Verbindung mit § 39 Abs.1 Nr.1 oder § 38 Abs.1 Nr.4 WpHG, richten muss[668]. Enthält die Empfehlung keinen, oder einen zutreffenden Tatsachenkern, scheidet eine Sanktion nach dieser Vorschrift aus. Gegen eine Sanktion nach § 88 Nr.2 BörsG bzw. §§ 38 Abs.1 Nr.4, 39 Abs.1 Nr.1 u. 2 WpHG i.V.m. § 20a

666 § 32 WpHG hat hier auch keine Änderung durch das 4. FMFG erfahren.

667 Gemeint ist hier i.S.v. § 32 WpHG die Empfehlung des Ankaufs oder Verkaufs von Wertpapieren, Geldmarktinstrumenten oder Derivaten.

668 Hier kommt mit der „Unrichtigkeit" der mitgeteilten Tatsachen bzw. des Tatsachenkerns einer Empfehlung ein über den Verbotstatbestand von § 32 Abs.1 Nr.2 und Abs.2 Nr.1 WpHG hinausgehender Unrechtsgehalt hinzu, der eine strengere Sanktion rechtfertigt.

WpHG, wie sie der BGH sowie einige Stimmen in der Literatur[669] annehmen, sprechen dagegen mehrere Erwägungen, insbesondere das Gesetz selbst. Denn die Abgabe von Empfehlungen zu dem Zweck, Preise in eine bestimmte Richtung zu lenken, wird für die genannte Berufsgruppe gemäß § 39 Abs.1 Nr.3 WpHG i.V.m. § 32 Abs.1 Nr.2 und Abs.2 Nr.1 WpHG ausdrücklich (nur) als Ordnungswidrigkeit mit einem Bußgeldrahmen bis zu zweihunderttausend Euro sanktioniert. Die Tatbestandsmerkmale dieses Blankett-Ordnungswidrigkeitstatbestandes entsprechen denen des § 20a Abs.1 S.1 Nr.2 WpHG[670]. Denn ein vorsätzliches Handeln zum Zweck einer Preislenkung, die für eigene Zwecke ausgenutzt werden soll, entspricht einer „sonstigen Täuschungshandlung" zur Einwirkung auf einen Börsenpreis, wenn die Täuschung allein darauf beruhen soll, dass die Abgabe der Empfehlung nur zum Zweck der Einwirkung verschwiegen wird. Auch ein von § 32 WpHG erfasstes entsprechendes Handeln erfordert das Verschweigen dieser Absicht, da anderenfalls das Ziel der Preiseinwirkung von vornherein gefährdet wäre. Die ausdrückliche gesetzgeberische Wertung des § 39 Abs.1 Nr.3 WpHG i.V.m. § 32 Abs.1 Nr.2 und Abs.2 Nr.1 WpHG würde unterlaufen, wenn das Verhalten (auch) unter § 20a Abs.1 S.1 Nr.2 WpHG subsumiert würde. Denn bei einem Verstoß gegen § 20a Abs.1 S.1 Nr.2 WpHG ist nach § 39 Abs.4 WpHG mit bis zu 1,5 Mio. Euro ein wesentlich höheres Bußgeld vorgesehen. Zudem würde die vom Gesetzgeber nur als Ordnungswidrigkeit für sanktionsbedürftig erachtete Tat bei gelungenem Nachweis einer tatsächlichen Einwirkung nach § 38 Abs.1 Nr.4 WpHG zur Straftat gemacht. Im Falle des § 88 Nr.2 BörsG läge sogar von vornherein eine Straftat vor. Dass eine solche Subsumtion des Scalping unter § 20a Abs.1 S.1 Nr.2 WpHG nicht vom Gesetzgeber des 4. Finanzmarktförderungsgesetzes gewollt war, ergibt sich – neben der klaren Gesetzeslage – auch aus den Gesetzesmaterialien. In seiner Begründung zu § 20a Abs.1 S.1 Nr.2 WpHG nennt der Gesetzgeber die wesentlichen Fälle, die er von dieser Tatbestandsalternative erfasst sehen will. Den bedeutenden Fall des Scalping nennt er jedoch nicht[671], die Neuaufnahme von Verstößen gegen § 32 WpHG in die Blankettnorm des § 39 WpHG dagegen schon[672]. Für ein Scalping durch professionelle Anlageberater wurde somit eine Spezialregelung vorgesehen, die einen „Rückgriff" auf die schärfere Bußgeld- und Strafdrohung bei § 20a Abs.1 S.1 Nr.2 WpHG verbietet. Weitere, gegen eine Anwendbarkeit des § 20a Abs.1 S.1 Nr.2 WpHG sowie des § 88 Nr.2 BörsG

---

669 Weber, NZG 2000, 113, 115 und NJW 2000, 562, 563; Lenenbach, ZIP 2003, 243, 246.

670 Wenn dieser Tatbestand nach der Ansicht ausgelegt wird, die hierunter den Fall des Scalping subsumiert.

671 Vgl. Regierungsentwurf 4. FMFG, BT-Drs. 14/8017, S.89f.

672 Regierungsentwurf 4. FMFG, BT-Drs. 14/8017, S. 99.

sprechende Erwägungen werden sogleich für alle Gruppen von Täter gemeinsam dargestellt, denn diese Tatbestände betreffen jedermann gleichermaßen, differenzieren also nicht zwischen professionellen Anlageberatern und sonstigen Tätern. Bereits nach den bisherigen Ausführungen ist aber festzuhalten, dass die vom Gesetzgeber in § 39 Abs.1 Nr.3 WpHG i.V.m. § 32 Abs.1 Nr.2 und Abs.2 Nr.1 WpHG getroffene Wertung im Umkehrschluss auch für nicht professionelle Empfehlende Aussagekraft besitzt. Wenn schon für professionelle Anlageberater die im unmittelbaren Kundenkontakt Empfehlungen aussprechen, nach der gesetzgeberischen Wertung eine Verletzung des § 20a Abs.1 S.1 Nr.2 WpHG ausscheiden muss, hat das erst recht für nicht-professionelle Täter zu gelten[673]. Auch deren Empfehlungen können nur gemäß § 88 Nr.1 BörsG bzw. § 20a Abs.1 S.1 Nr.1 WpHG eine verbotene Kursmanipulation darstellen, wenn sie zugleich „unrichtige Angaben“ im Sinne dieser Tatbestände darstellen.

Aber auch unabhängig von der insoweit klaren Gesetzessystematik kommt eine Anwendbarkeit von § 88 Nr.2 BörsG und § 20a Abs.1 S.1 Nr.2 WpHG auf Fälle des Scalping, in denen eine zutreffende oder gar keine Tatsachengrundlage für die Empfehlung besteht, nicht in Betracht. Das ergibt sich zwingend aus der Wertung des § 88 Nr.1 BörsG bzw. § 20a Abs.1 S.1 Nr.1 WpHG, welche bei der verfassungsrechtlich gebotenen Konkretisierung der jeweiligen Nr.2 dieser Tatbestände zu berücksichtigen ist. Vor diesem Hintergrund abzulehnen ist daher auch die vom BGH[674] und in der Literatur[675] vertretene Ansicht, dass das verschwiegene Ziel der Kursbeeinflussung als Motiv hinter einer Empfehlung diese zu einer „Täuschungshandlung“ machen könne, selbst wenn die empfohlenen Wertpapiere auch bei sachgerechter Beurteilung empfehlenswert wären. Diese Ansicht wird in der Literatur damit begründet, dass eine ohne Hinweis auf einen bestehenden Interessenkonflikt abgegebene Empfehlung von den Kapitalmarktteilnehmern als nicht von Interessenkonflikten beeinflusst verstanden werde, wenn der Empfehlende einem Berufsstand angehöre, der den Kapitalmarkt mit Informationen, Ratschlägen und Tipps versorge. Auch wenn man aufgrund der tatsächlichen Gegebenheiten auf dem Kapitalmarkt annehme, dass eine interessenneutrale Analyse nicht erwartet werden könne, und ein Anleger dies wisse oder wissen müsste, überschreite das Scalping die Grenze der „verkehrsüblichen Interessenverquickung“ bei weitem. Dass eine Empfehlung ausschließlich oder

673 Man denke hier auch an die Wertung des BGB, welches in § 675 Abs.2 BGB vorsieht, dass die Erteilung einer Empfehlung grundsätzlich nicht zu einer Haftung (auf Schadensersatz) führt, außer im Falle einer besonderen Anspruchsgrundlage, wovon insbesondere ein professioneller Dienstleistungsvertrag mit einem Anlageberater erfasst wird. (Vgl. Palandt/Sprau, § 675 Rz. 41 u. 42)

674 BGH Urteil v. 6.11.2003 (1 StR 24/03), S. 13.

675 Lenenbach, ZIP 2003, 243, 244.

zumindest auch mit dem Ziel abgegeben werde, um aufgrund der kursmachenden Wirkung dem Empfehlenden die Taschen zu füllen, stehe schlechterdings außerhalb des Erwartungshorizonts der Kapitalmarktteilnehmer, an die sich die Empfehlung richte, so dass eine Empfehlung die konkludente Aussage enthalte, dass sie nicht oder nicht auch in der Absicht abgegeben werde, dem Empfehlenden zu profitablen Eigengeschäften zu verhelfen und ein Ratgeber, der nicht auf sein Eigeninteresse hinweise über den Erklärungswert seiner Empfehlung täusche[676]. Der BGH zieht die Begründung des Entwurfes einer Verordnung nach § 20a Abs.2 WpHG[677] und die EG-Richtlinie gegen Marktmissbrauch heran. Beide würden Scalping als marktmanipulative Handlung einordnen und dabei wesentlich auf die Interessenkollision zwischen dem Empfehlenden, der selbst Dispositionen in den entsprechenden Wertpapieren getroffen habe, und dem Adressaten der Empfehlen als potentiellen Anleger abstellen[678]. Gegen diese Begründungen ist einiges einzuwenden.

Zunächst ist – wiederholt – darauf hinzuweisen, dass eine konkretisierende Auslegung von § 88 Nr.2 BörsG und § 20a Abs.1 S.1 Nr.2 WpHG anhand der jeweiligen Nr.1 zur Wahrung der verfassungsrechtlich gebotenen Bestimmtheit dieser Normen erforderlich ist und zur Konsequenz hat, dass unter die Nr.2 dieser Tatbestände keine informationsbezogenen Handlungen fallen können, die von der jeweiligen Nr.1 aus dem tatbestandlichen Anwendungsbereich ausgeschlossen werden. Dies gilt auch für das Scalping, bei dem an die Äußerung einer Empfehlung als Tathandlung angeknüpft wird. Eine Empfehlung auf zutreffender oder gar keiner Tatsachengrundlage fällt nicht unter § 88 Nr.1 BörsG und § 20a Abs.1 S.1 Nr.1 WpHG und kann damit definitiv nicht durch die Manipulationsverbotstatbestände erfasst werden. Ob eine Empfehlung bei sachgerechter Beurteilung zutreffend gewesen wäre, ist dabei nicht erheblich.

Zudem lässt sich einer Empfehlung kein Erklärungswert beimessen. Eine Empfehlung stellt bereits keine auslegungsfähige Willenserklärung dar[679]. Darüber hinaus verbietet sich eine Auslegung unter Berücksichtigung des Anlegerhorizontes, da das Verbot der Kursmanipulation nicht auf Anlegerschutz zielt und auch das generelle Anlegervertrauen nur mittelbar durch das allein geschützte Rechtsgut der Zuverlässigkeit und Wahrheit der Börsenpreisbildung Schutz erfährt. Bereits aus diesem Grund kann es nicht darauf ankommen, wann der „Erwartungshorizont der Kapitalmarktteilnehmer“ oder die „Grenze der ver-

---

676 Lenenbach, ZIP 2003, 243, 244.

677 Die „Verordnung zur Konkretisierung des Verbotes der Kurs- und Marktpreismanipulation (KuMaKV) trat am 28.11.2003 und damit nach Urteilsverkündung in Kraft.

678 BGH Urteil v. 6.11.2003 (1 StR 24/03), S. 13 ff.

679 Vgl. Palandt/Sprau, § 675 Rz. 26.

kehrsüblichen Interessenverquickung" überschritten werden[680]. Zumal diese Begriffe nur mit Wertungen gefüllt werden und keine klare Grenzziehung ermöglichen. Es ist mehr als fraglich, ob Kapitalmarktteilnehmer überhaupt einen Erwartungshorizont gegenüber Empfehlungen – zumal von Journalisten, die nicht einmal unter die Verhaltensregeln des § 32 WpHG fallen müssen – aufbauen können. Hier trifft vielmehr die zum Straftatbestand des Betruges getroffene Feststellung zu, dass jemand, der sich auf nicht überprüfbare Angaben verlässt, selbst schuld ist[681]. Kapitalmarktrecht und insbesondere das allein die redliche Preisbildung schützende Manipulationsverbot eignet sich nicht als „Verbraucherschutzrecht"[682] zugunsten der Anleger, auch wenn das für geschädigte Anleger durchaus wünschenswert sein mag. Entsprechendes gilt für die Annahme, dass es eine Grenze der „verkehrsüblichen Interessenverquickung" gebe, jenseits welcher der Scalper zur Aufklärung verpflichtet ist, wenn er sich nicht strafbar machen möchte. Ein Empfehlender, der seine Empfehlung auch selbst nutzt, nutzt lediglich seine rechtmäßig erlangten Informationen[683]. Kapitalmarktrechtliche Aufklärungspflichten eigens für Empfehlende bestehen nicht und können auch nicht über den Umweg, dass nur so eine andernfalls eintretende Strafbarkeit vermieden werde, konstruiert werden. Auch hier ist die anhand von § 88 Nr.1 BörsG und § 20a Abs.1 S.1 Nr.1 WpHG eingrenzende Auslegung der zweiten Tatalternative zu berücksichtigen. § 88 Nr.1 2.Alt. BörsG und § 20a Abs.1 S.1 Nr.1 2.Alt. WpHG stellen ausdrücklich klar, dass das Unterlassen einer Mitteilung nur bei Bestehen einer durch Rechtsvorschrift begründeten Mitteilungspflicht zu einem Verstoß gegen das Manipulationsverbot führt. Gleiches muss für eine verstoßbegründende unterlassene Aufklärung gelten. Wie bereits erläutert, lässt sich einer Empfehlung ohne Mitteilung einer Interessenverquickung zudem kein Erklärungswert hierüber zumessen. Es geht deshalb nicht um eine konkludente Täuschung, sondern um den Vorwurf eines Unterlassens: Die nicht erfolgte Aufklärung über das Motiv der Empfehlung. Hier darf die Konstruktion einer Strafbarkeit über § 88 Nr.2 BörsG und § 20a Abs.1 S.1 Nr.2 WpHG die von der jeweiligen Nr.1 (2.Alt.) getroffene Wertung nicht unterlaufen.

Damit kann weder von einer konkludenten Erklärung nicht bestehender Interessenkonflikte, noch von einer (nicht befolgten) Pflicht zur Mitteilung solcher Konflikte ausgegangen werden. Zur Begründung einer „Täuschungshand-

680 So jedoch Lenenbach, ZIP 2003, 243, 244.
681 Volk, BB 1999, 66, 69.
682 Zusammen mit den Bemühungen, die Manipulationsverbote als Schutzgesetze i.S.v. § 823 Abs.2 BGB auszulegen, käme man so zu einer Haftung der Analysten für ihre Angaben, sobald und soweit sie ihr Wissen auch selbst nutzen. Unter diesen Voraussetzungen würde kaum ein Analyst mehr öffentliche Empfehlungen abgeben.
683 Petersen, wistra 1999, 328, 331.

lung"[684] kann damit noch auf die bezweckte Einwirkung oder ein dieser nachfolgendes, geplantes Geschäft des Empfehlenden zu seinen eigenen Gunsten abgestellt werden. Zunächst zur Einwirkung. Der BGH geht davon aus, dass es für die Annahme einer Täuschungshandlung ausreiche, dass eine Empfehlung mit dem Ziel der Kursbeeinflussung ausgesprochen wird, unabhängig davon, ob die jeweiligen Aktien bei sachgerechter Beurteilung empfehlenswert sind[685]. Hiergegen ist zunächst einzuwenden, dass allein die Bezweckung einer Kursbeeinflussung nicht bewertungserheblich ist. Die Bewertungserheblichkeit der Tatsache, über die im Rahmen von § 88 Nr.2 BörsG und § 20a Abs.1 S.1 Nr.2 WpHG getäuscht wird, ist aber bei eingrenzender Auslegung anhand der jeweiligen Nr.1 zu fordern. Sie ist hier abzulehnen, weil ein Analyst, der eine öffentlichkeitswirksame Empfehlung abgibt, welcher viele Anleger vertrauen und nachkommen, stets die „Macht" hat, mit einer Empfehlung eine Kurseinwirkung herbeizuführen, egal ob er eine Einwirkung auch bezweckt, oder nicht. Auch wenn das den Anlegern bewusst ist, hält sie das keineswegs davon ab, die Empfehlung umzusetzen, zumal es vor allem auf die Erzielung eines Zeitvorteils gegenüber anderen Anlegern ankommt. Es ist deshalb davon auszugehen, dass dieser Umstand (allein) nicht nur keine Bewertungserheblichkeit aufweist, er ist auch nicht geeignet, eine Täuschung der Anleger herbeizuführen. Wie bereits dargelegt[686], setzt das Vorliegen einer Täuschung ein Verhalten mit einem bestimmten Erklärungswert voraus. Die hinter einer Empfehlung stehende Absicht ist jedoch für Anleger nicht erkennbar, ein Erklärungswert in Bezug auf diese Absicht und ein hierauf beruhender tatbestandsrelevanter Irrtum der Anleger scheiden daher aus. Gegen die Annahme, dass eine Empfehlung, die allein zum Zweck einer Kursbeeinflussung abgegeben wird, unmittelbar eine „Täuschungshandlung" im Sinne des Manipulationsverbotes darstellen kann, spricht auch das Rechtsgut der Kursmanipulation. Es geht nicht um die Willensfreiheit der Anleger, sondern allein um die Redlichkeit der Preisbildung. Unzulässig ist jedes mittels Täuschung erfolgende Einwirken auf die Preisbildung selbst oder auf die in die Preisbildung einfließende Orderlage. Das setzt gerade die Bewertungserheblichkeit eines Umstandes, auf den sich eine Täuschung der Kapitalmarktteilnehmer beziehen soll, voraus. Andernfalls lassen diese sich in ihrer Anlageentscheidung nicht beeinflussen, so dass die Orderlage ordnungsgemäß zustande kommt und ebenso der auf ihrer Grundlage festgestellte Preis. Damit scheidet eine Rechtsgutverletzung oder -gefährdung aus. Deshalb ist nicht jede bewirkte oder be-

---

684 Wobei für § 88 Nr.2 BörsG nur eine „auf Täuschung berechnete Handlung" erforderlich ist.

685 BGH Urteil v. 6.11.2003 (1 StR 24/03), S. 13 f.

686 Vgl. hierzu Kapitel 5 / Abschnitt II/6b.

zweckte Preisänderung schon eine unredliche Preisbeeinflussung und damit Manipulation. Dann würde sich jeder renommierte Analyst strafbar machen. Das ist aber noch nicht das dem Scalping eigene „Unrecht“.

Auch aus gesetzessystematischen Gründen scheidet ein Abstellen auf die Einwirkungsabsicht aus. § 88 Nr.2 und § 20a Abs.1 S.1 Nr.2 WpHG setzen sowohl das Vorliegen einer (möglichen) Täuschung, als auch ein auf Handeln „zur Einwirkung“ bzw. „um auf den ... Preis ... einzuwirken“ voraus. Diese subjektiven Merkmale sind – jedenfalls nach derzeitiger Fassung der Tatbestände – nicht geeignet, eine Abgrenzung von strafwürdigen und straffrei zu bleibenden kursbeeinflussenden Handlungen zu ermöglichen. Wie bereits dargelegt, gebietet eine effektiven Rechtsschutz gewährleistende Auslegung der Tatbestandsmerkmale, dass bereits dolus directus 2. Grades ausreichend ist. Es genügt also, wenn der Täter sein Einwirken mit Sicherheit voraussieht und dennoch handelt. Für Scalping soll es aber gerade auf das Ziel der Einwirkung ankommen, was dolus directus 1. Grades, also absichtliches Handeln voraussetzt. Ein Tatbestandsmerkmal kann jedoch nicht unterschiedlich ausgelegt werden, je nachdem, ob es um Scalping oder einen sonstigen Fall einer „Manipulationshandlung“ geht. Darüber hinaus begründet der BGH das Vorliegen eines Tatbestandsmerkmals (das der Täuschung) mit dem Vorliegen eines anderen (das der Einwirkungsabsicht). Ein Abstellen allein darauf, dass die Absicht zur Einwirkung nicht mitgeteilt wird, würde eine Mitteilungspflicht begründen, für die es an einer Rechtsvorschrift fehlt und die zudem aufgrund der fehlenden Bewertungserheblichkeit der mitzuteilenden Tatsache völlig sinnlos wäre.

Damit bleibt als einzig sinnvolle Überlegung, ob eine Täuschung über die beabsichtigten Eigengeschäfte des Empfehlenden angenommen werden kann. Soweit man auf die vor der Empfehlung abgeschlossenen Eigengeschäfte abstellt, gelangt man wiederum zu der Mitteilung eines Interessenkonfliktes, wozu auf die obigen Ausführungen verwiesen wird. An dieser Stelle soll das nachträgliche Geschäft zur gewinnbringenden Nutzung des mit der Empfehlung beeinflussten Kurses betrachtet werden. Die Absicht zur kurzfristigen Erzielung von Gewinnen aus erzielten Kursbewegungen wird als bewertungserheblich betrachtet[687]. Das muss jedoch nicht uneingeschränkt gelten. Entscheidend ist, ob die kurzfristige Gewinnerzielung mittels Aktienkäufen- oder -verkäufen geschieht, die den Preis ebenfalls beeinflussen können. Nur das interessiert die anderen Anleger. Dass jemand seine eigene Empfehlung gewinnbringend nutzt, ist so lange nicht bewertungserheblich, wie sich die Bewertung der Titel durch diese Nutzung nicht ändert. Von einer Änderung der Bewertung wird allerdings in der Regel auszugehen sein. Es kommt somit darauf an, ob sich die Kapital-

687 Mühlbauer, wistra 2003, 169, 171.

marktteilnehmer über die Absicht des „Abkassierens“ des Empfehlenden nach Erzielung der Kursänderung irren. Wie bereits erläutert, kann einer Empfehlung kein darüber hinaus gehender Erklärungswert beigemessen werden, auch nicht der, dass der Empfehlende die Empfehlung nicht auch zu seinen Gunsten nutzen will. Dem Empfehlenden ist dies nicht verboten und er ist nach derzeitigem Recht auch nicht verpflichtet, derartige Eigengeschäfte oder die Absicht hierzu bei der Abgabe einer Empfehlung mitzuteilen. Insoweit gilt das oben Gesagte. Das Verbot einer Nutzung von Empfehlungen zu eigenen Zwecken des Empfehlenden kann hier nicht allein dadurch begründet werden, dass § 20a Abs.1 S.1 Nr.2 WpHG bzw. § 88 Nr.2 BörsG entgegen der oben genannten Eingrenzungen einer verfassungsgemäßen Auslegung auf den Fall des Scalping angewandt werden. Das hieße, ein Verbot mit dem Verbot begründen. Zudem wäre eine Mitteilungspflicht kraft Rechtsvorschrift zu fordern. Eine solche besteht jedoch nicht. Damit ist auch in diesem Fall der Tatbestand des § 88 Nr.2 BörsG bzw. des §20a Abs.1 S.1 Nr.2 WpHG nicht verwirklicht. Daran ändert auch die am 28.11.2003 aufgrund von § 20a Abs.2 WpHG erlassene Rechtsverordnung nichts. Diese sieht zwar vor, dass Scalping als „sonstige Täuschungshandlung“ zu erfassen ist, das würde aber zu einer nicht mehr verfassungskonformen Auslegung des Gesetzes führen, zumal bereits die Ermächtigungsgrundlage der Rechtsverordnung selbst als verfassungswidrig eingestuft werden kann. Die Tatsache, dass die EU-Richtlinie gegen Marktmissbrauch ebenfalls Scalping als Kursmanipulation sanktionieren will, ändert im Ergebnis nichts. Der deutsche Gesetzgeber, das deutsche Bundesfinanzministerium und die deutschen Gerichte sind an das Grundgesetz und insbesondere Art. 103 Abs.2 GG gebunden. Damit kann dem BGH auch nicht zugestimmt werden, dass zu den möglichen Grenzen zur – straflosen – seriösen Empfehlung wohl von den Aufsichtsbehörden Grundsätze aufzustellen seien[688]. Diesen fehlt es an einer wirksamen Ermächtigungsgrundlage. Das Gericht dagegen ist dazu berufen, ein Gesetz entweder verfassungsgemäß auszulegen oder es dem Bundesverfassungsgericht zur Normenkontrolle[689] vorzulegen. Wenn eine verfassungsgemäße Auslegung unerwünschte Strafbarkeitslücken lässt – was vorliegend für das Manipulationsverbot unvermeidbar ist – ist es Aufgabe des Gesetzgebers, diese Lücken durch verfassungsgemäß bestimmte, klare Regelungen zu schließen. Zumindest erforderlich wäre die Festlegung klarer Richtlinien für eine Anlageempfehlung auch außerhalb von individuellen Anlageberatungsverhältnissen. Bestünde eine Mitteilungspflicht von Interessenkonflikten und würde diese durch den Gesetzgeber

688 Online-Bericht der Süddeutschen Zeitung unter www.sueddeutsche.de vom 6.11.2003.

689 Art. 100 Abs.1 S.1 GG, §§ 13 Nr.11, 80 ff. BVerfGG.

als bewertungserheblich eingestuft, wäre eine Strafbarkeit gemäß § 88 Nr.1 BörsG bzw. § 20a Abs.1 S.1 Nr.1 WpHG denkbar. Möglich und sinnvoller wäre jedoch die Schaffung einer eigenen Regelung für Scalping. Denn bei dieser Fallgruppe geht es in Wirklichkeit nicht um eine unredliche Preisbeeinflussung, sondern um ein „unredliches", aber bisher – außerhalb von § 39 Abs.1 Nr.3 WpHG i.V.m. § 32 Abs.1 Nr.2 und Abs.2 Nr.1 WpHG – sanktionsloses Ausnutzen einer (de lege lata ebenfalls noch) als redlich einzustufenden Preiseinwirkung.

IV) „Wash Sales"

Unter „Wash Sales" werden Geschäfte verstanden, die nicht zu einem Wechsel des Eigentums an dem betreffenden Finanztitel führen. Hier steht auf Erwerber- und Veräußererseite dieselbe Partei, wobei das bereits immer dann angenommen wird, wenn Kauf- und Verkaufsorder demselben wirtschaftlichen Berechtigten zugeordnet werden können[690]. Das ist auch der Fall, wenn es sich bei Käufer und Verkäufer um verbundene Unternehmen i.S.v. §§ 15 ff. AktG handelt[691]. Für die Ausführung eines „Wash Sale" gibt der identische Auftraggeber gleichzeitig Kauf- und Verkaufsorder ab, wobei die Order hinsichtlich Kaufgegenstand, Menge und Preis aufeinander abgestimmt sind[692]. Dies führt zu einer Veräußerung quasi in Form eines Insichgeschäfts, so dass der Eigentümer der „verkauften" Finanztitel gleich bleibt. Das Geschäft ist damit letztlich ein Scheingeschäft, welches jedoch dazu beiträgt, das Handelsvolumen in dem betreffenden Finanztitel künstlich aufzublähen[693].

„Wash Sales" führen also zu einer Täuschung über die tatsächliche Geschäftslage in dem betroffenen Vermögenswert. Die Marktteilnehmer gewinnen den Eindruck von erhöhten Umsätzen und eines aktiven Marktes mit entsprechender Liquidität, was nicht der wahren Geschäftslage entspricht[694]. Denn den „Wash Sales" fehlt es an der wirtschaftlichen Relevanz ordnungsgemäß getätigter Geschäfte, da ein Wechsel von Eigentum und Kaufpreis nicht stattfindet. Damit haben diese Geschäfte auch nicht den mit regulär abgeschlossenen Geschäften verbundenen Aussagewert, dass die betroffenen Vermögenswerte von den Geschäftsparteien mit dem jeweiligen Kaufpreis bewertet wurden. Somit betrifft die mit einem derartigen Scheingeschäft bewirkte Täuschung auch be-

690 Regierungsentwurf 4. FMFG, BT-Drs. 14/8017, S. 89.
691 Regierungsentwurf 4. FMFG, BT-Drs. 14/8017, S. 89.
692 Regierungsentwurf 4. FMFG, BT-Drs. 14/8017, S. 89.
693 Ziouvas, ZGR 2003, 113, 132.
694 Vgl. Regierungsentwurf 4. FMFG, BT-Drs. 14/8017, S. 89.

wertungserhebliche Tatsachen. Der mittels eines „Wash Sales" gebildete Preis ist nicht ordnungsgemäß zustande gekommen, da der – wirtschaftlich – identische Auftraggeber als Käufer und Verkäufer gleichzeitig sein Angebot dem freien Zugang anderer Marktteilnehmer entzieht, wodurch gegen das Gebot der Chancengleichheit verstoßen wird. Demnach können „Wash Sales" auch bei Berücksichtigung der verfassungsrechtlich gebotenen engen Auslegung unter § 88 Nr.2 BörsG und § 20a Abs.1 S.1 Nr.2 WpHG fallen, wenn die übrigen Tatbestandsvoraussetzungen vorliegen.

Nach § 3 Abs.2 Nr.1 der Rechtsverordnung des Bundesfinanzministeriums vom 28.11.2003[695] (KuMaKV) sollen „Wash Sales" als „Geschäfte oder einzelne Kauf- oder Verkaufaufträge über den Kauf von Vermögenswerten, bei denen Käufer und Verkäufer wirtschaftlich identisch sind" unter sonstige Täuschungshandlungen i.S.v. § 20a Abs.1 S.1 Nr.2 WpHG fallen. Die Verordnung betont dabei, dass keine tatbestandsmäßige Täuschungshandlung vorliegen soll, wenn die Geschäfte nicht wissentlich zwischen identischen Vertragspartnern abgeschlossen werden, oder wenn sie den anderen Marktteilnehmern im Einklang mit den gesetzlichen Regeln und den Marktbestimmungen angekündigt werden (§ 3 Abs.2 Nr.1 KuMaKV). Diese Ausnahme hat allerdings rein deklaratorische Wirkung: Denn bei unwissentlich abgeschlossenen Geschäften mit identischen Vertragsparteien fehlt es an dem erforderlichen Vorsatz hinsichtlich der Täuschungshandlung. Und bei Geschäften im Einklang mit den gesetzlichen Regeln und Marktbestimmungen muss insbesondere dem Transparenzgebot und dem Gebot der Chancengleichheit Genüge getan werden, so dass es nicht zu einer Täuschung kommen kann, weil die Marktteilnehmer von der wahren Geschäftslage erfahren.

V) „(Improper) Matched Orders"

„(Improper) Matched Orders" liegen vor, wenn bei Geschäften gleichzeitig ein Kauf- und Verkaufsauftrag zum gleichen Kurs und in gleichem Umfang erteilt wird, die Order also einander entsprechen, jedoch die (verschiedenen) Parteien auf Veräußerer- und Erwerberseite Art und Umfang des Geschäftes vorher abgesprochen haben. Eine Sonderform der „(Improper) Matched Orders" ist das „Circular Trading", bei welchem in einem sogenannten „Trading Pool" die „(Improper) Matched Orders" abgesprochen werden. Dabei finden die abgespro-

695 Verordnung zur Konkretisierung des Verbotes der Kurs- und Marktpreismanipulation (KuMaKV), BGBl I/2003 S. 2300.

chenen Geschäfte in einer Verkaufskette zwischen mehreren Vertragspartnern statt, wobei der ursprüngliche Verkäufer der letzte Käufer ist[696].

Mittels „(Improper) Matched Orders" können die Parteien einen bestimmten Kurs erzielen. Hier findet im Gegensatz zu den „Wash Sales" zwar ein tatsächlicher Eigentumswechsel statt, jedoch zu den abgesprochenen Konditionen und nicht nach regulärem Börsenhandel. Dabei wird der freie Marktmechanismus umgangen, da die abgesprochenen Order nicht allen Marktteilnehmern in gleicher Weise zugänglich sind. Dieser Verstoß gegen die Chancengleichheit der Marktteilnehmer führt zu einem nicht ordnungsgemäßen Preis, der nicht die unbeeinflusste Marktlage wiedergibt[697]. Auch hier werden die übrigen Marktteilnehmer über die Umstände, unter denen das Geschäft zustande gekommen ist, sowie über die Aussagekraft des gebildeten Preises getäuscht. Mit dem durch „(Improper) Matched Orders" erzielten Preis wird also das Börsenpublikum über eine bewertungserhebliche Tatsache getäuscht. § 88 Nr.2 BörsG und § 20a Abs.1 S.1 Nr.2 WpHG finden auf diesen Fall Anwendung[698], wenn die Täter vorsätzlich und mit dem (direkten) Vorsatz, auf den Preis einzuwirken, handeln.

Auch nach § 3 Abs.2 Nr.2 der gemäß § 20a Abs.2 Nr.2 WpHG erlassenen Rechtsverordnung soll diese Art von Geschäften unter die „sonstigen Täuschungshandlungen" i.S.v. § 20a Abs.1 S.1 Nr.2 WpHG fallen. Erfasst sein sollen alle Geschäfte oder einzelne Kauf- oder Verkaufaufträge über den Kauf von Vermögenswerten, bei denen ein Kauf- und ein Verkaufauftrag zu im Wesentlichen gleichen Stückzahlen und Preisen von verschiedenen Parteien, die sich abgesprochen haben, erteilt wird, es sei denn, diese Geschäfte wurden den anderen Marktteilnehmern im Einklang mit den gesetzlichen Regeln und den Marktbestimmungen angekündigt. Auch hier war die Einschränkung am Ende nicht nötig, da bei einer entsprechenden Ankündigung der Geschäfte eine Täuschungshandlung entfällt.

VI) Leerverkäufe

Unter „Leerverkäufen" werden Verkaufsorder verstanden, bei denen die Verkäufer weder Eigentümer der verkauften Vermögenswerte sind, noch diese in

696 Lenzen, Unerlaubte Eingriffe in die Börsenkursbildung, S.11; Ziouvas, ZGR 2003, 113, 133.

697 Vgl. Lenzen, Unerlaubte Eingriffe in die Börsenkursbildung, S. 189.

698 Erbs/Kohlhaas-Fuhrmann § 88 BörsG Rz. 17 (bzgl. Scheingeschäfte); Rössner/ Worms in Assmann/Schütze, § 9 Rz. 9 (bzgl. Scheingeschäfte); Lenzen, Unerlaubte Eingriffe in die Börsenkursbildung, S. 189.

Kommission veräußern[699]. Die Verkäufer spekulieren darauf, diese Vermögenswerte nachträglich zu einem günstigeren Preis erwerben zu können[700], um mit den erworbenen Papieren ihre Verbindlichkeiten aus dem vorangehenden Verkauf erfüllen zu können. Leerverkäufe können zu einer Kurseinwirkung führen, da sie die gleiche Wirkung haben wie die Verkäufe tatsächlich gehaltener oder in Kommission veräußerter Papiere: Umfangreiche Verkäufe in einem Vermögenswert führen in der Regel zu einem niedrigeren Kurs. Ein Leerverkäufer ist nicht auf den in seinem persönlichen Bestand gehaltenen Umfang an Vermögenswerten beschränkt und kann daher mit Leerverkäufen in größerem Ausmaß einen Kurs noch leichter „drücken"[701]. Ein solcher Kursabfall wird auch nicht notwendigerweise durch die mit den nachträglichen Wertpapierkäufen verbundene Kurssteigerung kompensiert, weil ein plötzlicher Kursabfall bei den übrigen Anlegern eine Verkaufspanik auslösen kann, die den Kurs weiter stürzen lässt[702].

Preiseinwirkungen mit Hilfe von Leerverkäufen oder „Cornering"[703] werden auch unter den Oberbegriff einer Einwirkung durch tatsächliche Handelsaktivitäten gefasst[704]. Fraglich ist, worin bei einer Preiseinwirkung durch tatsächliche Handelsaktivitäten eine Täuschungshandlung gesehen werden kann. Im Gegensatz zu Scheingeschäften wie „Wash Sales" und im Gegensatz zu „(Improper) Matched Orders" haben Leerverkäufe und andere tatsächliche Handelsaktivitäten wirtschaftliche Relevanz. Hier werden die übrigen Marktteilnehmer im Stadium der Preisbildung auch nicht ausgeschlossen, das Gebot der Chancengleichheit wird nicht verletzt. Damit werden die übrigen Marktteilnehmer auch nicht diesbezüglich über eine ordnungs- und wahrheitsgemäße Börsenpreisbildung getäuscht. Auch zu den informationsbezogenen Handlungen nach § 88 Nr.1 BörsG und § 20a Abs.1 S.1 Nr.1 WpHG besteht ein wesentlicher Unterschied: Bei informationsbezogenen Handlungen wird über eine Täuschung der Marktteilnehmer deren Bewertungs- und Anlageentscheidung beeinflusst und dadurch die zu einem Börsenpreis führende Marktlage verfälscht. Der daraufhin gebildete Preis ist also das Ergebnis einer Täuschung. Demgegenüber wirken sich tatsächliche Handelsaktivitäten erst über den dadurch beeinflussten Börsen-

---

699 Schröder, Aktienhandel und Strafrecht, S. 75; Lenzen, Unerlaubte Eingriffe in die Börsenkursbildung, S. 18.

700 Nach den Geschäftsbedingungen der deutschen Börsen müssen die leerverkauften Wertpapiere spätestens am zweiten Werktag nach dem Abschlusstag geliefert werden (Lenzen, Unerlaubte Eingriffe in die Börsenkursbildung, S. 18).

701 Vgl. Lenzen, Unerlaubte Eingriffe in die Börsenkursbildung, S. 18.

702 Schröder, Aktienhandel und Strafrecht, S. 75 f.

703 Vgl. zu diesem Begriff den nachfolgenden Abschnitt VII.

704 Vgl. Lenzen, Unerlaubte Eingriffe in die Börsenkursbildung, S. 18.

preis auf die übrigen Marktteilnehmer aus. Nur der jeweils gebildete Preis kommt als Mittel einer Täuschung in Betracht[705], die preisbeeinflussende Handlung selbst scheidet als Täuschungshandlung aus. Denn für Leerverkäufe gilt, dass es rechtlich zulässig ist, Sachen zu verkaufen, die sich im Zeitpunkt des Vertragsschlusses nicht in Eigentum und Besitz des Verkäufers befinden. Einem Leerverkaufsorder kann folglich nicht der konkludente Erklärungswert beigemessen werden, dass der Verkäufer über die Papiere bereits verfügen könne[706]. Eine diesbezügliche Täuschung scheidet aus. Gleiches gilt für die Annahme, der Leerverkäufer täusche bei Vornahme der Leerverkäufe über sein Motiv, da er nicht zur Umsetzung einer Anlageentscheidung, sondern zur unredlichen Preisbeeinflussung handelt. Denn das Vorliegen eines Tatbestandsmerkmals (der Täuschung) kann nicht mit dem Vorliegen eines daneben eigens zu erfüllenden Merkmals (das Handeln mit Einwirkungsvorsatz) begründet werden[707], da sonst der Tatbestand unzulässig erweitert würde. Eine solche Begründung läuft darauf hinaus, das Vorliegen des objektiven Tatbestandes – dieser besteht nur in der Täuschungshandlung – letztlich aufgrund eines subjektiven Tatbestandsmerkmals zu bejahen. Zu berücksichtigen ist auch, dass nach richtiger Ansicht für ein Vorgehen „um auf den Börsen- oder Marktpreis eines Vermögenswertes einzuwirken" kein absichtliches Handeln im Sinne von dolus directus 1. Grades, sondern nur direkter Vorsatz (dolus directus 2. Grades) erforderlich ist[708]. Dieses subjektive Merkmal kann also nicht zur Abgrenzung grundsätzlich nicht verbotener Leerverkäufen von solchen, die final auf eine Kursbeeinflussung ausgerichtet sind und damit als manipulativ sanktioniert werden sollen, herangezogen werden, da nicht je nach zu erfassender Fallgruppe unterschiedliche Anforderungen an die Verwirklichung dieses Merkmals gestellt werden können. Ein Handeln mit direktem Vorsatz wird vielfach gerade bei zulässigen Leerverkäufen vorliegen, wenn der Leerverkäufer bei einem bestimmten Geschäftsumfang eine dadurch erzielte Kurseinwirkung sicher vorhersehen kann und die Leerverkäufe – in zulässiger Weise – dennoch vornimmt.

Der Gesetzgeber des 4. Finanzmarktförderungsgesetzes sieht dennoch die Möglichkeit, dass Leerverkäufe als Manipulationshandlung unter § 20a Abs.1 S.1 Nr.2 WpHG fallen[709]. Sie sollen „über die tatsächliche Geschäftslage" täu-

705 Was allerdings einen entsprechenden Erklärungswert des Preises voraussetzt, worauf im folgenden noch näher eingegangen wird.

706 Schröder, Aktienhandel und Strafrecht, S. 76; Lenzen, Unerlaubte Eingriffe in die Börsenkursbildung, S. 209.

707 So auch Altenhain, BB 2002, 1874, 1878.

708 Vgl. hierzu die ausführlichen Erläuterungen in Kapitel 5 / Abschnitt I/5b.

709 Regierungsentwurf 4. FMFG, BT-Drs. 14/8017, S. 89.

schen können[710], was nur im Sinne einer Täuschung aufgrund des mit Leerverkäufen erzielten Preises denkbar ist. Auch das Bundesfinanzministerium will mit § 3 Abs.2 Nr.3 seiner aufgrund von § 20a Abs.2 Nr.2 WpHG erlassenen Verordnung (KuMaKV) solche Geschäfte oder einzelne Order als „sonstige Täuschungshandlung" bestimmen, „die den unzutreffenden Eindruck wirtschaftlich begründeter Umsätze erwecken". In seiner Begründung hierzu stellt es fest, dass für die Marktteilnehmer die Vornahme einer Transaktion mit Preisbeeinflussungsabsicht und der dadurch „verzerrte" Preis nicht erkennbar sei. Es werde der unzutreffende Eindruck erweckt, dass die Kursbewegung eines Vermögenswertes aufgrund von legitimen, wirtschaftlich motivierten Umsätzen zustande gekommen sei. Das sei der Fall, wenn nicht eine Investmentidee umgesetzt werde, sondern das Marktverhalten anderer Marktteilnehmer beeinflusst werden soll[711]. Neben dem wiederholt zu kritisierenden Umstand, dass hier ein Tatbestandsmerkmal durch ein anderes begründet wird, sprechen gegen diese Ansicht auch weitere Gesichtspunkte. Gesetz- und Verordnungsgeber gehen hier von einer konkludenten Täuschung durch die erzielte Kursbewegung aus[712]. Das bedeutet, dass einem Börsenpreis der Erklärungswert zukommen muss, dass die ihm zugrundeliegende Orderlage auf umgesetzten „Investmentideen" und damit einer Bewertung des betreffenden Vermögenswertes beruht. Dagegen spricht, dass auch bei anderen Motiven ein zulässiger Handel vorliegt, beispielsweise, wenn ein Vermögenswert aufgrund finanzieller Schwierigkeiten verkauft werden muss[713]. Marktaktionäre können also nicht von einer reinen Bewertungsaussage eines Börsenpreises ausgehen. Darüber hinaus stellt das Bundesfinanzministerium selbst fest, dass die Absicht des Handelnden nicht erkennbar ist. Damit kann auch dem jeweiligen Börsenpreis als Endprodukt eines Geschäftes keine Aussagekraft über die hinter der Orderlage stehenden Motive zukommen. Etwas das für die Marktteilnehmer nicht erkennbar ist, kann von diesen zudem auch nicht erwartet werden. Sie können sich also keine Vorstellung darüber bilden, auch keine Fehlvorstellung wie es infolge einer Täuschung möglich sein müsste. Festzuhalten ist damit, dass Leerverkäufe mangels einer Täuschungs-

---

710 Regierungsentwurf 4. FMFG, BT-Drs. 14/8017, S. 89.

711 Begründung der Verordnung zur Konkretisierung des Verbotes der Kurs- und Marktpreismanipulation (KuMaKV), BR-Drs. 639/03, S. 12.

712 Für eine Täuschung durch Unterlassen fehlt es an einer durch eine Rechtsvorschrift begründeten Mitteilungspflicht, wie sie bei einer verfassungsgemäß eingeschränkten Auslegung von § 88 Nr.2 BörsG bzw. § 20a Abs.1 S.1 Nr.2 WpHG zu fordern ist.

713 Lenzen, Unerlaubte Eingriffe in die Börsenkursbildung, S. 193; Altenhain, BB 2002, 1874, 1877f.

handlung oder eines auf Täuschung berechneten Mittels die Tatbestände von § 20a Abs.1 S.1 Nr.2 WpHG und von § 88 Nr.2 BörsG nicht verwirklichen.

Anzumerken ist hier noch, dass Leerverkäufe nicht grundsätzlich verboten oder außerhalb von § 20a WpHG ausreichend vom Gesetzgeber reguliert werden. Sieht der Gesetzgeber eine von Leerverkäufen ausgehende Gefahr, muss er aber für eine unmittelbare Regelung sorgen. Es ist äußerst bedenklich, wenn er statt dessen eine weit gefasste und damit an der Grenze zur verfassungswidrigen Unbestimmtheit (Art. 103 Abs.2 GG) stehende Norm schafft und deren Weite dazu nutzen möchte, unerwünschte Verhaltensweisen wie Leerverkäufe (bei der Absicht einer Preisbeeinflussung) als unter die Norm fallend zu definieren. Zumal er diese Definition auch noch der Exekutive überlässt. Noch schwerer wiegt es, wenn dabei die Norm auf Fälle ausgedehnt wird, die ihr Wortlaut nicht erfasst. So verhält es sich hier mit der Annahme einer Täuschungshandlung, für die keine Grundlage besteht.

VII) „Cornering“

Ein Fall des “Cornering” bzw. die Bildung eines „Market Corner“ liegt vor, wenn sich ein Marktteilnehmer in einem Vermögenswert die Kontrolle über die Nachfrage beschafft und dadurch eine marktbeherrschende Stellung gewinnt, die es ihm erlaubt, den Preis des betreffenden Vermögenswertes zu steuern und dadurch dessen Kurs gezielt zu beeinflussen[714]. Voraussetzung hierfür ist das Vorliegen von sogenannten „Leerverkäufen“ in dem jeweiligen Vermögenswert. Ein Marktteilnehmer kann sich hier die Kontrolle über die Nachfrage nach dem Vermögenswert verschaffen, indem er alle verfügbaren Papiere eines Titel aufkauft und darüber hinaus auch mit Leeverkäufern kontrahiert, so dass er insgesamt mehr als 100% des betreffenden Titels erwirbt. Können Leerverkäufer in der Folge mangels von ihnen selbst gehaltenen oder am Markt angebotenen Werten ihre Verbindlichkeiten nicht mehr erfüllen, sind sie auf einen Erwerb der von dem Marktteilnehmer gehaltenen Papiere angewiesen. Dieser kann aus einer monopolartigen Stellung heraus als einziger liefern und dafür entsprechend überhöhte Preise verlangen[715]. Nach dem Gesetzgeber des 4. Finanzmarktförderungsgesetzes soll auch hier eine Täuschung über die tatsächliche Geschäftslage möglich sein. Eine so gewonnene Kontrolle über die Nachfrage könne zur

714 Der ähnliche Fall sogenannter „abusive squeezes“ beruht auf einem Ausnutzen der Verknappung oder des Überschusses eines Vermögenswertes durch eine Kontrolle der Nachfrage- oder Anbieterseite. Dieser Fall betrifft allein den Terminmarkt (Ziouvas, ZGR 2003, 113, 134), welcher nicht Gegenstand dieser Arbeit ist.

715 Vgl. Ziouvas, ZGR 2003, 113, 134.

Manipulation des jeweiligen Preises ausgenutzt werden[716]. In § 3 Abs.3 Nr.1 KuMaKV konkretisiert das Bundesfinanzministerium diese Aussage: Es ist nicht auf diejenigen Geschäfte abzustellen, die die Erlangung der Monopolstellung ermöglichen, sondern auf diejenigen Geschäfte, die aus der Monopolstellung heraus getätigt werden. Denn als sonstige Täuschungshandlung i.S.v. § 20a Abs.1 S.1 Nr.2 WpHG gelten soll das Ausnutzen einer marktbeherrschenden Stellung über das Marktangebot bei einem Vermögenswert zu einer nicht marktgerechten Preisbildung. Worüber dabei getäuscht wird, ergibt sich weder aus dem Verordnungswortlaut noch aus der Begründung hierzu. Damit kann nur auf die Aussage des Gesetzgebers zurückgegriffen werden, dass eine Täuschung über die tatsächliche Geschäftslage vorliegen solle. Hat ein Marktteilnehmer die Möglichkeit, die Preise eines Vermögenswertes aufgrund seiner Monopolstellung zu bestimmen, können andere Anleger den Eindruck gewinnen, dass anstelle des Monopolisten eine Vielzahl von Anlegern eine dem Preis entsprechende Bewertung des Vermögenswertes vornehmen. Allerdings liegt darin noch keine Täuschung. Denn ein Anleger kann nicht davon ausgehen, dass keine Bündelung von Vermögenswerten in der Hand eines anderen Marktteilnehmers vorliegt. Darüber hinaus täuscht ein Monopolist bei Ausnutzung seiner Machtstellung auch nicht über die Marktlage. Diese gestaltet sich genau so, dass die Nachfrage von einem Marktaktionär kontrolliert wird und dieser die Preise bestimmen kann. Auch hier scheidet eine Täuschung über das bei der Bestimmung der Preise vorhandene Motiv der Kursbeeinflussung aus den im Rahmen der Leerverkäufe und des Scalping erörterten Gründen aus. Mit dem beeinflussten Preis kann ebenfalls nicht der Erklärungswert verbunden werden, dass der Preis aufgrund einer bewertungsorientierten Orderlage bei einer Vielzahl von Handelsteilnehmern zustande gekommen ist. Solange die Erlangung einer Monopolstellung nicht unzulässig ist, beeinträchtigt diese und der damit verbundene Handel die ordnungsgemäße Preisbildung nicht. Mangels Täuschung kann der Fall des „Cornering" damit nicht als unzulässige Kursmanipulation von § 88 Nr.2 BörsG oder § 20a Abs.1 S.1 Nr.2 WpHG erfasst werden. Der Verordnungsgeber weist in seiner Begründung darauf hin, dass ein Verstoß gegen § 3 Abs.3 Nr.1 KuMaKV zugleich gegen börsenregulatorisch vorgegebene Positionslimite verstoßen könne. An dieser Stelle wäre auch für eine – nicht an das Erfordernis einer Täuschung anknüpfende – wirksame Verbotsregelung anzuknüpfen.

716 Regierungsentwurf 4. FMFG, BT-Drs. 14/8017, S. 89.

VIII) „Marking the Close"

"Marking the Close" stellt eine zeitspezifische Manipulationstechnik dar, bei welcher bei Börsen- oder Marktschluss in bestimmten Vermögenswerten gehandelt wird, um deren Schlussnotierung zu beeinflussen. Hier soll eine Irreführung derjenigen Marktteilnehmer vorliegen, deren Handelsentscheidungen auf den Schlusspreisen basieren[717]. Auch hier sieht der Gesetzgeber des 4. Finanzmarktförderungsgesetzes die Möglichkeit einer Täuschung über die tatsächliche Geschäftslage[718]. Das Bundesfinanzministerium hat in § 3 Abs.2 Nr.4 KuMaKV als sonstige Täuschungshandlung Geschäfte oder Kauf- oder Verkaufsaufträge definiert, die aufgrund ihres Zeitpunktes geeignet sind, über Angebot und Nachfrage im Zeitpunkt der Feststellung eines bestimmten Börsen- oder Marktpreises zu täuschen, der als Referenzpreis für einen Vermögenswert dient. Auch die Technik des „Marking the Close" stellt letztlich nur eine Preiseinwirkung durch eine tatsächliche Handelsaktivität dar. Für das Fehlen einer Täuschungshandlung ist damit auf die zu den Leerverkäufen erfolgten Ausführungen zu verweisen. Auch diese Technik wird damit nicht von § 88 Nr.2 BörsG oder § 20a Abs.1 S.1 Nr.2 WpHG erfasst.

IX) Kurspflege

Unter Kurspflege im Sinne von Kursstabilisierung ist die gezielte Einwirkung auf den Preis eines Vermögenswertes zu verstehen, um Zufallsschwankungen, die nicht durch die aktuelle Geschäftslage des Emittenten oder die allgemeine Marktlage begründet sind, zu vermeiden[719]. Das ist beispielsweise der Fall, wenn der im Anschluss an eine Emission drohende, nur durch die Aufblähung des marktlichen Angebots bedingte Preisdruck unterbunden werden soll. Das Stabilisierungsziel wird durch eine Verknappung des Angebotes zur Kursstützung oder durch eine Erweiterung des Angebots zur Kursdämpfung erreicht[720]. Kurspflegemaßnahmen erfolgen dabei durch tatsächliche Handelsaktivitäten, die mit der Absicht zur Preiseinwirkung durchgeführt werden. Daher kommt nur eine Verwirklichung des Tatbestandes von § 88 Nr.2 BörsG oder von § 20a Abs.1 S.2 Nr.2 WpHG in Betracht. Da bei Kurspflegemaßnahmen definitionsgemäß mit der Absicht der Preiseinwirkung gehandelt wird, entscheidet jeweils das Merk-

---

717 Ziouvas, ZGR 2003, 113, 135.
718 Regierungsentwurf 4. FMFG, BT-Drs. 14/8017, S. 89.
719 Ekkenga, WM 2002, 317, 317; Ziouvas, ZGR 2003, 113, 136.
720 Ekkenga, WM 2002, 317, 317.

mal der Täuschung über die Tatbestandsmäßigkeit. Im Rahmen von § 88 Nr.2 BörsG war bereits äußerst umstritten, ob Kurspflegemaßnahmen den Tatbestand erfüllen können, wobei die überwiegende Ansicht davon ausging, dass derartige Kurspflegemaßnahmen keine auf Täuschung berechneten Mittel seien[721].

Aus der Fassung von § 20a WpHG und ihrer Begründung[722] geht hervor, dass der Gesetzgeber hier jegliche Art von Kurspflegemaßnahmen von dem Verbot erfasst sehen wollte und lediglich über eine nach § 20a Abs.2 Nr.3 WpHG zu erlassende Verordnung die Möglichkeit zu „Safe-Harbour"-Regelungen schaffen wollte, durch welche Ausnahmetatbestände für als zulässig angesehene Kursstabilisierungsmaßnahmen festgelegt werden können. Der Gesetzgeber stellte dabei klar, dass sich Kursstabilisierungsmaßnahmen als marktkonform darstellen können und sich daher eine Sonderregelung rechtfertige, wenngleich eine Freistellung von dem Verbot nicht pauschal erfolgen könne[723]. In der Verordnung zur Konkretisierung des Verbotes der Kurs- und Marktpreismanipulation hat das Bundesfinanzministerium daraufhin in den §§ 4 - 11 ausführliche Regelungen für „zulässige" Kursstabilisierungsmaßnahmen aufgestellt. Es wird jedoch nicht klargestellt, worüber Kursstabilisierungsmaßnahmen täuschen sollen. Der Gesetzgeber geht bei effektiven Handelsaktivitäten davon aus, dass eine Täuschung über die wahre Geschäftslage möglich ist. Auf die dagegen anzuführenden Argumente wurde bereits eingegangen. Das Vorliegen der Einwirkungsabsicht führt nicht automatisch zu einer Täuschung[724]. Eine solche muss eigenständig vorliegen, was nicht der Fall ist, solange keine speziellen gesetzlichen Regelungen bestehen, von deren Einhaltung Marktteilnehmer im Sinne einer ordnungsgemäßen Preisfeststellung ausgehen können. Hierfür kann nicht auf die vom Bundesfinanzministerium getroffenen Regelungen zurückgegriffen werden. Denn mit diesen soll der Anwendungsbereich des Verbotes unrechtmäßiger Eingriffe in die Preisfeststellung festgelegt werden. Die Unrechtmäßigkeit von Kurspflegemaßnahmen wird also bereits vorausgesetzt. Auch dem mittels Kurspflege beeinflussten Preis kommt kein verfälschter Erklärungswert zu, da der Preis nichts darüber aussagt, auf welchen Motiven die zugrunde liegenden tatsächlichen Geschäfte beruhen. Auch wenn sich die Kurspflege dadurch aus-

721 Schwark, § 88 BörsG Rz. 8; Schäfer/Ledermann, § 88 BörsG Rz. 12; Schäfer, WM 1999, 1345, 1352; Schröder, Aktienhandel und Strafrecht, S. 77; Differenzierend: Lenzen, Unerlaubte Eingriffe in die Börsenkursbildung, S. 201 f. und WM 2000, 1131, 1138, die eine Verletzung von § 88 BörsG in Betracht zieht, wenn die Kurspflege in einer Art durchgeführt wird, mit der die Anleger in keinem Fall rechnen müssen.

722 Regierungsentwurf 4. FMFG, BT-Drs. 14/8017, S. 90.

723 Regierungsentwurf 4. FMFG, BT-Drs. 14/8017, S. 90.

724 Schröder, Aktienhandel und Strafrecht, S. 77.

zeichnet, dass hinter den Geschäften keine Anleger, sondern der Emittent selbst oder eine Bank stehen[725], werden die übrigen Marktteilnehmer nicht über deren Identität getäuscht. Denn der Handel an der Börse verläuft anonym, so dass eine bestimmte Vorstellung über den Handelspartner nicht vorausgesetzt werden kann. Zudem ist es Emittenten oder Banken – außerhalb des hier nicht eingreifenden, aber dahingehend „definierten" § 20a Abs.1 S.1 Nr.2 WpHG – nicht verboten, entsprechende tatsächliche Geschäfte zu tätigen.

Offensichtlich hatte der Gesetzgeber die Absicht, unter § 20a Abs.1 S.1 Nr.2 WpHG mit dem Begriff der „Täuschungshandlung" alle Handlungen fallen zu lassen, die in manipulativer Absicht erfolgen[726] und setzte selbstverständlich voraus, dass eine Täuschung über den Handel in Einwirkungsabsicht stattfinde, so dass alle Formen der Kurspflege zunächst von dem Verbotstatbestand erfasst werden. Das lässt sich aber wie erläutert nicht mit der Gesetzesstruktur und dem Begriff der Täuschungshandlung verbinden. Damit fallen Kurspflegemaßnahmen aufgrund des Erfordernisses einer eigenständigen „Täuschungshandlung" im Ergebnis nicht unter das Verbot des § 20a WpHG. Ebenso scheidet eine Strafbarkeit nach § 88 Nr.2 BörsG aus. Auch hier besteht weitergehender Regelungsbedarf, wobei die als Ausnahmevorschrift gestalteten Regelungen in §§ 4 - 11 KuMaKV – im umgekehrten Sinne – als Grundlage für eine eigenständige Verbotsregelung dienen können.

725 Ekkenga, WM 2002, 317, 318.
726 Ekkenga, WM 2002, 317, 319.

Kapitel 8: Anwendbares Recht nach § 2 Abs.3 StGB, § 4 Abs.3 OWiG?

Für Kursmanipulationen, die vor dem Inkrafttreten des 4. Finanzmarktförderungsgesetzes zum 1.7.2002 begangen wurden und bei denen die Entscheidung über eine Verurteilung nach diesem Zeitpunkt erfolgt, stellt sich die Frage, ob § 88 BörsG Anwendung findet, oder ob nach neuer Rechtslage gemäß §§ 38 Abs.1 Nr.4, 39 Abs.1 Nr.1 u. 2 WpHG i.V.m. § 20a WpHG zu entscheiden ist. Diese Frage ist nach den Grundsätzen des intertemporalen Straf- bzw. Ordnungswidrigkeitenrechts zu beurteilen. § 2 Abs.3 StGB und die entsprechende Regelung für Ordnungswidrigkeiten in § 4 Abs.3 OWiG stellen ein Rückwirkungsgebot für das mildeste, dem Tatzeitrecht nachfolgende Änderungsgesetz auf[727]: Bei einer Änderung des bei Beendigung der Tat geltenden Gesetzes vor dem Zeitpunkt der Entscheidung über die Tat gelangt das jeweils mildere Gesetz zur Anwendung. Dieses Rückwirkungsgebot folgt aus dem Rechtsstaatsprinzip und soll dem Prinzip des Vertrauensschutzes, dem Willkürverbot und dem Verhältnismäßigkeitsgrundsatz Rechnung tragen[728].

I) Gesetzeskontinuität als Voraussetzung des Rückwirkungsgebotes nach § 2 Abs.3 StGB, § 4 Abs.3 OWiG

Die Feststellung des „milderen Gesetzes" i.S.v. § 2 Abs.3 StGB bzw. § 4 Abs.3 OWiG setzt zunächst voraus, dass tatsächlich nur die Änderung eines Gesetzes und nicht eine grundlegend geänderte Rechtslage vorliegt. Hat die Umgestaltung eines Gesetzes zu einem völligen Bruch mit der vorangegangenen Regelung geführt, wurden also ganz andersartige oder neue Unrechtssachverhalte zum Regelungsgegenstand erhoben, fehlt es an miteinander vergleichbaren gesetzlichen Bestimmungen[729], die die Feststellung zuließen, dass eine der Bestimmungen das von beiden „mildere Gesetz" ist. In diesem Fall besteht zwischen der neuen und alten Vorschrift keine Kontinuität. Die neue Vorschrift ist dann keine Nachfolgevorschrift der ursprünglichen Norm, sondern eine völlig neue Norm. Ihre Anwendung auf den vor ihrem Erlass abgeschlossenen Sachverhalt würde des-

727 KK OWiG – Rogall § 4 Rz. 2.
728 KK OWiG – Rogall § 4 Rz. 20.
729 KK OWiG – Rogall § 4 Rz. 21.

halb gegen des Rückwirkungs*verbot* gemäß Art. 103 Abs.2 GG, §§ 1 u. 2 Abs.1 StGB, §§ 3 u. 4 Abs.1 OWiG verstoßen. Denn die von der neuen Norm erfasste Tat war in dieser Form vor dem Erlass der Norm noch nicht durch ein Gesetz als Straftat bezeichnet bzw. bestimmt worden. Die alte Norm hingegen ist im Zeitpunkt der Entscheidung in der Regel aufgehoben worden und damit nicht mehr anwendbar. Mangels Nachfolgenorm tritt an die Stelle der alten Norm ein Rechtszustand, der gar keine Sanktionierung vorsieht. Dieser gilt gleichfalls als „milderes Gesetz" i.S.v. § 2 Abs.3 StGB, so dass auch für die nicht mehr vorgesehene Sanktionierung das Rückwirkungsgebot gilt und die grundsätzliche Strafbarkeit nach dem zur Tatzeit (noch) geltenden Recht gemäß § 2 Abs.1 StGB ausschließt[730].

Die Vergleichbarkeit einer alten und einer neuen gesetzlichen Bestimmung besteht nur bei einer „Kontinuität" des Gesetzes[731]. Von einer solchen kann dann ausgegangen werden, wenn die Umgestaltung des Gesetzes nur die Sanktionsfolgen betrifft, oder das Verhalten des Täters sanktionsfrei stellt[732], da dann der jeweils erfasste Unrechtstatbestand unverändert bleibt und sich nur dessen Bewertung durch den Gesetzgeber ändert. Erfasst der Gesetzgeber das Verhalten des Täters dagegen zugleich in einer „artverschiedenen"[733] Sanktionsnorm, darf diese nicht rückwirkend angewandt werden, da sie als neu geschaffene Norm dem Rückwirkungsverbot unterfällt. Besonders umstritten ist der Fall, dass der Gesetzgeber den gesetzlichen Tatbestand selbst umgestaltet und damit den sanktionsfähigen Bereich ändert[734]. In diesem Fall bedarf es klarer Kriterien, anhand derer eine Gesetzesänderung bei fortbestehendem Regelungsgegenstand bzw. Identität des erfassten Unrechtssachverhaltes von einer völligen Neugestaltung und damit einem Bruch zwischen alter und neuer Rechtslage abzugrenzen ist. Nach der herrschenden Meinung soll eine Identität des Unrechtssachverhaltes vorliegen, wenn die Änderung der betreffenden Vorschriften das Wesen des Deliktstypus unberührt lässt, also die „Kontinuität" des Unrechtstyps gewahrt wird[735]. Die Frage, wann (noch) eine „Kontinuität" des Unrechtstyps einer geänderten Sanktionsnorm angenommen werden kann, wird unterschiedlich beantwortet. Die Rechtsprechung[736] stellt hier darauf ab, ob das Wesen des Delikts in seinem Kern unberührt geblieben ist. Nach einer weiteren in der Literatur vor-

730 Vgl. auch Tröndle/Fischer § 2 StGB Rz. 5.
731 KK OWiG – Rogall § 4 Rz. 21.
732 KK OWiG – Rogall § 4 Rz. 22.
733 Vgl. Lackner/Kühl – Lackner § 2 StGB Rz. 5.
734 KK OWiG – Rogall § 4 Rz. 22 m.w.N. zum Meinungsstand.
735 BGHSt 26, 167, 172 u. 173; BGHSt. 44, 175, 177; LK-Gribbohm § 2 Rz. 18; Sch/Sch-Eser § 2 Rz 24.
736 BGHSt 26, 167, 172.

genommenen Einschränkung, soll eine Gesetzeskontinuität nur angenommen werden können, wenn sowohl Schutzgut als auch Angriffsrichtung identisch sind[737]. Nach einer weiteren Ansicht ist über den Vergleich von Wesenskern, Schutzgut und erfasster Angriffsrichtung hinaus zusätzlich ein konkreter Vergleich der Sanktionsvoraussetzungen anzustellen[738]. Mithin sollen also die Tatbestandsfassungen verglichen werden, um festzustellen, ob sie sich soweit dekken, dass eine konkrete Vergleichbarkeit der Tatbestände die Feststellung des milderen Gesetzes i.S.v. § 2 Abs.3 StGB bzw. § 4 Abs.3 OWiG ermöglicht, letztlich also ein Vergleich zur Feststellung der Vergleichbarkeit. Eine Identität soll demnach bei einer Erweiterung des Tatbestandes und vollständiger Erfassung des ursprünglichen Tatbestandes sowie bei einer Beschränkung der Sanktionsvoraussetzungen auf einen speziellen neuen Tatbestand, der in dem ursprünglichen Tatbestand miterfasst war, vorliegen. Beim Austausch sanktionsbegründender Merkmale soll die Identität hingegen verloren gehen, soweit nicht einer der vorangehend genannten Fälle vorliegt[739]. Das Kriterium des fortbestehenden „Wesenskerns" eines Deliktes besitzt nicht ausreichend Aussagekraft, um klar zwischen einer fortbestehenden und einer völlig neuen Norm unterscheiden zu können. Auch ein Abstellen auf Schutzgut und Angriffsrichtung allein hilft hier nicht weiter. Denn entscheidend dafür, dass das Rückwirkungsverbotes nach Art. 103 Abs.2 GG nicht eingreift und damit eine Gesetzeskontinuität angenommen werden kann, ist letztlich, dass für einen potentiellen Täter die Sanktionierung des mit der neuen Norm umschriebenen Verhaltens bereits aufgrund der alten Norm erkennbar ist. Dafür kommt es neben dem Beibehalten von Schutzgut und Angriffsrichtung gerade auch auf den Tatbestand und seine einzelnen sanktionsbegründenden Merkmale an.

II) Gesetzeskontinuität von § 88 BörsG und §§ 38 Abs.1 Nr.4, 39 Abs.1 Nr.1 u. 2 WpHG i.V.m. § 20a WpHG?

1) Standort und Neufassung des Manipulationsverbotes

Im Fall des Verbotes der Kursmanipulation wurde der ursprünglich als reine Strafnorm ausgestaltete Verbotstatbestand des § 88 BörsG als verwaltungsrechtliches Verbot in das Wertpapierhandelsgesetz „verlegt" und durch nähere Begriffsbestimmungen in § 20a Abs.1, S.2 WpHG sowie die Verordnungser-

737 Lackner/Kühl – Lackner § 2 Rz. 5.
738 KK OWiG – Rogall § 4 Rz. 25 u. 26.
739 KK OWiG – Rogall § 4 Rz. 26.

mächtigung in § 20a Abs.2 WpHG ergänzt. Eine Sanktionierung als Ordnungswidrigkeit bzw. Straftat erfolgt durch die Blankettvorschriften in § 39 Abs.1 Nr.1 bzw. § 38 Abs.1 Nr.4 WpHG. Diese „Verlegung" der Sanktionsnorm von dem Regelwerk des Börsengesetzes in das Wertpapierhandelsgesetz hat zwar Auswirkungen auf die Ermittlungszuständigkeiten[740], lässt den erfassten Unrechtstatbestand selbst aber unberührt. Letzteres gilt ebenso für die rein redaktionelle Änderung durch Aufteilung des Verbotstatbestandes in ein Verbot (§ 20a Abs.1, S.1 WpHG) und zugehörige Begriffsbestimmungen (§ 20a Abs.1, S.2 WpHG)[741]. Auch die neu hinzukommende Verordnungsermächtigung in § 20a Abs.2 WpHG steht der Annahme einer Gesetzeskontinuität nicht im Wege, da die Verordnungen zwar zur Konkretisierung der Reichweite des Tatbestandes dienen sollen[742], diese Konkretisierung sich aber entweder nur auf den Inhalt der grundsätzlich gleichbleibenden Tatbestandsmerkmale bezieht (§ 20a Abs.2, S.1, Nr.1 und 2 WpHG), oder aber unmittelbar zur Sanktionsfreiheit führt, ohne dabei neue Unrechtssachverhalte zu schaffen (§ 20a Abs.2, S.1, Nr.3 WpHG). Beides steht nach den oben dargestellten Kriterien einer Gesetzeskontinuität nicht entgegen. Soweit ursprünglich von § 88 BörsG erfasstes und damit strafbares Handeln nach neuer Rechtslage nur noch als Ordnungswidrigkeit geahndet wird, liegt lediglich eine Änderung der Sanktionsfolgen und damit ebenfalls kein Hindernis für eine Gesetzeskontinuität und die Anwendung von § 2 Abs.3 StGB bzw. § 4 Abs.3 OWiG vor.

2) Änderung der Deliktsnatur des Manipulationsverbotes

Näher zu untersuchen ist, ob die teilweise Änderung der Deliktsnatur des Manipulationsverbotes Auswirkungen auf eine Gesetzeskontinuität hat. Für die Annahme einer Gesetzeskontinuität nicht ausreichend ist es, lediglich auf den Willen des Gesetzgebers abzustellen, der mit der Neugestaltung des Manipulationsverbotes eine Anpassung an die veränderten Erfordernissen der Praxis und eine wirksamere Bekämpfung von Kurs- und Marktpreismanipulationen ermöglichen wollte[743], nicht aber eine Sanktionslücke für diejenigen Taten, die in den zeitli-

740 Vgl. hierzu Kapitel 3 / Abschnitt II.

741 Mit Ausnahme neu oder nicht mehr erfasster Vermögenswerte. Diesbezüglich liegt keine Kontinuität vor. Die neben den beibehaltenen Wertpapieren zusätzlich von § 88 BörsG oder § 20a WpHG erfassten Vermögenswerte sind nicht Gegenstand der vorliegenden Untersuchung und werden deshalb an dieser Stelle nicht weiter berücksichtigt.

742 So die Begründung des Regierungsentwurfs des 4. FMFG, BT-Drs. 14/8017, S. 64.

743 So die Begründung des Regierungsentwurfs des 4. FMFG, BT-Drs. 14/8017, S. 64.

chen Anwendungsbereich von § 2 Abs.3 StGB bzw. § 4 Abs.3 OWiG fallen. Die Frage, ob die Sanktionierung des neu umschriebenen Unrechtssachverhaltes bereits aufgrund der ursprünglichen Norm für einen potentiellen Täter erkennbar war und deshalb Gesetzeskontinuität besteht, kann nur anhand der eingangs dargestellten objektiven Kriterien, nicht jedoch mittels des quasi hinter der Norm stehenden gesetzgeberischen Willens beurteilt werden.

Durch die Aufspaltung des neu geschaffenen Manipulationsverbotes in einen als Ordnungswidrigkeit sanktionierten Verbotstatbestand nach § 20a i.V.m. § 39 Abs.1 Nr.1 und 2 WpHG einerseits, der wie der ursprüngliche § 88 BörsG als Gefährdungstatbestand ausgestaltet ist, und in die Straftat des § 20a i.V.m. § 38 Abs.1 Nr.4 WpHG als Erfolgsdelikt andererseits, ist jedenfalls teilweise der Deliktstyp des ursprünglichen § 88 BörsG geändert worden. Im Fall „EM.TV" hat das Landgericht München I die Auffassung vertreten, dass die Veränderung eines Tatbestandes vom Gefährdungs- zum Erfolgsdelikt ein gegenüber dem früheren Recht wesensmäßig verschiedener Tatbestand ist, der dem Täter bei Begehung der Tat nicht bekannt sein konnte, weshalb (für Altfälle, in denen das intertemporale Strafrecht zur Anwendung gelangt,) eine Strafbarkeit gemäß § 38 Abs.1 Nr.4 WpHG (von vornherein) ausscheide[744]. Das Gericht kommt damit zu dem Schluss, dass der ursprüngliche Straftatbestand in § 88 BörsG nur mit dem neuen Bußgeldtatbestand in § 39 Abs.1 Nr.1 u. 2 WpHG verglichen werden kann. Für Taten, die vor Inkrafttreten der Neuregelungen begangen wurden und nach deren Inkrafttreten verurteilt werden, kommt nach dieser Ansicht nur noch eine Sanktion als Ordnungswidrigkeit nach § 39 Abs.1 Nr.1 u. 2 WpHG in Betracht. Denn die Verhängung eines Bußgeldes ist gegenüber der Verhängung einer Strafe stets die mildere Sanktion. Das Landgericht München I sieht in dieser Lösung auch den Willen des Gesetzgebers verwirklicht, der zum Zwecke einer wirksameren Bekämpfung von Kursmanipulationen die Tathandlung der bisherigen Regelung des § 88 BörsG bewusst nur noch als Ordnungswidrigkeit ausgestaltet habe[745].

Dem kann nicht gefolgt werden. Die Ausgestaltung als Ordnungswidrigkeit ermöglicht lediglich die Überwachung des zugrunde liegenden verwaltungsrechtlichen Verbotstatbestandes in § 20a WpHG durch die Bundesanstalt für Finanzdienstleistungen als Verwaltungsbehörde anstelle der zur Verfolgung von Taten nach § 88 BörsG ursprünglich zuständigen Staatsanwaltschaft. Daraus lässt sich nicht schließen, dass alle von § 88 BörsG erfassten, und damit ursprünglich strafbaren Taten nur noch unter § 39 Abs.1 Nr.1 u. 2 WpHG fallen sollen. Denn dem Gesetzgeber ging es auch darum, einen verstärkten strafrecht-

---

744 LG München I, Urteil vom 8.4.2003, BKR 2003, 681, 684.

745 LG München I, Urteil vom 8.4.2003, BKR 2003, 681, 684.

lichen Schutz gegen die von Kurs- und Marktpreismanipulationen ausgehenden Gefahren zu erzielen[746]. Dieses Bemühen kommt in dem an das Insiderrecht angepassten Strafrahmen von bis zu 5 Jahren Freiheitsstrafe für § 38 Abs.1 Nr.4 WpHG zum Ausdruck. Zu bedenken ist hier der Fall, dass ein Täter bewusst und gewollt tatsächlich eine Einwirkung auf den Kurs herbeigeführt hat und dabei mit dem für § 88 BörsG erforderlichen Einwirkungsvorsatz handelte. Diese Tat ist nach § 88 BörsG strafbar. § 88 BörsG setzt die tatsächliche Einwirkung zwar nicht voraus, erfasst aber selbstverständlich auch alle Fälle, bei denen es über die abstrakte Gefährdung hinaus zu einer tatsächlichen Verletzung des geschützten Rechtsgutes gekommen ist. Folgt man hier der Ansicht des Landgerichtes München I, ist die ursprüngliche Tat nach § 88 BörsG nunmehr nur noch nach § 39 Abs.1 Nr.1 oder 2 WpHG zu beurteilen. Der Täter wird straflos und sieht sich lediglich mit einem Bußgeld bedroht. Es kommt also nicht zu einer schärferen Strafdrohung, sondern die ursprüngliche Strafdrohung entfällt sogar. Dieses Ergebnis kann bereits nicht dem Willen des Gesetzgebers entsprechen. Wie bereits dargelegt, kann dieser zudem nicht zur Beurteilung einer Gesetzeskontinuität herangezogen werden. Das Ergebnis des Landgerichtes München I ist aber auch nicht mit dem bereits genannten, in das Rückwirkungsgebot einfließenden Prinzip des Vertrauensschutzes und den bereits dargestellten objektiven Kriterien zur Feststellung einer Gesetzeskontinuität zu begründen.

Wenn es darum geht, das Vertrauen eines Täters in eine bestimmte Rechtslage zu schützen, oder ihn an einer – nach seiner Tat und vor seiner Verurteilung – in günstiger Weise geänderten Tatbeurteilung des Gesetzgebers teilhaben zu lassen, dann kann nicht auf dogmatische Erwägungen wie die Einordnung eines Tatbestandes als Gefährdungs- oder Erfolgsdelikt abgestellt werden. Entscheidend ist die konkrete Tat. Hat ein Täter eine unter § 88 BörsG fallende Tat begangen und dadurch zusätzlich auf den Börsenpreis eingewirkt, war er ursprünglich nach § 88 BörsG strafbar. Nach der neuen Rechtslage fällt genau dieser Sachverhalt unter § 38 Abs.1 Nr.4 WpHG. Denn der für § 38 Abs.1 Nr.4 WpHG erforderliche Vorsatz im Hinblick auf die eingetretene Kurseinwirkung ist in dem für § 88 BörsG mindestens erforderlichen direkten Einwirkungsvorsatz enthalten. Nach § 38 Abs.1 Nr.4 WpHG droht einem Täter aber gegenüber § 88 BörsG eine um 2 Jahre höhere Freiheitsstrafe. Der Täter ist hier nur insoweit in seinem Vertrauen zu schützen, als dass er keine höhere, als die zur Zeit seiner Tat nach § 88 BörsG angedrohte Strafe zu befürchten hat. Mithin ist nur die Anwendung von § 88 BörsG als „mildere“ Vorschrift geboten. Es kann hier nicht darauf ankommen, dass der Täter die Änderung der Strafvorschrift in ein Erfolgsdelikt nicht vorhersehen konnte, also die Tatsache, dass nach der neuen

746 Regierungsentwurf 4. FMFG, BT-Drs. 14/8017, S. 98.

Rechtslage erst später eine Strafbarkeit eintritt, deren (erfolgsqualifizierende) Voraussetzungen er aber erfüllt hat. Eine Verwirklichung von § 88 BörsG bei Erzielung einer tatsächlichen Kurseinwirkung ist deshalb nach neuer Rechtslage nach § 38 Abs.1 Nr.4 WpHG zu beurteilen, da diese Vorschrift insoweit Nachfolgenorm von § 88 BörsG ist. Im Ergebnis fällt die Tat gemäß § 2 Abs.3 StGB unter die mildere Strafvorschrift des § 88 BörsG und wird damit nicht vollständig straflos[747].

3) Änderung von Tatbestandsmerkmalen des Manipulationsverbotes

Wenn und soweit unmittelbare Änderungen im Tatbestand des Manipulationsverbotes der Annahme einer Gesetzeskontinuität entgegenstehen, ist durch das Rückwirkungsverbot eine rückwirkende Anwendung des neuen Manipulationstatbestandes ausgeschlossen. Der aufgehobene Manipulationstatbestand gelangt gemäß § 2 Abs.3 StGB ebenfalls nicht mehr zur Anwendung. Durch einzelne Tatbestandsänderungen wird allerdings nicht insgesamt eine Gesetzeskontinuität zwischen § 88 BörsG und §§ 38 Abs.1 Nr.4, 39 Abs.1 Nr.1 u. 2 WpHG i.V.m. § 20a WpHG ausgeschlossen. Denn die in einem Straf- oder Verbotstatbestand zusammengefassten Tathandlungen stellen jeweils eigenständige Unrechtstatbestände dar, so dass im Verhältnis zweier Normen auch hinsichtlich nur einzelner erfasster Tatalternativen oder sogar Tatmodalitäten Gesetzeskontinuität bejaht oder verneint werden kann. Da sowohl das Rückwirkungsverbot, als auch das Rückwirkungsgebot dem Prinzip des Vertrauensschutzes Rechnung tragen sollen, finden diese auch nur soweit Anwendung, wie tatsächlich Vertrauen in eine bestehende Rechtslage vorhanden sein kann. Das kann aber immer nur für die Sanktionsfreiheit oder mildere Sanktion eines bestimmten Handelns gelten und nicht generell für alle unter eine Norm fallenden Verhaltensweisen oder die Norm insgesamt[748].

Mit der teilweisen Abschaffung des Erfordernisses eines besonderen Einwirkungsvorsatzes[749] in § 88 Nr.1 BörsG bei dessen Neufassung in § 20a Abs.1, S.1

747 So i.E. bereits das Landgericht München I mit Urteil v. 21.11.2002 („Comroad"), wistra 2003, 277, 279.

748 Vgl. auch KK OwiG – Rogall § 4 Rz. 26, der bei einer Identität zwischen bloßen Tatbestandsteilen eine diesbezügliche Gesetzeskontinuität annimmt.

749 Gemeint ist das erforderliche Handeln „zur Einwirkung" auf einen Preis. Wie in Kapitel 5 / Abschnitt I/5/b erläutert, liegt dieses sowohl bei absichtlichem Handeln (dolus directus 1. Grades), als auch bei direktem Vorsatz (dolus directus 2. Grades) vor, so dass von Einwirkungsvorsatz anstelle von Einwirkungsabsicht gesprochen wird.

Nr.1 WpHG wurde der Tatbestand auf solche Fälle ausgedehnt, in denen unrichtige Angaben oder deren pflichtwidriges Unterlassen i.S.v. § 20a Abs.1 S.1 Nr.1 WpHG lediglich mit Eventualvorsatz verwirklicht werden. Dadurch werden ursprünglich – bei Fehlen eines Einwirkungsvorsatzes – sanktionsfreie unrichtige Angaben oder deren Unterlassen i.S.v. § 88 Nr.1 BörsG nach neuer Rechtslage zumindest von § 20a Abs.1 S.1 Nr.1 i.V.m. § 39 Abs.1 Nr.1 als Ordnungswidrigkeit erfasst. Darüber hinaus wird eine nachgewiesene Einwirkung auf den Börsenpreis, welche nach alter Rechtslage von § 88 Nr.1 BörsG ebenfalls nur bei einem Handeln „zur Einwirkung" auf einen Preis strafbar war, über § 20a Abs.1 S.1 Nr.1 i.V.m. § 38 Abs.1 Nr.4 WpHG bereits bei einem Handeln mit Eventualvorsatz bezüglich der Einwirkung unter Strafe gestellt. Bei dieser Tatbestandserweiterung handelt es sich nicht um eine bloße Änderung von Sanktionsfolgen, da ursprünglich gar keine Sanktion vorgesehen war. Vielmehr wurde in diesen Fällen jeweils ein ganz neuer Unrechtssachverhalt zum Regelungsgegenstand erhoben, so dass diesbezüglich keine Gesetzeskontinuität, sondern ein Bruch zwischen alter und neuer Rechtslage besteht. Mit dem Wegfallen des Einwirkungsvorsatzes ändert sich zudem die Angriffsrichtung der Tathandlung. In Fällen, in denen die Tatbestandsalternative von § 88 Nr.1 BörsG ohne Einwirkungsvorsatz verwirklicht wurde, scheidet daher eine Sanktion nach § 39 Abs.1 Nr.1 WpHG i.V.m. § 20a Abs.1 S.1 Nr.1 WpHG aufgrund des Rückwirkungsverbotes aus. Auch eine Verurteilung nach § 88 BörsG kommt nicht in Betracht. Denn nach neuer Rechtslage ist dieser strengere Tatbestand – insoweit ersatzlos – entfallen. Nach alter Rechtslage wurde er mangels Einwirkungsvorsatz nicht verwirklicht. Damit sind alte und neue Rechtslage gleich „mild".

Eine weitere inhaltliche Änderung des Manipulationstatbestandes beruht auf der Einfügung des Merkmals der Geeignetheit zur Kursbeeinflussung in § 20a Abs.1 S.1 Nr.1 WpHG. Nur noch unrichtige Angaben – oder deren Unterlassen – die geeignet sind, auf den Börsen- oder Marktpreis einzuwirken, sollen sanktioniert werden. Der Tatbestand des § 88 BörsG enthielt keine solche Einschränkung und war auch nicht dahingehend auszulegen[750]. Für die nach neuer Rechtslage bestehende Sanktionsfreiheit für Angaben oder deren Unterlassen ohne Eignung zur Preisbeeinflussung gilt § 2 Abs.3 StGB. Auch ursprünglich nach § 88 Nr.1 BörsG strafbare Angaben oder deren Unterlassen werden demnach bei fehlender Einwirkungseignung nicht mehr sanktioniert.

750 Vgl. hierzu Kapitel 5 / Abschnitt I/3/d u. 4/c.

III) Das „mildere Gesetz" bei Überschneidungen von § 88 BörsG und §§ 38 Abs.1 Nr.4, 39 Abs.1 Nr.1 u. 2 WpHG i.V.m. § 20a WpHG

Auch in denjenigen Fällen, die nach alter und neuer Rechtslage gleichermaßen unter das Manipulationsverbot fallen, ist gemäß § 2 Abs.3 StGB das jeweils „mildere Gesetz" zu bestimmen. Das mildere Gesetz ist dabei nicht dasjenige, das bei abstraktem Vergleich der Gesetze milder erscheint, sondern dasjenige, das bei einem Gesamtvergleich im konkreten Einzelfall und nach dessen besonderen Umständen die dem Täter günstigste Beurteilung zulässt[751]. Eine Bestimmung von § 88 BörsG als milderes Gesetz allein anhand eines abstrakten Vergleiches der jeweiligen Strafdrohungen und der geringeren Höchststrafe von 3 Jahren Freiheitsstrafe des § 88 BörsG gegenüber 5 Jahren bei § 20a i.V.m. § 38 Abs.1 Nr.4 WpHG wäre daher verfehlt[752]. Erst nach Abschluss der Beweiswürdigung und darauf beruhender Tatsachenfeststellungen kann für die im Einzelfall zur Last gelegte und nachgewiesene Tat geprüft werden, ob die alte oder die neue Rechtslage für den Täter günstiger ist. Dabei ist jedoch stets das jeweilige Gesetz als Ganzes zu prüfen[753]. Eine Mischung der jeweils günstigsten Elemente des alten und neuen Rechts nach Art einer „Rosinentheorie" ist nicht möglich. Es gilt vielmehr der Grundsatz strikter Alternativität[754].

Soweit eine Strafbarkeit gemäß §§ 38 Abs.1 Nr.4, 39 Abs.1 Nr.1 u. 2 WpHG i.V.m. § 20a WpHG ganz ausscheidet und nur eine Ordnungswidrigkeit gemäß § 39 Abs.1 Nr.1 und 2 WpHG i.V.m. § 20a WpHG in Betracht kommt, ist diese gegenüber der Strafnorm des § 88 BörsG stets das „mildere Gesetz". Das gilt auch dann, wenn eine danach drohende Geldbuße höher sein sollte, als die nach § 88 BörsG maximal drohende Geldstrafe. Entscheidend für die Bestimmung des „milderen Gesetzes" ist damit das Vorliegen bzw. der mögliche Beweis einer kausal verursachten, tatsächlichen Einwirkung auf den Börsen- oder Marktpreis als Qualifikationsmerkmal, an welches die Strafbarkeit nach § 38 Abs.1 Nr.4 WpHG anknüpft. Hat eine solche Einwirkung nachweisbar stattgefunden und handelte der Täter diesbezüglich mit dem für § 88 BörsG erforderlichen Einwirkungsvorsatz, so ist bei einer maximalen Freiheitsstrafe von 5 Jahren nach neuer Rechtslage gegenüber höchstens 3 Jahren Freiheitsstrafe nach alter Rechtslage, § 88 BörsG als „milderes Gesetz" anzuwenden. Umgekehrt verhält es sich in den Fällen, in denen es zu keiner Einwirkung kam bzw. eine solche nicht mit Sicherheit nachgewiesen werden konnte und das Gericht in dubio pro reo von dem

751 Tröndle/Fischer § 2 StGB Rz. 10.
752 A.A.: Tripmaker, wistra 2002, 288 ff., 289.
753 Tröndle/Fischer § 2 StGB Rz. 8 f.
754 Tröndle/Fischer § 2 StGB Rz. 9.

Ausbleiben einer Einwirkung ausgeht. Nach altem Recht wäre hier unabhängig von einer Einwirkung eine Strafbarkeit nach § 88 BörsG gegeben. Gegenüber dieser ist die bloße Ahndung als Ordnungswidrigkeit gemäß § 39 Abs.1 Nr.1 bzw. Nr.2 WpHG i.V.m. § 20a WpHG für den Täter günstiger, so dass diese Normen als „milderes Gesetz" Anwendung finden.

Wiederholt anzumerken ist hier noch, dass die Praxis auf enorme Schwierigkeiten stößt, bei dem Versuch eine tatsächlich eingetretene, kausal auf der tatbestandsmäßigen Handlung beruhende Einwirkung auf einen Börsenkurs nachzuweisen. Das Scheitern eines Nachweises ist in vielen Fällen zu erwarten. De facto führen diese vom Gesetzgeber des 4. FMFG nicht gesehenen Nachweisschwierigkeiten dazu, dass eine strafrechtliche Verurteilung wegen einer Kursmanipulation nach dem 1.7.2002 entgegen der gesetzgeberischen Intention, eine wirksamere Bekämpfung von Kurs- und Marktpreismanipulationen zu ermöglichen[755], praktisch nur noch selten möglich sein wird.

---

755 Vgl. die Begründung des Regierungsentwurfs des 4. FMFG, BT-Drs. 14/8017, S. 64.

Kapitel 9: Kritik und Reformvorschläge

Die vorangegangenen Ausführungen haben gezeigt, dass die Neufassung des Manipulationsverbotes durch das 4. Finanzmarktförderungsgesetz die Verfolgung nicht hinnehmbarer Einwirkungen auf die Börsenpreisbildung nicht ausnahmslos erleichtern. An dem neuen Regelungssystem der §§ 20a, 39 Abs.1 Nr.1 u. 2, 38 Abs.1 Nr.4 WpHG ist in mehrfacher Hinsicht Kritik zu üben.

Das betrifft zunächst die Zurückführung der ursprünglichen Gefährdungsstrafbarkeit in § 88 BörsG auf eine reine Ordnungswidrigkeit nach § 39 Abs.1 Nr.1 oder 2 WpHG i.V.m. § 20a Abs.1 WpHG. Zum Teil hat die Rechtsprechung eine strafrechtliche Sanktion von Altfällen, d.h. Taten die vor Erlass des 4. FMFG begangen wurden und danach zu verurteilen sind, wegen fehlender Gesetzeskontinuität des § 88 BörsG mit dem nunmehr als Erfolgsdelikt gestalteten § 38 Abs.1 Nr.4 WpHG bereits von vornherein völlig ausgeschlossen[756]. Aber auch nach der Gegenansicht und bei der Beurteilung von nach Inkrafttreten des 4. FMFG begangenen Fällen wird eine Strafbarkeit nach § 38 Abs.1 Nr.4 WpHG der seltene Ausnahmefall bleiben. Der äußerst schwierige Nachweis einer Kurseinwirkung i.S.v. § 38 Abs.1 Nr.4 WpHG führt faktisch dazu, dass in Zukunft (auch vollendete Kursmanipulationen) aus Beweisschwierigkeiten vielfach nur als Ordnungswidrigkeit bestraft werden können. Dieses Ergebnis hat praktische Konsequenzen, die im Widerspruch zu einer verschärften Verfolgung und Sanktion von Kursmanipulationen stehen. Zum einen tritt eine nur als Ordnungswidrigkeit i.S.v. § 39 Abs.1 Nr.1 oder 2 WpHG nachgewiesene Kursmanipulation hinter möglicherweise konkurrierenden ebenfalls verwirklichten Straftatbeständen[757] nach § 21 Abs.1 S.1 OWiG zurück. Es fehlt damit an einer – auch der Abschreckung dienenden – Signalwirkung für den Markt, wie sie von einem auch die Kursmanipulation erfassenden Urteilstenor ausgehen könnte. Zudem stellt eine Ordnungswidrigkeit keine „rechtswidrige Tat" i.S.v. § 11 Abs.1 Nr.5 StGB dar[758]. Damit droht bei der Begehung einer Tat nach § 39 Abs.1 Nr.1 oder 2 WpHG i.V.m. § 20a Abs.1 WpHG keine Strafbarkeit wegen Begünstigung (§ 257 StGB) oder Strafvereitelung (§ 258 StGB) für denjenigen,

---

756 LG München I, Urteil vom 8.4.2003, BKR 2003, 681, 684; Vgl. hierzu die Anmerkungen in Kapitel 8 / Abschnitt II/2.

757 Beispielsweise § 400 AktG, wie im Fall „EM.TV". Vgl. hierzu Kapitel 5 / Abschnitt II/7.

758 Vgl. Tröndle/Fischer, § 11 StGB Rz. 36.

der den Täter oder dessen „Beute" nach der Tat vor dem Zugriff der staatlichen Organe schützt. Noch gravierender wiegt allerdings der Umstand, dass nur eine Strafbarkeit den jeweiligen Täter persönlich trifft, insbesondere im Fall einer drohenden Freiheitsentziehung. Im Fall einer bußgeldbedrohten Ordnungswidrigkeit ergeht der Bußgeldbescheid zwar gegenüber dem Verantwortlichen persönlich, das Bußgeld kann jedoch (gegenüber dem Bußgeldschuldner) durch einen beliebigen Dritten „erstattet" werden. Denkbar ist hier beispielsweise eine „Freistellung" durch ein Unternehmen, wenn ein Vorstandsmitglied durch eine falsche Ad-hoc-Mitteilung den Kurs positiv beeinflusst hat. Damit kann – angesichts des auf 1,5 Mio. Euro begrenzten Bußgeldes – für ein Unternehmen quasi berechenbar werden, ab welchem Ausmaß sich eine Kursbeeinflussung „rentiert".

Angesichts der Tatsache, dass der Nachweis einer Kurseinwirkung als strafbarkeitsbegründendes Tatbestandsmerkmal von § 38 Abs.1 Nr.4 WpHG von Einzelfaktoren (Handelssituation, vorhandenes Datenmaterial und nicht zuletzt das Ergebnis von Gutachten) abhängig ist, die außerhalb des Tatbestandes und nicht im Zusammenhang mit einem erhöhten Unrecht stehen, können de lege lata Ungerechtigkeiten in der Sanktion von Kursmanipulationen nicht verhindert werden.

Vor dem Hintergrund dieser Kritik wird eine erneute Neuregelung bzw. eine Nachbesserung der mit dem 4. FMFG geschaffenen Tatbestände angeregt. Zunächst sollte die Strafbarkeit wieder in den Bereich der Gefährdung der redlichen Preisbildung vorverlegt werden. Zu berücksichtigen ist dabei allerdings, dass die mögliche Überwachung des nunmehr verwaltungsrechtlichen Verbotes in § 20a WpHG durch die Bundesanstalt für Finanzdienstleistungsaufsicht gegenüber den im Falle einer Strafbarkeit zuständigen und mangels Börsennähe und Fachwissen schnell überforderten Staatsanwaltschaften einen beträchtlichen Ermittlungsvorteil darstellt. Dieser Vorteil kann jedoch beibehalten werden, wenn der Ordnungswidrigkeitstatbestand auf Manipulationen mit grober Fahrlässigkeit bzw. Leichtfertigkeit erweitert wird und sich zugleich darin erschöpft. Gerade im Fall der unrichtigen Angaben über bewertungserhebliche Umstände ließe sich durch die Ahndung auch von grob fahrlässig begangenen Verstößen ein verschärftes Verantwortungsbewusstsein bei den zuständigen Unternehmensorganen und sonstigen Kapitalmarktinformanten fördern.

Im Falle von § 20a Abs.1 S.1 Nr.2 WpHG stünde einer Sanktion auch rein fahrlässiger Verstöße jedoch das erforderliche Handeln mit Einwirkungsvorsatz entgegen. Der Einwirkungsvorsatz wurde allerdings lediglich beibehalten, um so eine bessere Abgrenzung von redlicher und unredlicher Preisbeeinflussung zu ermöglichen. Dabei sollten bei Vorliegen einer auf eine Preiseinwirkung gerichteten Absicht auch Fälle tatsächlicher Handelsaktivitäten erfasst werden, bei denen sich das Vorliegen der ebenfalls erforderlichen „Täuschungshandlung" nicht begründen lässt[759], insbesondere, da nicht auf eine Täuschung über das Tatbestandsmerkmal des Handelns zur Einwirkung abgestellt werden kann. Zudem lässt sich ein Handeln zur Einwirkung auf einen Börsenpreis häufig schwer oder nicht nachweisen, oder es sind – ähnlich der unter § 20a Abs.1 S.1 Nr.1 WpHG fallenden Handlungen – Fälle sanktionswürdiger Kursbeeinflussungen denkbar, in denen ohne einen auf die Einwirkung gerichteten Vorsatz gehandelt wird[760]. Dieses subjektive Merkmal ist in seiner derzeitigen Fassung in § 20a Abs.1 S.1 Nr.2 WpHG daher weder zu einer sachgerechten Abgrenzung von redlicher und unredlicher Preisbeeinflussung geeignet, noch kann es – wegen der bestehenden Nachweisschwierigkeiten – einen effektiven Schutz des Rechtsgutes der Zuverlässigkeit und Wahrheit der Börsenpreisbildung gewährleisten.

Das eigentliche Dilemma ist hier, dass es an ausreichenden Regelungen für Börsenhandelspraktiken fehlt, die grundsätzlich zulässig sein sollen, aber bei einer Ausnutzung zur Kursbeeinflussung als unredlich eingestuft werden. Das betrifft insbesondere die Fälle der Leerverkäufe – und des darauf aufbauenden „Cornering" – sowie der Kurspflege. Hier hat der Gesetzgeber versucht, anstelle einer eigenständigen Verbotsregelung für Maßnahmen, die er wegen einer beabsichtigten Kursbeeinflussung als unzulässig einstuft, das Verbot des § 20a Abs.1 S.1 Nr.2 WpHG entsprechend auszudehnen. Wie bereits mehrfach dargelegt, führt dies allerdings zu einem unzulässigen Zirkelschluss. § 20a WpHG dient als Verbotsgrundlage für eine (Blankett-) Sanktion unzulässiger und damit unredlicher Preisbeeinflussungen. In dem Fall, in dem eine Preisbeeinflussung vorliegt, die als unredlich eingestuft wird, aber mangels eigenständiger Regelung erlaubt ist, kann eine die Unzulässigkeit begründende Regelung nicht dadurch ersetzt werden, dass die Unzulässigkeit mit der angenommenen Anwendbarkeit des Verbotes unzulässigen Verhaltens begründet wird. Anders gesagt setzt das Manipulationsverbot bereits ein unzulässiges Verhalten voraus, welches nicht in einem – mangels ausdrücklicher Regelung – zulässigen Verhalten gesehen werden kann. Und die (selbst unzulässige!) Anwendung des Verbotes unzulässigen Verhaltens auf ein zulässiges Verhalten kann dieses nicht unzulässig machen. Die geltenden gesetzlichen Regelungen verstoßen daher in Besorgnis erregendem Maße gegen das verfassungsrechtlich in Art. 103 Abs.2 GG verankerte Gebot: nullum crimen sine lege – keine Strafbarkeit ohne Gesetz.

Auch wenn eine Einzelfallregelung der oben genannten Handelspraktiken nicht zu einer absolut gerechten Lösung führen kann und sich angesichts der schwer festzulegenden Trennlinie zwischen marktfreundlichem erwünschtem

759 Vgl. hierzu die ausführliche Darstellung in Kapitel 7.

760 Vgl. Lenzen, Das neue Recht der Kursmanipulation, S. 16.

und marktfeindlichem und zu verbietendem Verhalten schwierig gestalten mag, kommt der Gesetzgeber nicht darum herum, wenn er die verfassungsrechtlichen Grundlagen des Straf- und Ordnungswidrigkeitenrechtes respektieren möchte. Eigenständige Verbotsregelungen für bestimmte Fälle tatsächlicher Handelsaktivitäten könnten zudem auch eigenständig in den Blankettatbeständen von § 39 WpHG und § 38 WpHG erfasst werden, so dass hier nicht mehr der für diese Fälle ungeeignete Begriff der „Täuschungshandlung" i.S.v. § 20a Abs.1 S.1 Nr.2 WpHG bemüht werden muss. Gleiches gilt für den Fall des Scalping, der nicht als unredliche Preisbeeinflussung und damit mögliche Kursmanipulation, sondern als marktfeindliches Verhalten eigener Art zu beurteilen ist. Denn ein Scalper nutzt eine – de lege lata – als redlich einzustufende Preisbeeinflussung in unredlicher, aber (noch) nicht verbotener Weise aus. Hier ist eine eigenständige Regelung für Interessenkonflikte bei Analysten und anderen, öffentliche Empfehlungen abgebende Personen erforderlich.

Wie der Presse zu entnehmen war, sind die deutschen Strafverteidiger fest dazu entschlossen, die neuen Strafvorschriften gegen Kursmanipulation vor dem Bundesverfassungsgericht zu Fall zu bringen, da das gesamte Regelungssystem gegen das verfassungsrechtliche Bestimmtheitsgebot verstoße[761]. Eine Entscheidung des Bundesverfassungsgerichtes ist daher äußerst wahrscheinlich. Da in diesem Fall eine Sanktionsfreiheit von rechtsgutbeeinträchtigenden Handlungen droht und damit mittelbar eine Gefährdung des Kapitalmarktes, die der Gesetzgeber gerade bekämpfen wollte, bleibt zu hoffen, dass der Gesetzgeber ein Einsehen hat und auch ohne verfassungsgerichtlicher Entscheidung eine Nachbesserung des derzeitigen Regelungssystems vornimmt.

761 FAZ v. 28.11.2003.

Literaturverzeichnis

Altenhain, Karsten: Die Neuregelung der Marktpreismanipulation durch das Vierte Finanzmarktförderungsgesetz, BB 2002, 1874 ff.

Assmann, Heinz-Dieter / Schneider, Uwe H. (Hrsg.): Wertpapierhandelsgesetz: Kommentar, 2. Auflage, Köln 1999 (zitiert: Bearbeiter in Assmann/Schneider).

Assmann, Heinz-Dieter / Schütze, Rolf. A. (Hrsg.): Handbuch des Kapitalanlagerechts, 2. Auflage, München 1997 (zitiert: Bearbeiter in Assmann/ Schütze).

Assmann, Heinz-Dieter: Insiderrecht und Kreditwirtschaft, WM 1996, 1337 ff.

Barnert, Thomas: Deliktischer Schadensersatz bei Kursmanipulation de lege lata und de lege ferenda, WM 2002, 1473 ff.

Bremer, Heinz: Grundzüge des deutschen und ausländischen Börsenrechts, Berlin, Heidelberg, New York 1969.

Bröker, Klaus: Neue Strafvorschriften im deutschen Börsenrecht, wistra 1995, 130 ff.

Büschgen, Hans E.: Das kleine Börsenlexikon, 20. Auflage, Düsseldorf 1994.

Claussen, Carsten Peter: Bank- und Börsenrecht, 2. Auflage, München 2000 (zitiert: Claussen).

—: Bank- und Börsenrecht, 3. Auflage, München 2003 (zitiert: Claussen, 3.A.).

Cramer, Peter / Cramer, Steffen (Hrsg.): Anwalts-Handbuch Strafrecht, Köln 2002 (Sonderdruck) (zitiert: Bearbeiter in Anwalts-Handbuch Strafrecht).

Dier, Christian / Fürhoff, Jens: Die geplante europäische Marktmissbrauchsrichtlinie, AG 2002, 604 ff.

Ekkenga, Jens: Kurspflege und Kursmanipulation nach geltendem und künftigem Recht, WM 2002, 317 ff.

Erbs, Georg / Kohlhaas, Max (Hrsg.): Strafrechtliche Nebengesetze, Stand: August 2000 (Loseblatt), München (zitiert: Erbs/Kohlhaas – Bearbeiter).

Fenchel, Udo: Das Vierte Finanzmarktförderungsgesetz - ein Überblick, DStR 2002, 1355 ff.

Fichtner, Andrea: Die Börsen- und depotrechtlichen Strafvorschriften und ihr Verhältnis zu den Eigentums- und Vermögensdelikten des StGB, jur. Diss. Tübingen 1993.

Fleischer, Holger: Das Vierte Finanzmarktförderungsgesetz, NJW 2002, 2977 ff.

Groß, Rolf: Presserecht, 3. Auflage, Heidelberg 1999 (zitiert: Groß, Presserecht).

Groß, Wolfgang: Kapitalmarktrecht, 2. Auflage, München 2002.
—: Haftung für fehlerhafte oder fehlende Regel- oder ad-hoc-Publizität, WM 2002, 477 ff.
Hopt, Klaus J. / Rudolph, Bernd / Baum, Harald (Hrsg.): Börsenreform, Eine ökonomische, rechtsvergleichende und rechtspolitische Untersuchung, Stuttgart 1997 (zitiert: Bearbeiter in Hopt/Rudolph/Baum).
Hoyer, Andreas: Die Eignungsdelikte, Berlin, 1987.
Jakobs, Günther: Strafrecht, Allgemeiner Teil, 2. Auflage, Berlin, New York 1991.
Jescheck, Hans-Heinrich (Begr.) / Weigend, Thomas: Lehrbuch des Strafrechts: Allgemeiner Teil, 5. Auflage, Berlin 1996.
Joecks, Wolfgang: Anleger- und Verbraucherschutz durch das 2. WiKG, wistra 1986, 142 ff.
Kaiser, Andreas: Die Sanktionierung von Insiderverstößen und das Problem der Kursmanipulation, WM 1997, 1557 ff.
Karlsruher Kommentar zum Gesetz über Ordnungswidrigkeiten, 2. Auflage, München 2000 (zitiert: KK OWiG - Bearbeiter).
Klitzing, Joachim v.: Die Ad-hoc-Publizität – Zwischen europäischer Vorgabe und nationaler Umsetzung und zwischen Kapitalmarktrecht und Gesellschaftsrecht, Köln, Berlin, Bonn, München 1999
Knöpfle, Robert: Zur Problematik der Beurteilung einer Norm als Schutzgesetz im Sinne des § 823 Abs.2 BGB, NJW 1967, 697 ff.
Kümpel, Siegfried: Insiderrecht und Ad-hoc-Publizität aus Bankensicht, WM 1996, 653 ff.
—: Bank- und Kapitalmarktrecht, 2. Auflage, Köln 2000.
Lackner, Karl / Kühl, Kristian: Strafgesetzbuch mit Erläuterungen, 24. Auflage, München 2001 (zitiert: Lackner/Kühl - Bearbeiter).
Leipziger Kommentar: Strafgesetzbuch, Erster Band (Einl., §§ 1 – 31), 11. Auflage, Berlin 2003 (zitiert: LK-Bearbeiter).
Lenenbach, Markus: Scalping, Insiderdelikt oder Kursmanipulation? ZIP 2003, 243 ff.
Lenzen, Ursula: Unerlaubte Eingriffe in die Börsenkursbildung, Frankfurt am Main 2000.
—: Reform des Rechts zur Verhinderung der Börsenkursmanipulation, WM 2000, 1131 ff.
—: Das neue Recht der Kursmanipulation, Arbeitspapiere Nr.101, Institut für Bankrecht,Johann Wolfgang Goethe-Universität, Franfurt am Main; abrufbar unter: www.uni-frankfurt.de/fb01/ baums/files/paper101.pdf

Löffler, Martin (Begr.) / Wenzel, Karl Egbert / Sedelmeier Klaus: Presserecht, 4. Auflage, München 1997 (zitiert: Löffler/Wenzel/Sedelmeier – Bearbeiter, Presserecht).

Löffler, Martin: Handbuch des Presserechts, 4. Auflage, München 2000 (zitiert: Löffler/Bearbeiter, Handbuch des Presserechts).

Möhrenschlager, Manfred: Der Regierungsentwurf eines Zweiten Gesetzes zur Bekämpfung der Wirtschaftskriminalität, (2.Teil), wistra 1983, 17 ff.

Möller, Andreas: Die Neuregelung des Verbots der Kurs- und Marktpreismanipulation im Vierten Finanzmarktförderungsgesetz, WM 2002, 309 ff.

Möllers, Thomas / Leisch, Franz Clemens: Anmerkung zu OLG München, Urteil v. 1.10.2002 – 30 U 855 / 01 ZIP 2002, 1995 ff.

Moosmayer, Klaus: Straf- und bußgeldrechtliche Regelungen im Entwurf eines Vierten Finanzmarktförderungsgesetzes, wistra 2002, 161 ff.

Mühlbauer, Tilo: Zur Einordnung des „Scalping" durch Anlageberater als Insiderhandel nach dem WpHG, wistra 2003, 169 ff.

Müller-Gugenberger, Christian / Bieneck, Klaus (Hrsg.): Wirtschaftsstrafrecht, 3. Auflage, Münster, Aschendorff, Köln 2000. (zitiert: Bearbeiter in Müller-Gugenberger/Bieneck).

Otto, Harro: Strafrechtliche Aspekte der Anlageberatung, WM 1988, 729 ff.

Palandt, Otto (Begr.): Bürgerliches Gesetzbuch, 63. Auflage, München 2004 (zitiert: Palandt/Bearbeiter).

Park, Tido: Börsenstrafrechtliche Risiken für Vorstandsmitglieder von börsennotierten Aktiengesellschaften, BB 2001, 2069 ff.

—: Kapitalmarktstrafrechtliche Neuerungen des Vierten Finanzmarktförderungsgesetzes, BB 2003, 1513 ff.

Petersen, Harald: Die Strafbarkeit des „Scalping", wistra 1999, 328 ff.

Rieckers, Oliver: Haftung des Vorstands für fehlerhafte Ad-hoc-Meldungen de lege lata und de lege ferenda, BB 2002, 1213 ff.

Rodewald, Jörg / Siems, Mathias: Haftung für die „frohe Botschaft" – Rechtsfolgen falscher Ad-hoc-Mitteilungen, BB 2001, 2437 ff.

Rössner, Michael-Christian / Bolkart, Johannes: Schadensersatz bei Verstoß gegen Ad-hoc-Publizitätspflichten nach dem 4. Finanzmarktförderungsgesetz, ZIP 2002, 1471 ff.

Rössner, Michael-Christian: Beweisprobleme für die Kursrelevanz fehlerhafter Unternehmensmeldungen, AG Report 2003, R 16 ff.

Rössner, Michael-Christian / Bolkart, Johannes: Auswirkungen einer strafrechtlichen Verurteilung aus § 400 AktG auf nachfolgende Schadensersatzklagen, AG Report 2003, R 254 ff.

—: Scalping ist strafbar – Überlegungen zum Urteil des LG Stuttgart v. 30.8.2002, AG 2003, R 300 f.

Roxin, Claus: Strafrecht, Allgemeiner Teil (Band I), 3. Auflage, München 1997.
Rückert, Susanne / Kuthe, Thorsten: Entwurf einer Verordnung zur Konkretisierung des Verbotes der Kurs- und Marktpreismanipulation, BKR 2003, 647 f.
Rützel, Stefan: Der aktuelle Stand der Rechtsprechung zur Haftung bei Ad-hoc-Mitteilungen, AG 2003, 69 ff.
Schäfer, Frank A. (Hrsg.): Wertpapierhandelsgesetz, Börsengesetz mit BörsZulV, Verkaufsprospektgesetz mit VerkPropV, Kommentar, Stuttgart, Berlin, Köln 1999 (zitiert: Schäfer/Bearbeiter).
Schäfer, Frank: Zulässigkeit und Grenzen der Kurspflege, WM 1999, 1345 ff.
Scheu, Udo Karl: Das Börsenstrafrecht und seine Reform, jur. Diss. Gießen 1974.
Schlüchter, Ellen: 2. Gesetz zur Bekämpfung der Wirtschaftskriminalität, Heidelberg 1987.
Schlüter, Uwe: Börsenhandelsrecht: Handbuch für Banken und Finanzdienstleistungsinstitute, 2. Auflage, München 2002.
Schmitz, Alexandra: Aktuelles zum Kursbetrug gemäß § 88 BörsG, wistra 2002, 208 ff.
Schneider, Uwe / Burgard, Ulrich: Scalping als Insiderstraftat, ZIP 1999, 381 ff.
Schönke, Adolf / Schröder, Horst: Strafgesetzbuch, Kommentar, 26. Auflage, München 2001 (zitiert: Schönke/Schröder/Bearbeiter).
Schröder, Christian: Aktienhandel und Strafrecht, Köln, Berlin, Bonn, München 1994. (zitiert: Schröder, Aktienhandel und Strafrecht).
Schröder, Horst: Die Gefährdungsdelikte im Strafrecht, ZStW 81, 7 ff.
Schünemann, Bernd: Moderne Tendenzen in der Dogmatik der Fahrlässigkeits- und Gefährdungsdelikte, JA 1975, 435 ff., 511f., 575 ff., 647 ff., 715 ff., 787 ff.
Schwark, Eberhard: Börsengesetz, 2. Auflage, München 1994.
Schwintowski, Hans-Peter / Schäfer, Frank A.: Bankrecht, 2. Auflage, Köln, Berlin, Bonn, München 2003.
Soergel, Hans Theodor: Bürgerliches Gesetzbuch mit Einführungsgesetz und Nebengesetzen, Band 5/2 (§§ 823 – 853), 12. Auflage, Stuttgart, Berlin, Köln 1999 (zitiert: Soergel-Bearbeiter).
Sorgenfrei, Ulrich: Zum Verbot der Kurs- oder Marktpreismanipulation nach dem 4. Finanzmarktförderungsgesetz, wistra 2002, 321 ff.
v. Staudinger, Julius: Julius v. Staudingers Kommentar zum Bürgerlichen Gesetzbuch mit Einführungsgesetz und Nebengesetzen, §§ 823 – 825, 13. Auflage, Berlin 1999 (zitiert: Staudinger-Bearbeiter).
Tripmaker, Stefan: Der subjektive Tatbestand des Kursbetrugs, wistra 2002, 288 ff.

Tröndle, Herbert / Fischer, Thomas: Strafgesetzbuch und Nebengesetze, 51. Auflage, München 2003 (zitiert: Tröndle/Fischer).

Volk, Klaus: Strafrecht gegen Insider? ZHR 1978, 1 ff.

—: Die Strafbarkeit von Absichten im Insiderhandelsrecht, BB 1999, 66 ff.

—: Scalping strafbar? ZIP 1999, 787 ff.

Wabnitz, Heinz-Bernd / Janovsky, Thomas (Hrsg.): Handbuch des Wirtschafts- und Steuerstrafrechts, München 2000 (zitiert: Bearbeiter in Wabnitz/Janovsky).

—: 2. Auflage, München 2004 (zitiert: Bearbeiter in Wabnitz/Janovsky, 2.A.).

Weber, Martin: Kursmanipulationen am Wertpapiermarkt, NZG 2000, 113 ff.

—: Scalping, Erfindung und Folgen eines Insiderdelikts, NJW 2000, 562 ff.

Wessels, Johannes / Beulke, Werner: Strafrecht, Allgemeiner Teil, 31. Auflage, Heidelberg 2001.

Wessels, Johannes (Begr.) / Hillenkamp, Thomas: Strafrecht, Besonderer Teil / 2 26. Auflage, Heidelberg 2003

Worms, Alexander: Anlegerschutz durch Strafrecht, Köln 1987 (zitiert: Worms: Anlegerschutz durch Strafrecht).

Ziouvas, Dimitris / Walter, Tonio: Das neue Börsenstrafrecht mit Blick auf das Europarecht, WM 2002, 1483 ff.

Ziouvas, Dimitris: Das neue Recht gegen Kurs- und Marktpreismanipulation im 4. Finanzmarktförderungsgesetz, ZGR 2003, 113 ff.

Criminalia

Herausgegeben von Klaus Volk

Band 1 Ulrich Schroth: Vorsatz als Aneignung der unrechtskonstituierenden Merkmale. 1994.

Band 2 Torsten Poeck: Wartepflicht und Wartedauer des § 142 Abs. 1 Nr. 2 StGB. Ein Vorschlag zur Bestimmung der Wartelänge anhand rechtsprechungsanalytischer und empirischer Überlegungen. 1994.

Band 3 Tobias Schmid: Die Vergabe von Wirtschaftssubventionen und strafrechtliche Verantwortlichkeit gem. § 264 StGB (Subventionsbetrug). 1994.

Band 4 Erwin Lohner: Der Tatverdacht im Ermittlungsverfahren. Begriff, rechtliche Ausgestaltung, praktische Handhabung und Kontrolle am Beispiel der polizeilichen Verdachtsfeststellung. 1994.

Band 5 Gunther Lehleiter: Der rechtswidrige verbindliche Befehl. Strafrechtsdogmatische Untersuchung, demonstriert am Beispiel des militärischen Befehls. 1995.

Band 6 Dirk Steiner: Das Fairneßprinzip im Strafprozeß. 1995.

Band 7 Isabell Schwegler: Der Subsumtionsirrtum. 1995.

Band 8 Klaus Andreas Fischer: Die strafrechtliche Beurteilung von Werken der Kunst. 1995.

Band 9 Johannes Fredrikus Nijboer: Beweisprobleme und Strafrechtssysteme / Proof and Criminal Justice Systems. Rechtsvergleichende Aufsätze / Comparative Essays. 1995. 2. Auflage 1997.

Band 10 Winfried Hassemer / Karin Matussek: Das Opfer als Verfolger. Ermittlungen des Verletzten im Strafverfahren. 1996.

Band 11 Bettina Grunst: Steuerhinterziehung durch Unterlassen. 1996.

Band 12 Hans-Jörg Schwab: Täterschaft und Teilnahme bei Unterlassungen. 1996.

Band 13 Christos Mylonopoulos: Komparative und Dispositionsbegriffe im Strafrecht. 1998.

Band 14 Christina Erfurth: Verdeckte Ermittlungen. Problemlösung durch das OrgKG? 1997.

Band 15 Stephan Weber: Überstellung in den Heimatstaat. Ein internationales Konzept wider den Strafvollzug in der Fremde. Zugleich ein Beitrag zum Recht der internationalen Vollstreckungshilfe in Strafsachen. 1997.

Band 16 Bert Götting: Gesetzliche Strafrahmen und Strafzumessungspraxis. Eine empirische Untersuchung anhand der Strafverfolgungsstatistik für die Jahre 1987 bis 1991. 1997.

Band 17 Lars Otte: Der durch Menschen ausgelöste Defensivnotstand. 1998.

Band 18 Gregor Rieger: Die mutmaßliche Einwilligung in den Behandlungsabbruch. 1998.

Band 19 Yu-hsiung Lin: Richtervorbehalt und Rechtsschutz gegen strafprozessuale Grundrechtseingriffe. 1998.

Band 20 Sandra Pellkofer: Sockelverteidigung und Strafvereitelung. 1999.

Band 21 Christine Ferschl: Das Problem des unmittelbaren Zusammenhangs beim erfolgsqualifizierten Delikt. 1999.

Band 22 Peter König: Strafbarer Organhandel. 1999.

Band 23 Stefan Stauder: Die allgemeinen defenses des New York Penal Law. Eine rechtsvergleichende Untersuchung. 1999.

Band 24 Malte Merz: »Bewußte Selbstschädigung« und die Betrugsstrafbarkeit nach § 263 StGB. Zugleich ein Beitrag zur Zweckverfehlungslehre. 1999.

Band 25 Marc Tully: Poena sine Culpa? *Strict-Liability*-Sanktionen und Europäisches Gemeinschaftsrecht. 2000.

Band 26 Susanne Götting: Beweisverwertungsverbote in Fällen gesetzlich nicht geregelter Ermittlungstätigkeit. Durch V-Leute, Scheinaufkäufer und Privatleute. 2001.

Band 27 Christiane Hölscher: Der Rechtsschutz und die Mitteilungspflichten bei heimlichen strafprozessualen Zwangsmaßnahmen. 2001.

Band 28 Tobias Windhorst: Der Rechtsbegriff der „schweren Gesundheitsschädigung". Zugleich ein Beitrag zum 6. StrRG. 2001.

Band 29 Andrea Schmucker: Die "Dogmatik" einer strafrechtlichen Produktverantwortung. Das fahrlässige Unterlassen als Institut der Produktkriminalität. 2001.

Band 30 Stephan Beukelmann: Prävention von Computerkriminalität. Sicherheit in der Informationstechnologie. 2001.

Band 31 Markus B. Alder: Die Strafzumessungsrichtlinie der USA in ihrem Kontext mit Plea Bargaining. 2001.

Band 32 Tobias Brandis: Beweisverbote als Belastungsverbote aus Sicht des Beschuldigten? 2001.

Band 33 Britta Wolff: Begünstigung, Strafvereitelung und Hehlerei. Geschichtliche Entwicklung und Abgrenzung zur Beihilfe. 2002.

Band 34 Angelika Laitenberger: Die Strafbarkeit der Verbreitung rassistischer, rechtsextremistischer und neonazistischer Inhalte. Unter besonderer Berücksichtigung der Verbreitung über Netzwerke. Ein Rechtsvergleich. 2003.

Band 35 Antonia Seitz: *Die Todesstrafe ist keine Strafe.* Von der Beteiligung bedeutender Mediziner an Fragestellungen um Verbrechen und Strafe, unter besonderer Berücksichtigung der Todesstrafe 1865 bis 1933 im deutsch-italienischen Vergleich. 2003.

Band 36 Ro-Seop Park: Die Wahrheitsfindung im Ermittlungsverfahren. 2003.

Band 37 Ingo Jeckel: Schadenswiedergutmachung gem. § 46a Nr. 2 StGB über anwaltliche Schlichtungsstellen. Schlichtungsablauf und Auswirkungen auf das Strafverfahren. 2003.

Band 38 Katja Kassing: Ehrverletzende Personalsatire in Deutschland, Österreich, der Schweiz und England. 2004.

Band 39 Stefan Poller: Verbandsgeldbuße und Steueranspruch. 2004.

Band 40 Anna Trüstedt: Das Verbot von Börsenkursmanipulationen. 2004.

www.peterlang.de

Peter Lang · Europäischer Verlag der Wissenschaften

Michael Arlt

Der strafrechtliche Anlegerschutz vor Kursmanipulation

Frankfurt am Main, Berlin, Bern, Bruxelles, New York, Oxford, Wien, 2004. 447 S.
Würzburger Schriften zur Kriminalwissenschaft.
Herausgegeben von Klaus Laubenthal. Bd. 17
ISBN 3-631-52893-0 · br. € 68.50*

Kursmanipulationen zählen zu den ältesten kapitalmarktschädigenden Handelspraktiken. Insbesondere im Zusammenhang mit dem Aufstieg und Fall des „Neuen Marktes" an der Frankfurter Wertpapierbörse wurden jedoch auch in jüngerer Zeit Fälle von Kursmanipulationen publik und lösten eine tiefe Vertrauenskrise der Anleger in die Märkte aus. Die Untersuchung geht daher der Frage nach, ob de lege lata ein ausreichender strafrechtlicher Anlegerschutz vor Kursmanipulationen besteht. Dazu werden die verschiedenen Formen unerlaubter Eingriffe in die Kursbildung erläutert und hinsichtlich ihrer Strafbarkeit untersucht. Als Quintessenz der Analyse der strafrechtlichen Regulierung wird schließlich ein Regelungsmodell des strafrechtlichen Anlegerschutzes vor Kursmanipulationen de lege ferenda entwickelt.

Aus dem Inhalt: Aktuelle und praktische Relevanz des Phänomens der Kursmanipulation · Ökonomische und kapitalmarktrechtliche Grundlagen · Verschiedene Formen von Kursmanipulationen und ihre Strafbarkeit · Vorschlag für ein Regelungsmodell der Kursmanipulation de lege ferenda

Frankfurt am Main · Berlin · Bern · Bruxelles · New York · Oxford · Wien
Auslieferung: Verlag Peter Lang AG
Moosstr. 1, CH-2542 Pieterlen
Telefax 00 41 (0) 32 / 376 17 27

*inklusive der in Deutschland gültigen Mehrwertsteuer
Preisänderungen vorbehalten

Homepage http://www.peterlang.de

FSC
www.fsc.org
MIX
Papier | Fördert gute Waldnutzung
FSC® C083411

Kolibri 360 GmbH
Ferdinand-Jühlke-Straße 7
99095 Erfurt, Deutschland
produktsicherheit@kolibri360.de

Druck:
CPI Druckdienstleistungen GmbH
im Auftrag der
Kolibri 360 GmbH
Ferdinand-Jühlke-Str. 7
99095 Erfurt